고조선과 동이

– 사기 · 한서 · 삼국지 · 후한서로 읽어 보는 –

고조선과 동이

– 사기 · 한서 · 삼국지 · 후한서로 읽어 보는 –

김호숙 · 마석한

일러두기

* 연대 표시는 서력기원을 기본으로 하였다. 서기 전은 '서기전 37', '서기전 109'와 같이 적었고, 서기 후는 '245, 247'처럼 숫자만 기록하였다.
* 본문의 글자는 크기별로 대·중·소大中小 셋으로 구분하였다. 원서의 해석은 큰 글씨를, 이해를 돕기 위한 역사적 상황 설명은 괄호 속에 중간 크기를, 단어 뜻을 명확히 하기 위한 한자나 부연 설명은 작은 글자를 사용하였다. 이처럼 글자 크기를 구분하여 함께 적은 것은 주註 형식으로 따로 떼어 적을 경우 페이지를 옮겨 가며 읽어야 하는 번거로움을 줄이고자 한 것이다.

5000년 역사! 유구하게 흘러온 반만년의 시간, 서기전 24세기 단군에서 비롯된 한국사의 본격적인 출발이며 한민족 정체성의 바탕이자 중심이다. 그러나 그 오천 년 역사의 절반은 숨어 있다. 단군조선에서 고대국가가 성립되기까지 시간은 호기심에 머물러 있을 뿐 그 모습을 드러내지 않고 있다. 바로 사료의 부족 때문이다. 역사의 마이크는 사료가 쥐고 있는데, 국내 사료는 한국사 초기에 대해 침묵하고 있거나 짧게 언급하고 있을 뿐이다. 현존하는 최고最古의 역사서 『삼국사기』는 신라의 건국부터 기록하고 있어 그 이전 시간에 대해서는 알려주는 것이 없다. 『삼국유사』는 고조선에 대해 언급은 하고 있으나, 단군신화와 인물 두서너 명에 대해서만 짧게 언급하고 있기 때문에 진정한 역사 기록이라고 하기에는 한계가 있다. 그 밖의 다른 역사서에서도 크게 기대할 것이 없는 실정이다.

이에 시선을 주변 나라로 돌려 그들의 기록에서 우리 고대사의 흔적을 찾아보고자 하였다. 특히 중국에 전해오는 기록 가운데 '4대 사서史書'라고 불리는 『사기』・『한서』・『삼국지』・『후한서』에 주목하였다. 사마천이 쓴 『사기』에는 조선 부분만을 떼어 '조선열전'에 별도로 기록하였다. 『한서』를 지은 반고는 '서남이, 양월, 조선전'이라는 제목하에 사마천이 조선에 대해 쓴 내용을 대부분 옮겨 적었다. 진수는 자신이 쓴 『삼국지』에서 고조선을 비롯한 한민족 여러 나라와 왜까지 기록하였다. 범엽의 『후한서』에는 '동이열전'이라는 제목 아래 초기 한민족의 발전과정과 풍습 그리고 왜의 초기 모습이 담겨 있다.

이 4대 사서에는 많은 분량은 아니지만 우리 고대사의 일면을 볼 수 있다는 점에서 참고할 만하다. 다만 중국 역사서인 까닭에 중국 중심으로 서술되어 있다는 점은 염두에 두어야 할 것이다. 이 점에 유의하면서 4권의 사서에 기록되어 있는 한국 초기 역사에 대해 정리하는 것은 국내 사료의 한계를 다소나마 보완할 수 있을 것이고, 또 우리 역사를 이해하는 데 폭을 넓혀 줄 수 있을 것으로 기대한다.

중국 기록은 모두 한문으로 되어 있다. 이점을 고려하여 먼저 제1부에 한글로 번역된 글을 실었다. 기록 내용을 우선 파악하고 그다음에 사료를 검토하는 것이 적절하다고 생각했기 때문이다. 제2부는 한글로 확인한 내용을 사료를 통해 비교·검토해보도록 구성하였다. 원문 한자와 독음 그리고 해석을 차례로 적어서 직접 사료를 분석해볼 수 있도록 하였다. 제3부는 사료의 원문을 그대로 옮겨 적었다. 옛 기록이 주는 느낌을 있는 그대로 경험해보는 것도 과거를 만나는 한 가지 방법이라고 생각하였다.

한문은 그 해석에 있어 여러 이견이 있을 수 있다. 따라서 본 글에서 시도한 해석과 풀이도 다양한 의견과 비판에 대해 열려 있다. 다만 옛 기록에 담겨 있는 한국 고대사를 나름대로 정리한 것으로, 향후 연구에 조금이나마 보탬이 되었으면 한다.

제3부 원문으로 보는 사기·한서·삼국지·후한서,
중국 4대 역사책의 고조선과 동이

제1부

고조선과
동이 이야기

1

『사기史記』의 조선열전朝鮮列傳

－전한前漢 시대서기전 202~8
사마천서기전 145~서기전 86이 전하는 고조선 이야기－

지도 1. 고조선과 전국시대

조선왕 '만滿'은 옛 연나라燕 서기전 11세기 무렵~서기전 222 사람이다.

서기전 3세기 무렵 (전국시대 7웅의 하나로 위세를 떨치고 있던) 연나라는 이미 진번과 조선을 점령하여 관리를 파견하였다. 이들은 장성을 쌓고 (전쟁을 위한 기지나 국경을 오가는 관문인) 요새를 설치하여 그곳을 다스렸다. 진秦나라서기전 221~서기전 206가 연나라를 멸망시켰다.

(주周나라서기전 11세기~서기전 3세기는 친인척이나 공을 세운 신하에게 후侯 또는 군君이라는 칭호를 내리고 영토를 나누어 주었다. 후와 군은 하사받은 지역을 맡아 다스리는 대신 주 왕실에 충성하며 복종하였다. 이러한 체제를 봉건국가라고 한다. 이후 주나라 왕권이 약해지면서 각 지역 제후들이 서로 천하를 장악하려고 다투던 춘추전국시대春秋戰國時代 서기전 770~서기전 221가 500여 년간 이어졌다. 주나라가 이민족의 침입을 버티지 못하고 수도를 호경에서 장안으로 옮긴 서기전 770년부터 서기전 403년까지를 춘추시대라고 말한다. 이 시기의 특징은 여러 제후국이 저마다 경쟁적으로 주 왕실을 모시려고 애쓰던 때였다. 공자가 이 시기의 역사를 저술하면서 책 제목을 『춘추』라고 지었던 까닭에, 이때를 춘추시대라고 부르게 되었다. 서기전 403년경부터 제후들은 충성을 맹세했던 주 왕실을 외면하고 패권을 다투게 되는데, 서기전 221년까지 이어진 이 시기를 전국시대라고 부른다. 이 명칭은 당대 역사를 다룬 『전국책戰國策』이라는 책 이름에서 비롯됐다. 『전국책』은 전한서기전 202~8시대 유향이라는 사람이 편집한 것으로 알려져 있는데, 여기서는 전국시대의 시작을 서기전 475년으로 보고 있다. 주나라가 호경을 도읍으로 삼았던 시절을 서주西周 서기전 1046~서기전 771시대, 이민족의 침략으로 동쪽 장안으로 옮긴 이후를 동주東周 서기전 770~서기전 256시대라고 한다. 이 동주 시대가 춘추전국시대에 해당한다. 춘추시대 패권을 장악했던 다섯 개의 제후국을 춘추5패라 부르고, 전국시대戰國時代 서기전 403~서기전 221에 서로 권력을 다투던 나라 가운데 맹위를 떨친 일곱 개 나라를 전국7웅戰國

七雄이라고 한다. 동쪽의 제齊, 서쪽 진秦, 남쪽 초楚, 북쪽 연燕 그리고 중앙에 위魏·한韓·조趙 나라 등이 바로 7웅七雄이다. 이 가운데 연나라가 서기전 222년에, 제나라가 서기전 221에 마지막으로 진秦나라에 정복당해 멸망하면서 전국시대가 끝났다. 중국 서쪽에서 흥기한 진秦나라는 500여 년의 춘추전국시대를 끝내고 중국을 통일한 최초의 왕조가 되었다. 진나라 왕은 중국을 통일한 자신을 전설적인 성인聖人 3황皇5제帝에 견주면서 황皇 임금과 제帝 천신이라는 의미가 있음를 합해 황제皇帝라고 불렀고, 여기에 첫 번째 황제라는 의미로 '처음 시始'자를 앞에 붙여 시황제始皇帝라고 하였다. 오늘날 중국을 지칭하는 차이나는 진나라의 '진秦=qin=Chin'에서 유래하였다)

진나라는 요동遼東 요하강 동쪽을 복속시키고 그 외곽지역을 경계로 삼았다. (통일국가 진서기전 221~서기전 206은 시황제재위 서기전 221~서기전 210가 죽고 아들 및 손자가 계승하여 2세 황제와 3세 황제가 있었으나 이내 망하고 초한전楚漢戰에서 승리한 한나라가 통일 중국을 이어받았다) 한漢나라서기전 202~220는 요동방면 지역이 너무 멀어 지키기가 쉽지 않다고 여겨 그곳에 원래 있던 옛 요새를 다시 수리하고 패수를 경계로 삼아 가까이 있는 (한나라의 제후국이 된) 연나라에 관리를 맡겼다. (한나라에서 세운) 연나라 왕 노관이 한나라를 배반하고 흉노로 도망갔다. (농민에서 패공으로, 한왕까지 된 유방은 진이 멸망한 서기전 206년부터는 초왕 항우와 패권을 겨루는 이른바 초한전楚漢戰을 치르고, 서기전 202년 마침내 항우를 물리치고 황제가 되었으나, 서기전 195년 사망할 때까지는 왕권 강화를 위해 자신을 도왔던 제후세력 및 반발세력을 하나둘씩 제거하고, 그 자리에 아들과 유 씨 집안사람들을 새 왕으로 봉하였다. 이런 상황에서 유방과 함께 싸우며 공을 세운 덕분에 연나라 왕으로 봉해졌던 노관도 죽임을 당할까 두려워 흉노로 도망쳤다)

연나라 사람 '만'이 무리 천여 명과 함께 망명하였다. (노관의 배신을 응징하고자 황제의 중앙 군대가 제후국 연나라를 공격하자 전쟁을 피해 연나라를 떠나는 도망자·망명자가 많았다) 만은 상투를 틀고 만이蠻夷 옛날 황하강 유역에 있던 장안과 낙양을 중심으로 삼아, 그 남쪽과 동쪽에 살던 이민족을 낮잡아 부르던 말의 복장을 한 채 동쪽으로 달려 요새를 빠져나갔다. 패수를 건넌 만은 진나라 멸망 이후 버려져 있던 옛 국경 인근에 자리를 잡았다. 만은 변방 지키는 일을 하다가 점차 진번과 조선을 복속시키고 이윽고 연나라와 제나라 망명자들의 왕이 되었다. 왕험王儉에 도읍을 정했다.

그 무렵 한나라에서는 유방이 죽고 그의 맏아들 효혜제재위 서기전 195~서기전 188가 즉위하고, (유방의 왕후이자 효혜제의 모후인) 고후가 정권을 장악하면서 안정을 찾아가고 있었다. (한나라에 위협이 될 만한 제후들을 모두 제거한 상태였다) 요동 태수는 만을 한나라의 외신外臣으로 삼는다는 조약을 맺었다. 만은 요동 변방을 관리하며 도적 무리가 국경을 넘어 한나라로 들어오지 못하도록 방비하는 한편, 이민족 군장들이 한나라 천자를 만나러 오가는 것을 방해하지 않는다는 것이 조약의 내용이었다. 황제가 조약을 허락하자 만은 한나라 조정으로부터 국경 수비를 위한 병기와 재물을 받게 되었다. 이를 계기로 힘을 갖게 된 만은 점차 세력을 키우더니 주변의 작은 (부족) 국가들을 침략하여 복속시켰다. 진번과 임둔도 모두 와서 복종하니 만의 영토가 사방 수천 리가 되었다.

만의 왕위가 아들에게 전해지고 손자 우거에 이르렀다. 우거왕 때에는 한나라에서 도망 온 사람들을 꾀어내는 일이 더욱 많아졌다. 이에 더하여 한나라 조정에 예를 갖추지도 않았을 뿐만 아니라 (만과 요동 태수가 맺은 조약에 의하면 왕이 된 우거도 외신의 신분이므로, 즉위 후 직접 또는 신하를 한나라 조정에 보내 인사를 올려야 하는 것이었다) 진번 및 그 주변 나라들이 천자에게 글을 올리며 만나고자 하는 것도 못 하게 막았다.

이에 한漢 무제武帝 재위 서기전 141~서기전 87는 원봉 2년, 서기전 109년에 사신 섭하를 조선에 파견하여 우거의 행동을 나무라며 타일렀으나 우거는 끝내 천자의 조서를 받아들이지 않고 한나라 명령에 따르기를 거부했다.

(우거왕을 설득하는 데 실패하고 돌아가던) 섭하는 국경지대인 패수에 도착하자 마부를 시켜 자신을 배웅하던 조선의 비왕장을 살해하고 즉시 패수를 건너 한나라 요새 안으로 도망갔다. 조정에 돌아와 "조선의 장수를 죽였습니다"라고 보고하자 무제는 흡족해했다. 책임을 묻기는커녕 오히려 섭하에게 요동동부도위라는 벼슬을 내렸다. 조선은 비왕장을 죽이고 달아난 섭하에게 원한을 품고 군대를 보내 섭하를 급습하여 죽였다.

(섭하가 죽임을 당하자) 천자는 조선을 공격하기 위하여 죄수들을 모아 군대를 조직하였다. 그해 가을 누선장군배를 이끌고 군대를 지휘하는 장군 양복에게 제나라한나라 제후국 중 하나. 산동반도에 위치에서 발해를 건너 조선을 공격하도록 명하였고, 좌장군 순체에게는 병사 5만 명과 함께 요동에서 출발하여 우거를 토벌하도록 하였다. (한나라가 공격해 온다는 것을 알게 된)우거도 군사를 일으켜 험준한 곳에 진을 치고 적의 침입에 대비하였다.

좌장군의 졸정군대 하위장교로 추정 '다'가 먼저 요동군사를 거느리고 조선을 공격하였으나 패하여 병사들이 뿔뿔이 흩어졌다. 다는 도망갔다가 다시 군대로 돌아왔으나 패한 책임을 지고 군법에 따라 참수당했다.

누선장군은 제나라에서 병사 7천 명을 거느리고 좌장군보다 먼저 조선의 수도인 왕험성왕검성에 도착하였다. 성을 수비하고 있던 우거왕은 누선장군의 병력이 적은 것을 보고 즉시 나아가 공격하였다. 누선장군의 군대가 패하여 도망쳤다. 장군 양복도 무리를 잃고 산속에서 10여 일을 숨어 지내다가 점차 흩어진 병사를 다시 모아 군대를 수습하였다. 좌장군 순체도 패수의 서쪽에서 조선군대와 맞서 싸웠으나 격파하지 못하여 앞으로 나아가지 못하고 있었다.

무제는 두 장군이 조선과의 전쟁에서 이기지 못하자 위산을 사신으로 보내 우거에게 한나라의 막강한 군사력을 앞세워 스스로 항복하도록 일깨우라고 하였다.

우거는 사신 위산을 머리 숙여 맞이하면서, "그동안 항복하려고 하였으나, 두 장군이 저를 속이고 죽일까 두려웠습니다. 이제 부절_{천자의 신의를} _{보여주는 표식}을 보았으니 항복을 원합니다" 하였다. 그리고 태자를 보내 사죄하게 하면서 말 5천 필과 군량을 바치도록 하였다. 태자가 만여 명의 군사와 함께 패수를 건너려고 하자, 사자 위산과 좌장군 순체는 그들이 건너와서 공격하려는 것일지도 모른다고 의심하여 태자에게 말했다. "조선은 이미 항복했으니 군사들에게 무기를 버리라고 명하시오." 이 말을 들은 태자는 반대로 사자와 좌장군이 자신을 속여 죽이려는 것이 아닌가 의심하여 결국 패수를 건너지 않고, 항복하지 않은 채 되돌아왔다. 위산이 조정에 돌아와 천자에게 이 일을 보고하자 천자는 위산을 베어 죽였다.

좌장군이 (마침내) 패수의 상류에서 조선군을 격파하고 왕험성 부근까지 진격하여 성의 서북지역을 포위하였다. 누선장군도 다시 돌아와 성의 남쪽에 진을 쳤다. 그러나 우거가 성을 굳게 수비하여 수개월이 지나도 왕험성은 함락되지 않았다.

좌장군은 평소 시중_{벼슬 이름. 천자 곁에서 여러 가지 일을 맡아 함}으로서 황제의 총애를 받는 호사를 누렸고, 그가 거느린 연_燕나라와 대_代나라 출신의 군사들은 사나워서 전쟁에서 승승장구하였던 터라 좌장군과 그의 군대는 모두 다 교만하였다.

제나라 병사들을 거느린 누선장군은 바닷길을 통해 들어오기 전에 이미 여러 전쟁에서 패하고 도망친 경험이 있었다. 게다가 (순체 장군이 도착하기 전에도) 먼저 우거와 싸우다가 도망가는 곤욕을 치렀던 병졸들은 모두 겁에 질린 상태였으며, 장군 또한 도망갔던 수치심을 갖고 있었으므로 비록 우거를 포위했지만 (먼저 나서서 공격하려 하지 않고) 항상 평화로운 상태를 유지하려고만 하였다. (그에 반해 사납고 교만한 병사들과 함께 승승장구만 했던) 좌장군은 조선을 맹렬히 공격하였다.

조선의 대신들은 (좌장군) 몰래 사사로이 (공격에 소극적인) 누선장군에게 사신을 보내 항복에 관한 말을 서로 주고받았지만 아직 결단을 내리지 못하고 있었다. 한편 좌장군은 누선장군에게 양쪽 군대를 동시에 출격시켜 조선을 함락시키자며 (시간과 장소 등을 정하기 위한) 작전 회의를 거듭 요청하였다. 그러나 누선장군은 조선의 항복 약속을 빨리 받아내려는 욕심에 공격하자는 좌장군을 만나지 않았다.

한편 좌장군 또한 조선에 사신을 보내 항복을 권했는데, 누선장군에게 항복할 마음이 있는 조선은 이에 응하지 않았다. 이런 상황이 이어지면서 두 장군은 서로 사이가 벌어졌다. 좌장군은 '누선장군은 전에 싸움에 지고 군사를 잃어 죄를 지었는데, 지금 조선과 사사로이 사이가 좋아져서 조선이 항복하지 않으니 혹시 조선과 함께 반란을 계획하는 것은 아닐까?' 의심하였으나 함부로 생각을 드러내지는 못했다.

천자가 말하였다. "일전에 장수들이 군대를 이끌고 갔는데도 조선을 이기지 못하여 위산을 보내 우거가 항복하도록 꾀하였다. 우거가 태자를 보내 항복하려고 했는데 위산이 사신으로서 혼자 결정 못 하고 좌장군과 상의하면서 판단을 잘못하여 결국 약속이 깨졌다. 지금 두 장군이 (조선의 왕험)성을 포위하고도 또 서로 뜻이 맞지 않아 전쟁만 길어지고 승패가 나지 않고 있다.” 그리고는 제남 태수 공손수에게 통수권을 주며 상황을 바로잡으라고 명하였다.

공손수가 전쟁터에 도착하자 좌장군이 말했다. “조선은 당연히 오래전에 우리 수하에 들어왔어야 합니다. 그들이 아직 항복하지 않은 것에 대하여 드릴 말씀이 있습니다” 하면서 누선장군이 매번 만남을 거부했다는 사실을 고하였다. 이어 평소 품었던 의심을 밝히며 “누선의 군대를 취하지 않으면 큰 피해가 생길까 두렵습니다. 비단 누선 혼자만이 아니라 조선군과 함께 우리 아군을 전멸시키려 할 수도 있습니다” 하였다. 공손수가 과연 그럴 수 있겠다며 부절_{왕의 명령이라는 것을 상징하는 표식}을 내세워 좌장군의 막사에서 작전을 논의하자며 누선장군을 불렀다. 부름을 받고 누선장군이 도착하자 즉시 그를 포박하라고 명령하고, 그의 군대를 좌장군의 군대에 편입시켰다. (좌장군 순체가 누선장군의 군대도 지휘하게 하였다)

이 상황을 천자에게 보고하자 천자는 공손수의 목을 베었다. (한편) 좌장군은 이미 병합한 양쪽 군대를 지휘하며 서둘러 조선을 공격하였다. 조선의 재상 노인과 한음 그리고 이계의 재상 참, 장군 왕겹 등 신하들이 모여서 대책을 논의하였다. “우리가 원래 누선장군에게 항복하려고 하였으나 지금 누선은 잡혀있고 좌장군 혼자 군대를 지휘하고 있습니다. 싸움은 갈수록 무섭고 맹렬해서 그에 대적하는 것이 불가능한데 왕은 계속 항복하려 하지 않습니다.” 결국 한음·왕겹·노인은 모두 도망쳐서 한나라에 항복하였는데 노인은 항복하러 가는 도중에 죽었다.

원봉 3년, 서기전 108년 여름에 이계의 재상 참이 사람을 시켜 조선의 왕 우거를 살해하고 한나라에 항복했다. 그러나 왕험성은 여전히 함락되지 않았다. 우거의 대신大臣 성기가 다시 한나라에 반기를 들고 관리들을 공격했기 때문이다. 좌장군은 우거의 아들 장상과 재상 노인의 아들 최를 시켜 백성들에게 항복한 사실을 알리고 그들을 부추겨 (전쟁을 계속하는) 성기를 죽이게 하였다.

마침내 조선을 평정하고 나서 (그 땅을) 4개의 군郡으로 만들었다. (한나라는 조선을 함락시키는 데 공을 세운) 재상 참을 홰청후에, 재상 한음은 적저후에, 장군 왕겹은 평주후로, 우거왕의 아들 장상은 기후에 각각 봉하였다. (항복하는 과정에 사망한) 노인의 아들 최에게도 공을 인정하여 온양후로 삼았다. (항복한 이들이 모두 일정한 지역을 맡아 다스리는 한나라의 후侯가 되었다)

좌장군은 공을 다투며 시기하고 미워하는 바람에 계획을 어긋나게 한 죄로 기시棄市사형을 당한 후 시신을 길거리에 그냥 버려두는 형벌를 당했다. 누선장군 또한 군대가 열구列口지역 이름에 도착했을 때 좌장군을 기다리지 않고 멋대로 먼저 공격하다가 군사를 많이 잃은 죄로 사형을 당하게 되었으나, 속전贖錢죄값을 돈으로 지불하는 일을 내고 평민이 되어 목숨만은 건졌다.

태사공太史公사마천. 서기전 145년경 출생하여 서기전 86년경 사망. 태사령 직책을 맡아 태사공이라 부른다은 말한다.

우거는 험한 지형의 유리함과 성城의 견고함만 믿다가 나라를 망하게 하고 조상의 제사가 끊어지게 하였다.

섭하는 거짓으로 공을 말하여 전쟁이 일어나게 하였다.

누선장군은 속이 좁은 탓에 재앙을 불러온 죄를 지었다. 번우番禺중국 남쪽의 지명으로 옛 남월의 수도. 현재 광저우에서의 실패를 후회하며 조심하다 오히려 의심을 받게 된 것이다. (누선장군 양복은 조선과의 전쟁 이전 남월과 싸울 때 많은 군사를 잃어가면서 맹렬히 싸워 수도 번우까지 진격하여 승리하였다. 그런데 전쟁터에 늦게 도착한 노박덕 장군은 전투를 치르지 않고도 적군을 말로 회유하여 항복을 받아냈고 정보를 수집하여 도망간 남월 왕을 잡는 큰 공을 세웠다. 당시의 경험으로 누선장군이 조선과의 전쟁에서 군사적 충돌 없는 항복을 받아내려다가 실패한 것을 말한다)

좌장군 순체는 공로만을 다투다가 공손수와 함께 죽임을 당했다. 누선장군의 군대와 좌장군의 군대는 모두 치욕을 당하면서, 전쟁에 참여했던 한나라 장군 중에서 후侯로 봉해진 사람이 없었다. (전쟁이 끝나면 장군들은 그 공로로 땅을 하사받으며 한 지역의 후로 봉해지는 것이 일반적인데 조선과의 전쟁에서는 비록 그 땅을 취해 네 개의 군을 세웠지만, 전쟁을 수행한 그 어떤 장수도 제후가 되지 못했다)

2

『한서漢書』 서남이西南夷·양월兩粤·
조선전朝鮮傳 중에서 조선전

―후한後漢 시대25~220 반고32~92가 전하는 고조선 이야기―

지도 2. 고조선의 멸망과 한의 팽창

조선왕 만은 연나라 사람이다. 연나라 때부터 일찍이 진번과 조선을 복속시켜 다스리며 그곳에 관리를 두고 장벽을 쌓았다. (서기전 403~서기전 221년, 제후들이 패권을 다투던 전국시대 7웅의 하나였던 연나라는 서기전 11세기경 주 왕실의 제후국으로 출발하여 서기전 4세기부터 크게 성장하였으며, 서기전 3세기 무렵 장군 진개는 조선의 영토 일부를 정복하였다. 이때 많은 땅을 빼앗긴 조선은 결국 쇠약해졌다는 기록이 있다) 진나라서기전 221~서기전 206가 연나라를 (서기전 222년) 멸망시키고 (연이 관리하던) 요동 외곽지역까지 복속시켜 관리하였다.

한나라서기전 202~220가 일어났는데, (진나라가 관리하던 요동 및 그 외곽지역이) 너무 멀어 직접 지키기가 어려웠다. 이에 요동에 있던 옛 요새를 수리하여 복구하고 패수를 경계로 삼아 연나라에 귀속시켜 관리하도록 하였다.

연나라 왕 노관이 한나라를 배반하고 흉노를 찾아가 의탁하였다. (유방은 통일왕국을 이룬 후 자신을 도왔던 막강한 제후들을 차례로 제거하고 그 영토를 유 씨 일족에게 나누어 주고 새 왕으로 임명하면서 유 씨 왕조의 기반을 확고히 하고자 하였다. 유방의 친구이자 전우로 공을 세워 연 왕이 됐던 노관은 죽임을 당할까 봐 일찍이 흉노로 달아났다)

만滿은 무리 천여 명과 함께 조선으로 도망쳤다. 상투 머리에 만이蠻夷고대 중국이 국경 주변의 이민족을 얕잡아 부르던 말의 옷차림을 하고서 요새를 빠져나가 동쪽으로 패수를 건너 달아났다. 진나라가 망한 뒤 관리가 없어진 성벽 주위 (상하장上下障 장벽의 위아래란 뜻으로 앞뒤 문맥으로 보아 요동에 세운 관문과 조선과의 국경 사이로 보인다) 빈터에서 살았다. 만滿은 (망명지 조선에서) 변방 지키는 일을 하면서 점점 진번과 조선 오랑캐, 그리고 옛 연나라와 제나라에서 도망 온 사람들을 복종시키고 그들의 왕이 되었다. 도읍은 왕험왕검이다.

마침 효혜제한나라 유방의 맏아들. 제2대 황제. 재위 서기전 195~서기전 188가 즉위하고 고후여태후. 유방의 황후이자 효혜제의 모후. 유방을 고황제라 불렀기 때문에 태후 여 씨를 고후로도 부른다가 통치하면서 천하가 처음으로 안정되었다. (서기전 206년 진이 멸망하자 항우와 유방을 중심으로 5년 동안 패권을 다투던 초·한 전쟁에서 마침내 한나라가 승리하였다. 그 후에 유방은 자신을 도왔던 힘센 제후들을 하나씩 제거하면서 유 씨의 왕권 강화를 꾀하였다. 이런 이유로 황제가 된 유방은 사망하기 직전까지 직접 크고 작은 전투에 참여했다. 막강했던 제후들이 모두 제거된 뒤에 즉위한 혜제는 대내외적인 전쟁을 피할 수 있었다) 요동 태수는 만을 외신으로 삼는다는 조약을 체결하여 만滿에게 주변 이민족으로부터 요새를 지키고 도적질을 막도록 하였으며, 이민족의 군장들이 천자를 뵈려고 오는 길을 방해하지 말라고 하였다. 조약 내용을 들은 혜제가 허락하였다. 만은 한나라로부터 물자와 병력을 지원받은 후 주변의 작은 마을들을 침략하여 항복을 받았다. 진번과 임둔이 모두 와서 복속하였다. 만滿의 나라는 사방 수천 리가 되었다.

왕위가 아들에게 전해지고 손자 우거에게 이어졌다. 우거 시대에 한나라에서 도망친 사람들을 꾀어내는 일이 더욱 많아졌고, 한나라 조정을 찾아 인사를 올리지도 않았다. (이전 조약에 따르면 우거왕은 외신外臣이므로 때에 맞춰 한나라 왕에게 인사드리는 것이 예법이었다) 게다가 우거왕은 진번과 진국이 글을 올리며 천자를 만나러 가는 길을 막아 서로 왕래하지 못하게 하였다.

원봉 2년, 서기전 109년에 한나라는 사신 섭하를 보내 조약 내용을 상기시키면서 우거왕을 꾸짖었으나 우거왕은 끝까지 한나라의 조서를 받들지 않았다. (이즈음 한나라 무제는 서쪽 지역을 휘하에 두었고 서남쪽의 동월과 남월을 정복하여 그 위세가 자못 컸다. 동쪽 지역의 조선에도 한나라의 명령에 따를 것을 요구하였으나 우거왕이 거절한 것이다)

한나라로 돌아오던 섭하는 패수에 도착하자 마부에게 자신을 배웅하던 조선의 비왕장을 찔러 죽이게 하고 자신은 서둘러 강을 건너 요새 안으로 도망쳤다. 마침내 귀국하여 천자에게 보고하길, "조선의 장군을 죽였습니다" 하였다. 이에 상천자 즉 무제. 재위 서기전 141~서기전 87은 만족하고 섭하를 요동동부도위로 삼았다. (다른 나라의 장군을 죽인 것에 대해 책망 대신 오히려 벼슬을 주어 칭찬한 것이다) 조선은 (조선의 비왕장을 죽이고 달아난) 섭하를 원망하여 군사를 보내 급습하여 섭하를 죽였다.

그러자 천자는 조선을 공격하기 위해 죄수들을 모았다. 그해 가을 누선樓船 다락 누, 배 선, 망루가 있는 배장군 양복을 파견하여 제나라에서 발해를 건너게 하고, 좌장군 순체에게는 병사 5만 명을 주어 요동에서 출발하여 우거를 제거하라고 하였다. 우거도 (한나라가 공격한다는 것을 알고) 군사를 모아 방어에 유리한 험지에 진을 쳤다. 좌장군의 하급장교인 병졸 다가 요동 병사들을 이끌고 먼저 공격하였으나 패하여 군사들이 뿔뿔이 흩어졌다. 다는 도망갔다가 다시 돌아왔으나 군법에 따라 참수당했다.

누선장군이 제나라 병사 7천 명을 이끌고 좌장군의 군대보다 먼저 왕험성왕검성에 도착하였다. 성을 지키고 있던 우거왕은 누선의 병사 수가 많지 않은 것을 보고 즉시 공격하였다. 누선의 군사들이 패하여 달아났다. 장군 양복은 무리를 잃고 산중에서 10여 일을 숨어 지내다가 흩어진 군사를 거두어 다시 군대를 정비하였다. 좌장군도 패수 서쪽에서 조선군을 공격했는데 격파하지 못하였다.

천자는 두 장군이 전쟁에서 이기지 못하자 곧바로 위산을 사신으로 보내 한나라의 군사적 위엄을 알려 우거를 항복시키라고 하였다. 사신을 맞이한 우거왕이 머리가 땅에 닿도록 절하며 말했다. "항복하고 싶었으나 장군들이 신을 속이고 죽일까 두려웠습니다. 이제 천자의 부절을 보았으니 항복을 청합니다."

우거왕은 태자로 하여금 한나라에 가서 사죄하라고 하면서 말 5천 마리와 한나라 군사를 위한 식량을 바치게 하였다. 태자가 휘하의 병사 만여 명을 이끌고 패수를 건너려 하자, 사자와 좌장군은 혹시 그들이 건너와서 변을 일으키는 것이 아닌가 의심하여 태자에게 이르기를, "이미 항복했으니 병사들에게 무기를 버리라 명하시오" 하였다. 그 말을 들은 태자는 반대로 사자와 좌장군이 자신을 속이려는 것이 아닌가 의심하여 결국 패수를 건너지 않고 그냥 돌아왔다. 위산이 그 일을 천자에게 보고하였더니 천자는 위산을 베어 죽였다.

좌장군이 패수 상류의 조선군대를 격파하고 왕험성 밑까지 진격하여 주변 서북지역을 포위하였다. 누선장군도 다시 돌아와 왕험성의 남쪽에 진을 쳤다. 그러나 우거가 성을 견고하게 수비하여 수개월이 지나도록 함락시키지 못했다.

좌장군은 평소에 시중벼슬 이름. 천자의 좌우에서 여러 가지 일을 받들어 처리함의 지위로 천자의 총애를 받았고, 그가 거느린 연燕나라와 대代나라 출신의 거친 병사들은 전쟁마다 승승장구하면서 매우 교만해졌다.

제나라 병졸들을 거느린 누선장군은 바다로 들어오기 전에 이미 여러 차례 전쟁에서 패하여 도주한 적이 있었고, 그의 병사들도 앞서 우거와 싸우다가 도망가면서 큰 곤욕을 겪었기 때문에 모두 싸우기를 두려워하였다. 누선장군 또한 전에 달아났던 경험이 있어 우거를 포위했으면서도 나서서 싸우기보다는 늘 상황을 관망하며 충돌 없이 조용히 지내려고 하였다. 반면 좌장군은 맹렬한 공격을 퍼부었다.

조선의 대신들은 전쟁 중에도 틈틈이 좌장군 몰래 누선장군에게 사절을 보내 사사로이 항복할 의사를 전하였지만, 아직 구체적인 결정을 못하고 있었다. 좌장군은 누선장군에게 여러 차례 함께 공격할 시기를 상의하기 위해 만나자고 하였으나, 누선장군은 조선의 항복을 빨리 받아내려고 만나지 않았다. 그런 와중에 좌장군 또한 조선에 사절을 보내 항복을 권했으나, 조선은 누선장군에게 항복하려는 마음이 있어 거절했다. 이렇게 두 장군은 서로 뜻이 맞지 않았다.

좌장군이 마음속으로 생각하길, '누선장군은 전에 군사를 잃고 죄를 지었다. 지금 조선과 사이가 좋고, 조선은 항복하지 않으니 혹시 조선군을 끌어들여 반란을 일으키려는 것이 아닐까?' 하고 의심했으나 함부로 (자기 생각을) 드러내지는 않았다.

천자_{한나라 무제}가 말했다. "장군들이 군사를 이끌고 가서도 무찌르지 못하기에 위산을 보내 우거를 타일러 항복시키도록 하였다. 그러나 위산은 혼자 결단을 못 내리고 좌장군과 함께 그릇된 판단을 내려 결국 조선이 항복하겠다는 약조를 깨트리게 하였다. 지금 또 두 장군이 성을 포위하고 있으면서도 서로 뜻이 맞지 않아 전쟁이 길어지고 이기지 못하고 있다." 이어 제남 태수 공손수를 보내 상황을 바로잡으라고 하면서 필요한 경우 군사를 직접 지휘하도록 하였다.

공손수가 도착하자 좌장군이 말했다. "조선은 마땅히 오래전에 항복했어야 합니다. 그런데 아직도 항복하지 않은 것은 누선장군이 수차례나 함께 싸우자는 것에 응하지 않은 까닭입니다." 이에 덧붙여 평소에 품었던 의심을 공손수에게 말하고 "지금 정황이 이와 같으니 누선에게서 군대를 빼앗지 않으면 큰 피해가 올까 두렵습니다. 비단 누선 혼자만이 아니라 누선장군이 조선군과 함께 우리 (한나라) 군대를 전멸시킬지도 모릅니다." 공손수가 듣더니 과연 그럴 만하다고 여겼다. 그리하여 누선장군에게 부절천자의 명령을 상징하는 표식을 내보이며 군사작전에 대해 상의할 일이 있으니 막사로 오라고 하였다. 이어 좌장군의 휘하 병사에게 도착한 누선장군을 포박하라고 명령하고, 누선의 군사를 모두 좌장군에게 인계하였다. 이 일을 천자에게 보고하자 천자는 공손수를 베어 죽였다. 좌장군은 이미 양군兩軍을 합하여 조선을 맹렬히 공격하였다.

조선의 재상 노인과 한도, 이계의 재상 참, 장군 왕겹이 모여 의논하였다. "우리가 처음에 누선장군에게 항복하려고 했는데 누선장군은 지금 잡혀있고 좌장군 단독으로 양군兩軍을 거느리고 거센 공격을 퍼붓고 있어 도저히 맞서 싸울 수 없는 상황입니다. 그런데 왕은 다시 항복하려 하지 않습니다." 결국 재상 한도와 왕겹, 노인은 모두 도망하여 한나라에 항복하였다. 노인은 항복하러 가는 도중에 죽었다.

원봉 3년, 서기전 108년 여름에 이계의 재상 참이 사람을 시켜 조선왕 우거를 죽이고 항복했다. 그러나 왕험성은 함락되지 않았다. 우거의 대신大臣 성이成已『사기』에는 성기成己가 반기를 들고 관리들을 거듭 공격했기 때문이다.

좌장군은 우거의 아들 장상과 항복한 노인의 아들 최를 시켜 백성에게 이미 항복한 사실을 알리게 하고 그들이 성이를 죽이도록 부추겼다.

이렇게 하여 마침내 조선은 평정되고 그 땅은 진번·임둔·낙랑·현도 네 개의 군郡이 되었다.

이계의 재상이었던 참은 홰청후에 봉해졌다. 재상 한도는 추저후, 왕겹은 평주후, 우거의 아들 장상은 기후가 되었다. 최는 (항복한) 아버지가 돌아가시고 그의 공도 자못 크므로 저양후가 되었다.

좌장군은 공을 다투며 서로 질시하여 계획을 어긋나게 하였다는 죄로 죽임을 당한 후 그 시신이 거리에 버려지는 기시형을 당했다. 누선장군도 열구에 도착하여 좌장군을 기다리지 않고 멋대로 먼저 공격하여 많은 군사를 잃었다 하여 사형을 당하게 되었는데, 속죄금을 내고 서인이 되어 목숨만은 건졌다.

편찬자반고班固 후한 시대 32~92는 말한다. 초楚 춘추 5패의 하나나라와 월粵 춘추 5패의 하나나라의 선조는 대대로 땅이 있었다. 주나라서기전 11세기 경~서기전 3세기 경가 쇠약해지자 초나라의 땅이 사방 5000리약 2000km가 되었다. 구천의 월나라도 천하에 드날렸다. (춘추5패의 하나로, 제나라 환공, 진나라 문공, 초나라 장왕, 오나라 합려, 월나라 구천이 쇠약한 주나라 대신 막강한 세력을 떨쳤다)

진나라서기전 221~서기전 206가 모든 제후를 멸망시켰을 때, 오직 초나라의 전왕만 남아 있었다. 한나라서기전 202~220가 서남이西南夷 고대 중국 장안·낙양을 중심으로 서남쪽 방향에 거주하는 이민족를 모두 없앴을 때도 전왕만 홀로 남아 다시 총애를 받았다.

동쪽 월나라, 즉 동월이 멸망하자 그 백성을 이주시켜 살게 하였는데 유왕과 거고 등 몇몇은 오히려 만호후萬戶侯 만여 가구를 소유한 제후가 되었다. (제후로서 땅을 하사받아 오히려 지배하는 땅이 더 넓어졌다)

한나라는 동·서·남·북 네 방향의 국경 중 세 방향을 정복하여 모든 길을 통하게 하였는데, 그것은 모두 일 좋아하는 신하들이 만든 것이다. 서남이西南夷 서남쪽 이민족의 나라는 당몽과 사마상여가 부추겨서 전쟁이 일어났다. 두 개의 월나라, 즉 남월南粵남쪽의 월과 동월東粵동쪽의 월은 엄조와 주매신으로 인해, 그리고 동쪽의 조선과는 섭하 때문에 일어난 전쟁이다. 한나라가 전성기를 맞아 주변 나라들을 복속시키는 데 성공했다지만 수고로움이 지나치게 많아 그 대가가 컸다.

　　태종한나라 제5대 황제 문제文帝의 묘호, 유방의 넷째 아들. 재위 서기전 180~서기전 157께서는 위타조타라고도 함. 중국의 남쪽에서 황제를 지칭하던 남월의 왕의 마음을 어루만져 전쟁 없이 복종하게 하였다. (위타 조상의 묘가 중국에 있어 묘소를 보살피고 그의 친족들을 대우하니 위타가 감격하여 중국을 상국으로 대하였다) 옛사람들이 이른바 예로써 사람을 끌어 불러들이고 덕으로 먼 곳의 사람을 회유하여 마음으로 복종하게 한다는 것이 바로 태종처럼 전쟁 없이 위타를 복속시킨 이러한 일을 말하는 것이 아니겠는가!

3

『삼국지三國志』「위서魏書」
오환烏桓·선비鮮卑·동이전東夷傳 중에서 동이전

－서진西晉 시대265~316 진수233~297가 전하는
고조선과 동이 이야기 －

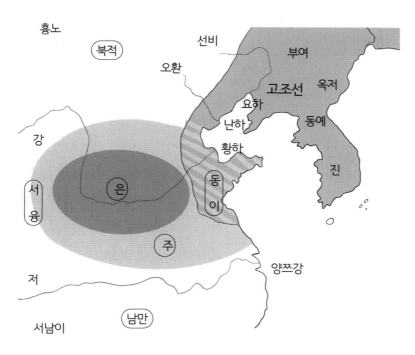

지도 3. 고조선과 중국 중심의 4이四夷

■ 먼저 동이에 대하여

『서경』(『서경書經』은 처음에 『상서尚書』라고 부르다 후대에 책의 격을 높여 『서경』이라고 하였다. 『서경』은 중국 고대의 전설적인 요순시절과 뒤이어 세워진 하·은·주 고대국가의 정치사를 편집한 책으로 국가통치에 대한 글이 담겨 있다)에 따르면, (중국) 동쪽 끝은 바다에 이르고 서쪽은 모래로 뒤덮인 사막과 닿아있다.

중국의 구복제도九服制度 천자가 사는 곳을 기준으로 거리의 멀고 가까움으로 구분한 지방 행정제도(천자가 사는 사방 1000리, 즉 400km 정도는 왕기王畿라고 하였다. 왕기로부터 사방 500리, 즉 200km를 후복侯服, 후복으로부터 사방 500리를 전복甸服, 전복으로부터 사방 500리를 남복男服, 남복으로부터 사방 500리를 채복采服, 채복으로부터 사방 500리를 위복衛服, 위복으로부터 사방 500리를 만복蠻服, 만복으로부터 사방 500리를 이복夷服, 이복으로부터 사방 500리까지는 진복鎮服, 진복으로부터 사방 500리까지는 번복藩服으로 구분한 9개 지역을 구복이라 하였다)에 포함되어있는 지역에 대해서는 어렵지 않게 이모저모를 설명할 수 있다. 물론 구복 바깥의 거친 지역에도 중요한 이야기들이 있으나 몇 차례 번역을 거쳐야 비로소 알 수 있을 뿐만 아니라, 그곳까지는 우리 중국의 발자취와 수레가 미치지 않으니 그 나라들의 풍속이 우리 중국과 어떻게 다른지는 알 수가 없다.

우虞 우순虞舜 전설적인 삼황오제 중의 순임금 시절부터 주나라서기전 1046~서기전 256에 이르기까지 서융서쪽 지역의 융. 중국 서쪽의 이민족 이름은 흰 구슬을 바쳤고, 동이동쪽 지역의 이민족 숙신종족 이름도 조공을 바쳤는데, 여러 해가 지나서야 도착했을 정도였으니 서융 및 동이가 얼마나 먼 곳에 있는지 알 수 있다.

한나라 무제 때 장건서기전 114년 사망을 서쪽 지역으로 파견하여 황하중국 북부에 있는 강으로 길이가 약 5400여km 정도로 서쪽에서 동쪽으로 흐른다가 시작되는 곳을 알아 냈다. 이때 중국 서쪽의 여러 곳을 지나면서 곳곳에 도호관청을 뜻함. 행정 편의 를 위한 기구를 설치하여 그 지역들을 다스리게 되었다. 이후로 서역西域중국의 장안 및 낙양을 기준으로 한 서쪽 지역으로 지금의 신장지역, 중앙아시아, 멀리 인도까지를 뜻함의 일들을 모두 갖추어 빠짐없이 보존할 수 있게 되니, 사관史官 역사를 기록하는 관리들은 자세한 이야기를 얻어 기록할 수 있었다.

한나라가 망하고 위나라220년부터 265년까지 유지되었던 나라로 조조의 아들이 세운 曹魏가 흥기했다. 비록 서역의 모든 나라는 아니었지만 큰 나라인 구자·우치· 강거·오손·소륵·월씨·선선·거사 등은 여전히 위나라를 따르며 조 공을 보내지 않는 해가 없었으니, 대체로 위나라 때 서역과의 관계는 한 나라 때와 같았다.

공손연이 아버지와 할아버지 3대三代를 이어 요동지역을 차지하고 거 의 독자적인 세력을 유지하고 있어, (한나라 말기부터 위·촉·오 삼국이 싸 우는 전란기에 공손 씨는 요동에서 독자적 세력을 유지했다) 천자위나라의 천자는 요 동지역과 단절한 채 그 바깥 지역의 일은 신경 쓰지 않았다. 이 때문에 동이와는 통하지 못하였다.

경초위나라 제2대 황제 조예가 사용한 세 번째 연호. 237~239 중에 드디어 황제는 군사를 크게 일으켜 공손연을 베어 죽이고, 또 몰래 바다로 군사를 파견하여 낙 랑군과 대방군을 휘하로 거두어들이니 바다 건너 동쪽이 잠잠해지고 동 이가 굴복하였다.

그 후 (동이 중에) 고구려서기전 37~668가 배반하자 다시 또 군사를 파견하 여 끝까지 추격하여 토벌하였다. 이때 오환지역 이름이자 부족 이름. 고대 중국의 동북 지역에 번성했던 유목민족과 골도고구려 수도 환도의 다른 이름으로 추정를 넘고 옥저한반도 동북 지역 부족 국가를 지나서 숙신부족 이름. 훗날 시대가 바뀌면서 말갈이라고 부름의 땅까지 추격하여 동쪽 끝인 큰 바다에까지 이르게 되었다. 그곳 장로長老 나이 많고 학문과 덕이 높은 사람들의 말에 의하면, 얼굴이 다르게 생긴 사람이 해가 뜨는 곳 가까이에 살고 있다고 하였다.

이리하여 마침내 (동이의) 여러 나라를 두루 살펴보면서 그 나라들의 법과 풍속을 채집하였으며, 나라의 크고 작음을 구별하고 각각의 이름을 자세히 기록할 수 있었다. 그들은 비록 이적夷狄 중국적 시각에서 문화적 수준이 낮은 이민족을 낮잡아 부르던 말. 오랑캐의 나라지만 조平평한 고기 조각이나 떡 종류를 주로 담는 납작하고 넓은 그릇와 두굽이 있으며 국물을 담을 수 있는 그릇. 조두는 제기용 그릇을 뜻하기도 한다 모양의 그릇을 사용하고 있었다.

중국이 예를 잃으면 사이四夷 중국을 둘러싼 네 방위의 이민족, 변방의 모든 이민족, 중국 한족 이외의 모든 다른 종족을 얕잡아 부르던 말로 동이·서융·남만·북적을 뜻한다에서 예를 구한다는 말은 가히 믿을 만하다. 이에 그 나라들을 차례로 기록하여 그 같고 다름을 열거하면서 이전의 역사책이 갖추지 못한 것들을 보충하고자 한다.

■ 부여

부여는 만리장성진나라 때 이민족의 침입을 막기 위해 국경을 따라 쌓은 성벽 북쪽에 있다. 현도군에서 1000리400km 정도. 대략 서울에서 부산까지의 거리 떨어진 곳이다. 부여나라 이름은 여러 역사책에 등장하나 그 자세한 역사는 알려지지 않았다. 대체로 고조선 이후 건국되어 흥망을 거듭하다가 5세기 말 완전히 멸망한 것으로 본다의 남쪽에는 고구려서기전 37~668가 있고, 동쪽에는 읍루연해주에서 흑룡강·송화강 유역에 거주했던 부족가 있다. 서쪽은 선비길림성·몽골 일부

지역에 살았던 유목 민족와 닿아있으며 북쪽에 약수가 흐른다. 영토의 크기는 사방 2000리800km 정도이고 가구 수는 8만이다.

부여 사람들은 정착 생활을 하며 궁궐과 집, 창고, 감옥이 있다. 산과 구릉, 넓은 연못이 많으며 동이 여러 나라 중에서 넓은 평야가 제일 많다. 토지는 오곡쌀·보리·콩·조·기장 다섯 가지를 흔히 말하나, 시대 또는 지역에 따라 다섯 가지가 약간씩 다르기도 하다. 온갖 곡식이라는 뜻으로도 쓰인다이 자라기에 좋은데, 오과복숭아·자두·살구·밤·대추를 흔히 말하며, 모든 과일을 상징하기도 한다. 장소와 시대에 따라 오과 종류가 조금 다르기도 하다는 나지 않는다. 사람들의 기질은 거칠고 체구는 크다. 성품은 강하고 용감하며 부지런하고 온후하다. 노략질이나 도둑질은 하지 않는다.

나라에 군왕이 있다. 관직은 모두 육축六畜 가축이라는 뜻이다. 소·말·돼지·양·닭·개 등 여섯 가축을 말하다가 차츰 가축이라는 의미로 쓰이게 되었다 이름을 따라 부른다. 마가馬加말·우가牛加 소·저가猪加 돼지·구가拘加 개·대사·대사자·사자가 있다. 마을마다 호민재물이 많고 세력이 있는 귀인이 있으며 하호로 불리는 자들은 모두 노복奴僕 남자 종이다. 제가諸加들이 사출도四出道의 주인이 되어 제각각 네 방위, 즉 동서남북을 (현대의 지명에서도 방위가 따른다. 동구청장·서구청장·남구청장·북구청장으로, 각 지역을 동구·서구·남구·북구로 나누고 있다) 담당하여 다스리는데, 큰 가加는 수천 가구를, 작은 가加는 수백 가구를 거느린다.

음식을 먹고 마실 때는 모두 조와 두 등의 그릇을 사용한다. 회동업무를 위한 관원들의 모임의 자리에서는 배작拜爵 술잔을 주고받을 때 고개 숙여 절하며 공손히 받거나 권함과 세작洗爵 술잔을 씻음의 예가 있으며, 오르고 내릴 때는 (오고 가면서) 서로 읍양揖讓 두 손을 모아 얼굴 앞으로 들어 올리며 허리를 굽혀 겸손하게 예를 표하는 인사 방법하는 예절이 있다.

은상나라. 서기전 1600~서기전 1046의 역법曆法 달력. 천체의 움직임으로 시간을 정하는 법칙을 사용한다. 정월, 즉 1월에 하늘에 제사를 올리며 나라에서 큰 행사를 개최한다. 연일 술 마시며 노래하고 춤추며 즐기는데 이 행사를 영고迎鼓라고 한다. 이때는 형벌을 따지거나 감옥에 가두는 일 등의 법 집행을 멈추고 죄인들을 풀어준다. (새해나 추석 명절에 죄인들을 감옥에서 내보내 주는 현재의 사면과 같은 것이다) 흰색을 숭상해서 나라 안에 있을 때는 흰색 베로 만든 소매가 넓은 도포와 바지를 즐겨 입고, 신발은 가죽신을 신는다. 나라 밖으로 나갈 때는 수놓은 비단이나 융단으로 화려하게 꾸민 옷을 즐겨 입는다. 지위가 높은 대가大加 각 부. 또는 마을의 족장들은 여우나 삵, 원숭이, 흰색 또는 검은색 담비 가죽으로 만든 옷을 입고 금과 은으로 모자를 꾸민다.

통역하는 사람이 말을 전할 때는 모두 무릎을 꿇고 손은 바닥에 대고 조용히 말한다. 형벌은 엄하고 신속하게 처리하는데 사람을 죽인 자는 죽이고, 그 가족은 모두 잡아 노비로 만든다. 남의 재물을 훔치면 도둑질한 물건의 12배를 갚게 한다. 남녀가 간음하거나 부인이 질투하면 모두 죽인다. 특히 투기하는 것을 엄벌하여 투기한 부인은 죽이고 그 시신은 남쪽 산에 버리고 썩도록 내버려 둔다. 여자의 집에서 그 시신을 거두어가고자 하면 소나 말을 내야 한다. 형이 죽으면 형의 아내를 처로 삼는데 이는 흉노의 풍속과 같다.

그 나라는 제사에 쓰이는 소를 잘 키운다. 명마와 붉은 옥·담비·검은 원숭이·아름다운 구슬 등이 나는데 큰 구슬은 대추만큼 크다. 무기로는 활과 화살, 칼과 창을 사용한다. 집집마다 모두 갑옷과 무기를 가지고 있다. 나라의 기로耆老 나이가 많고 덕이 높은 사람. 노인을 우대하여 부르는 말들이 말하길, 자신들은 예전에 망명해 온 사람들이라고 한다.

성책은 모두 둥그렇게 쌓아 만드는데 마치 감옥 같다. 밤낮없이 아무 때나 다니며, 노인이나 어린이나 모두 노래를 즐겨 불러서 음악 소리가 종일 끊이지 않는다.

군사를 일으켜야 할 때는 먼저 하늘에 제사를 올린다. 소를 죽여서 그 발굽을 보고 좋을지 나쁠지를 점치는데, 발굽이 갈라졌으면 나쁘고 발굽이 모여 있으면 좋은 징조라고 여긴다. 적이 쳐들어오면 제가諸加들이 나서서 싸운다. 하호들은 (직접 싸우지 않고) 식량 운반 및 음식을 담당한다.

여름에 사람이 죽으면 모두 얼음을 사용한다. 사람을 죽여 순장殉葬 귀족이나 왕족이 죽었을 때 신하나 부인 등을 죽여 함께 묻던 장례 풍습하며 그 수가 많을 때는 백 명이나 된다. 장례는 매우 후하게 치르며 곽시신을 넣는 관을 넣기 위해 만든 나무 상자로 겉널이라고 부르고, 줄여서 널이라고도 한다. 겉널은 있는데 관시신을 담는 상자로 속널이라 하고 줄여서 널이라고도 한다은 없다.

『위략魏略』(서진西晉 265~316 시대에 무제가 다스리던 280~289년 사이에 위나라의 낭중을 지낸 어환이 지었다는 위나라220~265 역사책. 진수의 『삼국지』는 297년경 완성되었다)에서 말하길, 부여 풍속에 장례는 5개월이나 계속되는데, 그 기간이 길수록 영예롭게 여긴다고 한다. 죽은 이에게 제사 올릴 때는 날 것 그대로 사용하는 것도 있고 익히는 음식도 있다. 상주는 장례를 오래 치르려 하지만 다른 사람들이 다투면서까지 억지로 빨리 끝내도록 한다. 상을 치를 때는 남자나 여자나 모두 흰 옷을 입는다. 부인들은 베 옷을 입는데 얼굴을 가리는 쓰개를 하며 목걸이나 반지 같은 패물은 하지 않는다. 이런 것은 대체로 중국 상례와 비슷하다.

부여는 본래 현도군에 속했다. 한나라 말기에 요동의 공손도 세력이 해동海東 발해의 동쪽까지 널리 떨쳤다. 그 위세에 외이外夷 변방 오랑캐, 부여를 말한다.

중국 입장에서 국경지대의 타민족은 모두 오랑캐이다가 굴복하여, 부여 왕 위구태가 현도군에서 요동군으로 복속되었다. 이즈음 고구려와 선비鮮卑 부족 이름가 강해져서 부여가 그사이에 놓이게 되자, 공손도는 종실의 여자를 부여 왕에게 시집보냈다. (요동군 공손 씨의 위세로 주변으로부터 부여를 보호하였다) 부여 왕 위구태가 죽자 간위거가 왕이 되었다. 간위거는 적자가 없고 얼자귀족과 천민 여자 사이에서 태어난 아들 마여만 있었다. 간위거가 죽자 부여의 제가諸加들이 마여를 왕위에 올렸다.

우가牛加 관직의 하나 형의 아들 중에 위거라는 이름의 아들이 있는데 벼슬이 대사였다. 위거는 재물에 욕심이 없어 아낌없이 베풀기를 좋아하니 나라 사람들이 의지하며 따랐다. 그는 해마다 사절을 수도로 보내 공물을 바쳤다. (부여가 당시 위나라220~265에 조공을 바쳤다)

정시240~249 위나라 제3대 황제 조방 시대 첫 번째 연호 중에 유주 자사 관구검이 고구려를 토벌하였다. 현도군 태수 왕기가 부여에 이르자 위거는 대가를 도시 밖 교외로 보내 왕기를 맞이하게 하면서 군량을 공급하였다. (고구려 동천왕재위 227~248 때의 일로 부여가 위220~265나라 편에 서서 싸웠다)

위거의 작은아버지인 우가牛加가 다른 마음을 먹자 위거는 작은아버지와 그 아들을 죽이고 그들의 재산을 모두 몰수한 후 그 장부와 몰수품을 모두 관청으로 보냈다.

부여의 옛 풍속에 가뭄이나 장마로 날이 고르지 못해 오곡이 잘 익지 않으면 왕에게 책임을 물어 왕을 바꾸거나 죽인다. 마여가 죽고 그 아들 의려가 여섯 살의 나이로 왕이 되었다.

한나라 때에 부여 왕의 장례에는 옥갑왕의 장례를 위해 옥으로 만든 갖가지 장례용품을 사용하였다. 항상 현도군에 비치해 놓고 왕이 죽으면 즉시 사용할 수 있도록 하였다. 공손연요동 태수이 굴복하고 주살죄를 물어 죽임당한 후 현도군의 창고에 옥갑 1구가 그대로 남아 있었다. 지금 부여 창고에 있는 옥구슬과 규관리들이 손에 들고 있던 홀와 옥으로 만든 제기 등은 수 대에 걸쳐 전해져 온 물건으로 부여에 대대로 이어지는 보물인데, 그 나라 기로나이 많고 덕이 높은 사람. 노인을 우대하여 부르는 말가 말하길 그것들은 선대로부터 하사받은 물건 (중국 황제가 내려 준 선물)이라고 한다.

『위략魏略』에 따르면 부여는 풍성하고 넉넉하여 선대 이래로 파괴된 적이 없다. 그 나라에 '예왕지인濊王之印 예 왕의 도장'이라고 새겨진 도장이 있는데, 나라에 있는 옛 성의 이름도 예성濊城이다. 아마도 원래 예·맥의 땅인데 그중에서 부여 왕이 나온 듯하다. 자기들을 스스로 망명인이라고 하는 이유가 여기에 있는 것 같다.

『위략』에 다음과 같은 기록이 있다.

"옛 지志 역사책에서 천문, 지리, 예악, 정치제도나 형벌 등을 기록한 부분에서 또 말하길, 예전에 북쪽 지역에 고리국이 있었다. 왕의 시녀가 임신하자 왕이 죽이려고 하였다. 그러자 시녀가 달걀 (둥글고 흰 달걀은 대체로 태양을 의미하였으며, 알이나 태양은 고대 왕족을 상징하였다) 같은 기운이 와서 임신하게 된 것이라고 하였다. 산달이 되어 시녀는 사내아이를 낳았다. 왕이 아이를 돼지우리에 버리게 했는데 돼지들이 입김을 불어주며 살렸다. 다시 마구간으로 내버렸더니 이번에는 말들이 입김을 불어주어 죽지 않았다. 왕이 의아하게 여기며 하늘의 아들인가 하여 그 어미가 거두어 키울 수 있게 해주고 동명이라고 부르며 말 기르는 일을 시켰다. 동명이 활을 잘 쏘자 왕은 혹시나 나라를 빼앗길까 두려워 그를 죽이려 하였다. 이에 동명이 달아났다. 남쪽 시엄수에 이르러 활로 강물을 내려치자 물고기와 자라 떼가 떠올라 다리를 놓아주었다. 동명이 강을 다 건너자 곧 물고기와 자라 떼가 흩어졌다. 동명을 죽이려고 쫓아오던 병사들은 강을 건너지 못했다. 동명은 이렇게 부여 땅에 도읍을 세우고 왕이 되었다."

■ 고구려

고구려는 요동에서 동쪽으로 1000리400km 정도에 있다. 남쪽으로 조선과 예·맥이 있고, 동쪽으로 옥저, 북쪽에는 부여가 있다. 도읍은 환도 아래까지 이어져 있으며 영토는 사방 2000리800km 정도이다. 가구 수는 3만이다. 큰 산과 깊은 계곡이 많으며 평평한 들이나 연못은 없다. 산골짜기를 따라 살며 계곡의 물을 마신다. 비록 힘써 열심히 농사를 짓지만 좋은 밭이 없어서 모두 배불리 먹기에는 곡식이 부족하다. 먹을 것을 절약하는 풍습이 있고 궁궐이나 집을 짓고 꾸미는 것을 좋아한다. 거주하는 곳 좌우에 큰 집을 짓고 귀신을 모신다. 또 영성靈星 신령스러운 별. 농업의 신으로 여김과 (동서양을 막론하고 별자리는 농사에 큰 영향을 끼친다고 여겨 신격화하였으며 한국에서 현재까지 계승된 별의 신 중에서 널리 알려진 것으로 북두칠성을 모시는 칠성신이 있다) 사직社稷 토지신과 곡식신에 제사를 드린다. 그곳 사람들은 성격이 급하고 거칠 뿐 아니라 사나우며 도둑질과 노략질을 잘한다.

나라에 왕과 관료가 있다. 관료는 상가·대로·패자·고추가·주부·우태승·사자·조의선인이 있으며, 지위나 신분에 높고 낮은 등급이 있다. 동이의 옛말에 고구려는 부여에서 갈라져 나온 종족이라고 한다. 언어 및 여러 가지가 부여와 같지만, 그 기질이나 옷 입는 것은 다르다.

원래 다섯 부족으로 연노부·절노부·순노부·관노부·계루부가 있다. 원래 연노부가 왕이었는데 점점 쇠약해져서 지금297년경, 『삼국지』를 쓸 당시은 계루부가 왕위를 잇고 있다.

한나라가 북과 피리 및 재인악기를 다루거나 재주를 부리는 사람을 하사하였고, 고구려는 현도군에 와서 조복관원이 조정에 나아갈 때 입는 예복과 옷 그리고 책幘 머리쓰개, 모자 따위로 신분에 따라 머리에 착용하던 모자 종류의 하나 등을 받아갔다. (고대는 신분과 계급을 복장으로 구별하였다) 고구려 영주가 늘 명적이름, 신분, 물품 수량 등을 기록한 문서을 관리하였다. 그러나 날이 갈수록 점점 교만, 방자해지더니 현도군에와서 받아가는 것을 그만두고, 동쪽 국경에 작은 성을 쌓고서 그곳에 조복과 의복 및 책幘 모자의 한 종류을 두도록 하고 해마다 와서 가져갔다. 지금297년경, 『삼국지』를 쓸 당시 오랑캐가 그 성城을 책구루幘溝瀯라고 부르는데, 구루는 고구려 말로 성城을 말한다.

관리를 두는데 대로가 있으면 패자를 두지 않고, 패자가 있으면 대로는 두지 않는다. 왕가王家 장손들은 대가大加 각 집단의 우두머리, 부족장로서 모두 고추가라고 부른다. 연노부가 원래 나라의 주인으로 왕이었다. 지금은 비록 왕이 되지 못하지만, 왕가의 적통법적으로 혼인하여 인정받고 태어난 자손의 계통이라 하여 대인大人으로 대접받으며 고추가의 칭호를 받고 종묘왕실의 사당를 세워 영성신성한 별과 사직토지신과 곡식신을 모시며 제사 지낸다. (옛날에는 왕이나 왕족만이 하늘과 사직에 제사를 지내는 권한을 가졌다) 절노부는 또 대대로 왕과 혼인한다는 이유로 고추가라는 칭호를 받는다.

대가들은 모두 각각 그들만의 사자 및 조의선인을 임명하여 그 명단을 왕에게 알린다. 이들은 경대부고위 벼슬아치. 대체로 정치를 담당함의 가신家臣과 같은 것으로, 왕가王家의 사자나 조의선인과 같은 등급은 아니다.

고구려의 대가大家 대대로 부귀와 권위를 누리는 집안들은 스스로 농사를 짓지 않는다. 하호들이 먼 곳으로부터 쌀과 양식, 물고기, 소금 등을 가져와 바치고 있다. 이렇게 앉아서 얻어먹기만 하는 자들이 만여 가구나 된다.

백성들은 노래와 춤을 좋아한다. 나라 안 마을 곳곳에서 저녁 무렵부터 밤이 늦도록 남녀가 무리를 지어 노래하고 춤추며 즐긴다.

큰 창고는 없지만 집집마다 작은 창고가 있는데 이것을 부경桴京이라고 한다. 사람들이 욕심이 없고 청결한 것을 좋아하고 술 만들어 저장하기를 즐긴다. 절할 때 한쪽 다리만 무릎을 꿇고 다른 쪽 다리는 세우는 것이 부여와 다르다. 걸음이 뛰는 것처럼 빠르다.

10월에 국가적으로 하늘에 제사 지내는 큰 행사가 있는데, 이것을 동맹東盟이라고 한다. 공적인 모임에는 모두 수놓은 화려한 비단옷을 입으며 금과 은으로 치장한다. 대가大加와 주부主簿 고구려의 관직 이름. 왕명의 출납과 국가 문서, 장부 등을 맡음. 14관등 중 3번째 등급들은 머리에 책幘 관리가 쓰는 모자의 한 종류을 쓴다. 책은 중국 것과 같은 모양이지만 중국처럼 모자 뒷면에 목까지 늘어뜨리는 천은 없다. 관직이 낮은 소가小加들은 절풍折風 모자 종류의 이름을 쓰는데 그 모양이 고깔 같다.

나라 동쪽에 커다란 동굴이 있는데 수혈隧穴이라고 부른다. 10월에 열리는 국가적인 행사, 즉 동맹 때 수혈의 신인 수신隧神을 모셔 나라 동쪽에서 제사를 올린다. 나무로 수신의 모양을 만들어 신의 자리에 모신다.

감옥은 없으며 죄를 지은 사람은 제가諸加가 모여 의논한 후 즉시 죽이고, 죄인의 재산은 모두 몰수하고 처자는 잡아서 노비로 만든다.

혼인할 때는 먼저 구두로 서약을 한 후 아내의 집 뒤에 작은 집을 짓는데, 이 집을 서옥壻사위 서, 屋집 옥 즉, '사위 집'이라고 부른다. 사위 될 사람이 저녁 무렵에 여자의 집 문 밖에서 자기 이름을 말하고 무릎을 꿇고 절하면서 아내 될 사람과 함께 지낼 것을 허락해 달라고 청한다. 이렇게 두세 번 요청하면 아내 될 여자의 부모가 그 청을 들어주어 집 뒤편에 지은 작은 집에서 같이 지내도록 허락한다. 베나 비단 등의 재물과 돈을 모으면서 자녀를 낳고 그 아이가 자라면 비로소 부인과 아이를 데리고 남자의 집으로 간다.

풍속은 음란하다. 남자나 여자나 결혼하면 여유가 생길 때마다 조금씩 죽을 때 입을 옷을 준비한다. 죽은 자를 떠나보내는 장례식에는 금은, 재물, 비단 등을 아낌없이 바친다. 돌을 쌓아 무덤을 만들고 무덤 주위에는 소나무와 잣나무를 줄지어 심는다.

고구려의 말은 모두 작아서 산에 오르기에 좋다. 사람들은 기운이 세고 전투를 잘한다. 옥저와 동예를 모두 복속시켰다.

또 소수맥小水貊이 있다. 고구려는 대수大水 큰 강에 의지하여 살면서 나라를 만들었다. 서안평현 북쪽으로는 소수小水 작은 강가 있어 그 강물이 남쪽으로 흘러 바다로 들어가는데, 이곳에 고구려에서 갈라져 나온 사람들이 나라를 세웠기에 그들을 소수맥이라고 한다. 그들은 우수한 활을 만들었는데, 맥궁貊弓이라는 것이 바로 그것이다.

왕망재위 8~23 (한나라 외척으로 왕위를 선위받아 나라 이름을 신으로 바꾸고 스스로 황제가 되었으나 15년 만에 신하에게 죽임을 당하고 후한이 다시 일어섰다) 초기에 고구려 군사를 동원하여 흉노를 치려고 하였더니 고구려가 말을 듣지 않았다. 강제로 끌어모아 파견하였더니 모두 도망쳐 오히려 요새를 빠져나가 변방에서 약탈을 일삼았다. 요서지역 이름 대윤관직 이름 전담이 추격하여 노략질하는 그들을 공격하다가 죽었다. 주·군·현중국 행정 구역 단위에서 그 죄와 책임을 모두 고구려 제후인 도에게 떠넘겼다. 그러자 엄우가 상소하여 말하길, "맥인이 법을 어긴 것으로 고구려 후 도는 죄가 없습니다. 지금은 도를 안심시키고 위로해야 할 일인데 난데없이 큰 죄를 씌우면 오히려 반기를 들까 염려됩니다" 하였다.

그러나 왕망은 엄우의 상소를 듣지 않고 고구려 후를 벌하여 치라고 명하였다. 그러자 엄우는 꾀를 내어 고구려 후 도에게 만나자며 오라고 한 후, 도가 도착하자 목을 베어 그 머리를 장안왕망의 신나라 도읍지에 보냈다. 왕망이 크게 기뻐하면서 '높다, 귀하다'라는 뜻의 고구려高句麗를 '낮다, 천하다'라는 뜻의 하구려下句麗로 고쳐 부르도록 천하에 포고일반에 널리 알림하였다. 이때부터 고구려는 후국侯國. 왕국王國보다 낮은 단계이 되었다.

후한25~220 광무제후한을 세운 황제. 재위 25~57 8년, 32년에 고구려 왕(고구려 제3대 대무신왕 15년)이 사신을 보내 조공하였다. 이때부터 다시 고구려 왕이라고 부르기 시작하였다.

(후한의) 상제106년, 8개월 정도 재위와 안제재위 106~125 재위 사이에 고구려 왕 궁태조대왕 재위 53~146이 수차례 요동을 침입하더니 다시 현도군에 복속하였다. 요동 태수 채풍과 현도 태수 요광은 고구려 왕 궁이 해가 된다고 여겨 토벌하기 위하여 군사를 일으켰다. 그러자 궁은 곧 거짓으로 항복하여 평화를 청하였고, 두 군은 궁이 항복한다는 말에 더 진격하지 않았다. 그 틈에 궁은 몰래 군사를 파견하여 현도군을 공격하고 후성을 불태웠으며, 요수에 입성하여 관리와 백성들을 죽였다. 그 후에도 궁은 또 요동군을 침략하였다. 요동 태수 채풍이 궁의 공격을 대수롭지 않게 여기고 군사와 관리를 이끌고 추격하며 토벌하다가 패하여 전부 죽고 말았다.

고구려 왕 궁태조대왕 재위 53~146이 죽고 그 아들 백고고구려 제8대 신대왕. 재위 165

~179가 왕이 되었다. (『삼국사기』에서 제6대 태조대왕 궁 다음 왕은 제7대 차대왕 수성이며, 다음 제8대 신대왕이 백고로 궁과 수성과 백고는 모두 형제라고 기록되어 있다) 후한25~220의 순제재위 125~144와 환제재위 146~167 시기에 다시 요동군에 침입하여 신안과 거향을 노략질하고 또 서안평을 공격하였다. 길에서 대방군의 우두머리를 죽이고 낙랑 태수의 부인과 아이들을 사로잡았다.

후한 제12대 황제 영제재위 168~189 건녕 2년, 169년에 현도 태수 경임으로 하여금 고구려를 토벌하게 하고 수백 명을 참수하니, 고구려 왕 백고재위 165~179가 항복하면서 요동군에 복속하였다. 희평 시절172~177에 백고는 현도군에 복종하겠다고 하였다.

공손도후한의 요동군 태수 150~204가 해동海東에서 큰 위세를 떨치자, 백고는 공손도에 협조하여 대가 우거와 주부 연인 등을 보내 부산富山 도적들을 격파하였다.

백고가 죽었다. 백고에게는 아들이 둘 있었는데 맏이는 발기이고 둘째는 이이모이다. 맏이 발기가 못나고 어리석다며 나라 사람들이 둘째 이이모를 왕으로 모셨다. (한국사에서 고구려 제8대 신대왕 백고는 다섯 아들을 두었는데 첫째, 발기拔奇, 둘째 남무, 셋째 발기發岐, 넷째 이이모, 다섯째 계수이다. 둘째 남무가 즉위하여 제9대 고국천왕재위 179~197이 되었으며, 고국천왕이 아들 없이 죽자 남무의 첫째 동생 발기發岐가 아닌 둘째 동생 이이모가 제10대 산상왕재위 197~227으로 즉위하였다. 백고에 관한 기록에 차이가 있으나 한국사학회는 중국의 『삼국지』보다는 김부식의 『삼국사기』 기록을 인정하고 있다) 백고재위 165~179 시대에 고구려는 요동지역을 수차례 침입하였고, 또 망명하는 500여 가구의 오랑캐를 받아주었다.

건안196~219 중에 공손강이 군사를 내어 고구려를 공격하고 마을을 불사르며 파괴하였다.

(동생 이이모가 왕이 되자) 발기는 형이면서 왕이 되지 못한 것에 원한을 품고, 연노부의 지도자인 가加들과 하호 3만여 가구를 데리고 공손강에게 항복하였다가 다시 비류수로 돌아와 살았다.

백고제8대 신대왕. 재위 165~179 시대에 항복했던 오랑캐들이 이이모제10대 산상왕. 재위 197~227가 왕이 되자 고구려를 배반하였다. 이이모는 다시 새로운 나라를 세웠는데 지금진수가 삼국지를 편찬하던 시기, 297년경 머물고 있는 곳이 바로 그곳이다.

발기는 결국 요동으로 가고 발기의 아들은 고구려에 남았는데 지금의 고추가 박위거가 바로 그 아들이다. 그 후에 고구려는 또 현도군을 공격하였다. 그러자 현도군은 요동군과 함께 고구려를 공격하여 크게 무찔렀다.

(고구려 제10대 산상왕) 이이모는 (왕비와의 사이에) 아들이 없었다. 이이모는 관노부의 여인과 몰래 통하여 아들을 낳았는데 그 아들이 위궁이다. 이이모가 죽자 그 아들을 왕으로 세웠는데 (한국사에서 산상왕 이이모의 아들은 제11대 동천왕재위 227~248이 된 우위거憂位居 한 명뿐이다) 지금 고구려 왕궁이 그이다. 그의 증조할아버지 이름도 궁제6대 태조대왕이다. 궁태조대왕은 태어나자마자 눈을 뜨고 사람을 쳐다보아 나라 사람들이 싫어하였다. (옛날 태어나는 아기들은 대체로 며칠 후에 눈을 떴으므로 당시로는 매우 희귀한 일로 비정상이라 할 수 있는 일이었다. 아기가 태어나자마자 눈을 뜨는 것이 일반화된 것은 대체로 20세기 후반, 최근의 일이다) 커서 과연 포학함을 드러내더니, 도둑질과 노략질을 일삼아 나라가 피폐해졌다.

지금의 왕위궁은 타지에서 출생하였는데 (혼외 자녀로 궁궐 밖에서 태어났

다) 증조부처럼 태어나자마자 눈을 뜨고 사람을 쳐다보았다. 고구려 사람들은 닮은 것을 위位라 하는데, 증조할아버지 궁과 닮았다고 하여 위궁이라고 한 것이다. 위궁은 힘이 세고 용감하였다. 말을 잘 타고 활도 잘 쏘며 사냥을 잘했다.

경초 2년, 238년에 태위 사마선왕사마의 179~251. 손자 사마염이 진晉나라를 세움이 군사를 이끌고 공손연을 토벌하였다. (위나라에서 당시 독자적 세력이 강한 요동군을 공격한 것이다) 이때 위궁이 주부관직 이름와 대가관직 이름를 장군으로 삼아 군사 수천 명을 보내 사마선왕을 도왔다. (위나라 편을 들어 요동을 공격한 것이다)

정시 3년, 242년에 위궁이 서안평을 침략하였다. (위나라와 힘을 합쳐 요동을 없앤 후에는 위나라와 대치하여 싸운 것이다)

정시 5년, 244년에 유주 자사 관구검에게 패했다. (『삼국지』「위서」) 관구검전에 그 내용이 전한다. (위궁으로 불리는 고구려 왕에 대한 위의 내용은 모두 산상왕 이이모의 아들로 동천왕이 된 우위거의 이야기이다. 사건 내용은 일치하고 왕의 이름이 『삼국지』「위서」에서는 위궁, 『삼국사기』에는 우위거이다)

■ 옥저

동옥저는 고구려 개마대산蓋馬大山 동쪽에 있다. 큰 바다를 끼고 산다. 그 나라 땅은 동북으로는 좁고 서남으로는 길게 뻗은 형태로 1000리약 400km 정도 된다. 북쪽으로 읍루와 부여가 있고 남쪽으로는 예와 맥과 닿아있다. 가구 수는 5천이다.

세력이 큰 군왕은 없으나 마을마다 대대로 이어지는 우두머리가 각기 자기 마을을 다스린다. 언어는 고구려와 크게 보면 같은데 때때로 다른 것이 조금 있다.

한나라서기전 202~220 초기에 연나라에서 망명한 위만이 조선왕이 되었다. 이 시기에 옥저 또한 모두 조선에 복속되었다.

한 무제 원봉 2년, 서기전 109년 무제재위 서기전 141~서기전 87는 조선을 침략하여 만의 손자 우거왕을 죽이고 그 땅을 나누어 4개의 군으로 만들었다. (조선이라는 나라를 정복하여 그 영토를 한나라의 행정제도에 편입시켜 4개의 군으로 편성한 것이다) 이때 옥저성을 현도군으로 만들었다. 후에 동이의 맥족이 침략하자 현도군을 고구려 서북쪽으로 옮겼다. 지금 소위 현도의 옛 부府 관청라고 하는 곳이 그곳이다. 옥저를 다시 낙랑에 속하게 하였다.

한나라는 그 땅이 넓고 멀어서 단단대령 동쪽 지역에 동부도위를 따로 설치하고 불내성에서 다스리게 하면서 단단대령 동쪽의 일곱 개 현縣 한나라가 사용하던 행정구역 단위로 군보다 한 단계 작은 지역은 따로 관리하였다. 이때 옥저도 함께 현이 되었다.

한나라 광무 6년, 30년에 변경지역의 군을 줄이면서 동부도위를 없앴다. 그 후 각 현의 거수우두머리. 마을의 수장이나 부족의 장를 모두 후侯 일정한 영토를 가지고 그 영내의 백성을 지배하는 권력자로 삼으니, 불내·화려·옥저 등 여러 현은 모두 후국侯國 임금이 신하에게 영토를 내주며 다스리도록 함. 후가 다스리는 나라이 되었다.

(각각 제후가 된) 이적오랑캐들은 다시 서로 공격하며 싸웠지만, 오직 불내의 예후만은 공조·주부 등의 관청과 관리제도를 설치한 이후로 지금도 여전히 그대로 유지하여 예濊 백성들이 모두 그 일을 담당하고 있다. 옥저 여러 마을의 우두머리들은 모두 자신을 삼로三老 한나라 때 마을의 교화를 맡은 사람라고 부르는데, 삼로는 옥저가 한나라의 현이었을 때 생긴 제도이다.

옥저는 나라가 작아 큰 나라들 사이에서 핍박을 받더니 결국 고구려에 복속되어 신하가 되었다. 고구려는 그곳에 다시 관청을 설치하고 그 나라 대인大人을 뽑아 고구려 관직인 사자로 임명하여 그곳을 대신 다스리게 하였다. 그리고 대가大加 각 부의 장에게 모든 조세를 책임지게 하여 맥貊. 동옥저의 토착민족명. 맥족에서 생산하는 베와 물고기와 소금과 해산물을 천 리나 되는 곳까지 나르도록 하였다. 또 그 나라의 미녀를 보내도록 하여 노비나 첩으로 삼으면서 옥저사람들을 종처럼 부렸다.

그 땅은 비옥하며 산이 뒤에 있고 바다가 앞에 있다. 오곡이 잘 자라며 밭농사도 잘된다. 사람들의 성품은 곧고 강하며 용감하다. 소와 말이 적다. 창을 들고 걸어 다니면서 싸우는 것을 잘한다. 먹고 마시는 것, 사는 곳, 옷 입는 것, 예절 등이 고구려와 비슷하다.

『위략』에 의하면, 시집가고 장가가는 규범이 있는데, 여자가 10살이면 벌써 집안끼리 서로 의논하여 혼인을 정한다고 한다. 사위의 집에서 어린 딸을 받아들여 키우다가 성장하면 부인으로 삼는다. 어른이 되면 다시 여자의 집으로 돌아오는데 이때 여자의 집에서 돈을 요구하고 그 돈을 다 지급하면 여자는 다시 사위의 집으로 돌아온다고 한다.

장례에는 큰 목곽무덤에 관과 부장품 등을 넣기 위하여 만든 나무 상자. 겉널을 만들어 사용하는데 길이가 10여 장약 23~25m. 전국시대 유물을 근거로 1장은 대략 2.2~2.3m 정도인데 시대에 따라 길이가 약간씩 다르다. 삼국시대는 2.4~2.5m로 계산한다. 참고로 현재 1장은 3m로 한다이며, 한쪽을 열 수 있게 문을 만든다. 이제 막 죽은 사람은 모두 임시로 몸을 겨우 가릴 만큼만 묻고 살과 가죽이 다 썩어 없어지면 뼈를 추려 곽 안에 넣는다. 가족 모두 하나의 곽에 들어간다. 나무를 깎아 살아 있을 때의 모양으로 인형을 만드는데, 나무 인형은 죽은 사람의 숫자와 같다. 또 진흙을 구워 솥을 만들어서 쌀을 담은 후 곽의 문 쪽에 줄로 엮어 매달아 놓는다.

관구검출생 연도 미상~255. 위나라 장군이 고구려를 토벌할 때 고구려 왕 궁이 옥저로 달아났다. (『삼국사기』에 근거하여 옥저로 달아난 고구려 왕 궁은 동천왕재위 227~248 우위거이다) 관구검의 군사가 옥저까지 쫓아와 옥저의 읍락을 모두 파괴하고, 베어 죽이거나 사로잡은 포로가 3000여 명이다. 궁이 북옥저로 (다시) 달아났다.

북옥저는 일명 치구루라고도 한다. 남옥저에서 800여 리320km 정도 떨어져 있다. 풍속은 남옥저와 북옥저가 모두 같다. 읍루와 잇닿아 있는데, 읍루는 배를 타고 다니며 노략질하기를 좋아하여 북옥저가 두려워하며 여름이면 항상 깊은 산속 바위굴에 숨어 살다가 겨울에 강물이 얼어 배가 다니지 못하면 그때 내려와 마을에서 생활한다.

왕기현도 태수로 관구검의 명으로 고구려 토벌에 참가가 특별히 파견되어 궁을 토벌하기 위해 추격하다가 동쪽 경계의 끝까지 왔다. 그곳 기로를 만나 바다 동쪽에도 사람이 또 있는지 물었다. 기로가 말하길, "나라 사람들이 배를 타고 고기를 잡으러 나갔다가 풍랑을 만나 수십 일 동안 떠다니던 중에 동쪽에서 섬을 발견하여 거기서 섬사람들을 만났으나 서로 말이 통하지 않았다"라며, "그들은 7월이면 어린 여자아이를 깊은 바다에 던지는 풍습이 있다"라고 하였다. 또 "바다 가운데 나라가 있는데 그곳은 여자만 있고 남자는 없다"라고 하였다. 또 "바다에 떠다니는 베옷을 하나 건졌는데, 그 몸통 부분이 중국인 옷과 같았고 양 소매 길이가 3장_{대략} 7.5m _{정도}이나 되었다"라고 한다. 또 "난파된 배가 파도에 의해 해안가까지 밀려와 가봤더니 목 한가운데 또 얼굴이 있는 사람이 한 명 있었다. 살아 있었는데 말이 통하지 않았고, 먹지 못해서 죽었다"라고 하였다. 그 지역은 모두 옥저 동쪽 큰 바다에 있다.

■ 읍루

읍루는 부여 동북쪽으로 1000여 리_{400km 정도} 거리에 있으며 큰 바다가 가깝다. 남쪽으로 북옥저와 닿아있으며 그 북쪽 끝은 어디인지 모른다. 그곳에는 험한 산이 많다. 사람들의 생김새는 부여 사람과 비슷한데 언어는 부여나 고구려와는 다르다. 오곡이 자라고 소·말·삼베_{한해살이 풀 삼에서 실을 뽑아 지은 천}가 있고 사람들은 매우 용감하고 힘이 세다. (통일세력으로) 대군장은 없고 마을마다 각각 대인이 있다.

산과 숲 사이에 사는데 땅을 파서 집을 짓고 산다. 큰 집의 깊이는 사다리 9칸 정도로 깊으며, 깊이 팔수록 좋은 집으로 여긴다. 그곳 기후는 매우 찬데 부여보다도 춥다. 풍습에 돼지를 잘 길러서 고기는 먹고 가죽은 옷을 만들어 입는다. 겨울에는 돼지기름을 몸에 바르는데 수차례나 겹겹으로 두텁게 발라서 바람과 추위를 막는다. 여름에는 벌거벗은 채 베 한 자락으로 앞뒤를 가린다. 읍루 사람들은 깨끗하지 않다. 사는 곳 중앙에 화장실을 만들고 그 주변에 빙 둘러 산다.

활 길이는 4자대략 100cm. 자와 척은 같은 뜻이다. 시대별로 다르나 대체로 1자는 22~25cm이며, 쇠뇌여러 개의 화살이 연달아 나갈 수 있는 큰 활와 같은 힘이 있다. 화살은 싸리나무를 사용하며 그 길이가 1자 8치대략 45cm이다. 화살촉은 청색 돌을 쓴다. (읍루는) 옛날 숙신 씨의 나라이다. 활을 잘 쏘아 누구나 사람의 눈을 맞출 수 있다. 화살에 독을 발라서 맞은 사람은 모두 죽는다. 붉은 옥이 나오며 좋은 담비(가죽)가 있다. 요즘진수가 글을 쓰던 당시로 297년경 이른바 읍루 담비라는 것이 바로 이것이다.

한나라 때부터 읍루는 부여에 속한 신하였는데 부여가 조세와 부역을 무겁게 부과하자 황초220~226 연간에 반란이 일어났다. 이에 부여가 여러 차례 정벌하였다. 그러나 읍루 사람들이 비록 수는 적지만 험한 산속에 살고, 이웃 나라 사람들은 그들의 활과 화살을 무서워하여 끝내 굴복시키지 못했다. 그 나라 사람들이 배를 타고 돌아다니며 노략질을 잘하여 인근 나라들의 근심거리였다. 동이동방 지역의 이민족들이 모두 조俎물 없는 마른 음식을 담는 납작하고 넓은 그릇와 두豆그릇의 한 종류. 액체 종류를 담으며 굽이 있다. 조두라고 하여 대체로 제사용 그릇을 말하기도 한다를 사용하는데, 읍루만 사용하는 그릇이 없으며 법률과 풍속의 기강도 제일 없다.

■ 예

예 남쪽은 진한, 북쪽은 고구려와 옥저, 동쪽 끝으로는 큰 바다로 둘러싸여 있다. 지금297년경, 진수가 책을 쓰던 시기 조선의 동쪽이 모두 예의 영토로 가구 수는 2만이다.

옛날에 기자가 조선에 와서 8개 조항의 교훈을 만들어 가르치자 도둑질이 없어져 사람들이 대문을 닫는 일이 없었다. 그 후 자손 40여 대代가 이어져 조선 후侯 준에 이르렀는데 준은 자기 멋대로 스스로 왕王을 칭하였다.

진승서기전 209년 진나라의 학정에 반발한 농민으로, 왕후장상의 씨가 따로 있느냐며 군사를 일으켜 스스로 왕이 되었다. 진나라의 멸망을 초래하고 한나라가 흥기하는 계기를 만들었다 등이 일어나 천하가 진서기전 221~서기전 206나라에 반기를 들자 (전국시대를 통일한 진나라는 15년 만에 무너지고 초나라와 한나라를 중심으로 제후들이 갈라져 싸웠다) 연·제·조나라 백성들 수만 명이 조선으로 피난하였다.

연나라 사람 위만이 상투 머리에 오랑캐 옷차림을 하고 조선에 와서 다시 또 왕이 되었다. (중국인 기자가 먼저 조선에 와 그의 후손이 스스로 조선왕이라고 했는데, 이제 또 연나라 출신 위만이 중국 옷차림이 아닌 이민족 동이의 옷을 입고 조선에 와서 왕이 되었다는 것이다)

한나라 무제재위 서기전 141~서기전 87가 조선을 정벌하여 무너뜨린 후 그 땅을 한나라 행정에 따라 4개의 군郡으로 나누어 편성하였다. 이때부터 호胡 오랑캐, 여기서는 고조선 민족와 한漢 중국 민족이 점점 구별되었다. (이전에 기자조선이나 위만조선이 민족의 구별이 없었던 것과 달리 한에서 설치한 4개의 군을 통해 고조선 토착민과 군을 책임지고 다스리게 된 한족 사이에 민족적 구분이나 차별이 생

긴 것으로 이해된다)

예에는 대군장이 없다. 한漢나라 때부터 그곳 관리로 후·읍군·삼로를 두고 하호일반 백성들을 통치하게 하였다. 그 나라 기로들은 예전부터 자기들은 고구려와 같은 종족이라고 한다. 사람들 성품은 성실하고 공손하며, 욕심도 별로 없고 염치가 있어 부탁하거나 구걸하지 않는다. 언어와 법률과 풍속이 대체로 고구려와 같으나 의복은 다르다. 남녀 모두 곡령깃이 둥근 옷을 입고 남자는 넓이가 수 촌1촌은 대략 2.5cm 정도. 촌=치. 10촌=1자인 은으로 만든 꽃을 달아 장식한다.

단단대산령 서쪽은 낙랑에 속하는 지역이다. 단단대산령 동쪽에 있는 일곱 개 현은 도위가 다스리는데, 백성은 모두 예 사람들이다. 나중에 도위를 없애고 (행정제도를 개편, 축소하면서 그 지역의 도위를 없앴다) 예의 우두머리를 후侯로 봉하였는데 지금 불내후, 예후가 모두 그 종족이다.

한나라 말기에 예는 다시 고구려에 속하였다. 그 풍속에 산천을 중요시한다. 각 부족이 소유한 산천이 구분되어 있으며 부족 간에 서로 상대 지역에 함부로 드나들지 않는다. 같은 성끼리 결혼하지 않는다. 꺼리는 것이 많으며 병을 앓거나 질병으로 죽으면 살던 옛집을 쉽게 버리고 새로 집을 지어 산다. 삼베가 있고 누에를 쳐서 명주실을 짓는다. 새벽 별의 위치를 보고 그 해가 풍년인지 아닌지 미리 점친다. 구슬이나 옥은 보배로 여기지 않는다.

해마다 시월이면 하늘에 제사를 지내면서 밤낮으로 먹고 마시고 노래하고 춤추며 즐기는데 이것을 무천舞天이라고 한다. 또 호랑이를 신령스럽게 여겨 제사를 올린다. 남의 마을을 침범하면 그 벌로 생구生口, 포로 또는 종으로 부릴 수 있는 사람나 소, 말로 물어주어 책임을 지게 하는데 이것을 책화責

禍 남에게 해를 입힌 대가를 치르게 하는 일이라고 한다. 살인한 자는 죽음으로 그 죄를 갚게 한다. 노략질이나 훔치는 일이 적다.

3장1장의 길이는 약 2.5m로 3장은 7.5m이나 되는 긴 창을 만들어 여러 명이 함께 잡고 사용하기도 한다. 걸으며 싸우는 것을 잘한다. 낙랑 단궁이 나오는 곳이다. 바다에서 나는 반어물고기 종류가죽이 유명하다. 땅은 풍요롭고 무늬 있는 표범과 과하마果下馬 과일나무 밑을 지나갈 수 있는 크기의 말가 나온다. 한나라 환제재위 146~167 때에 헌상하였다.

정시 6년, 245년고구려 동천왕 19년에 낙랑 태수 유무와 대방 태수 궁준은 단단대령 동쪽의 예가 고구려에 복속하자 군사를 일으켜 토벌하였다. 이에 불내후侯 등이 마을을 바치며 항복하였다.

정시 8년, 247년고구려 동천왕 21년에 불내후가 조정당시 위나라 왕조에 와서 조공하였다. 이에 조서를 다시 내려 불내예왕으로 봉하였다. 불내예왕은 (따로 궁궐이 없이) 일반 백성들과 함께 섞여 살면서 사계절마다 군에 와서 조알조정에 나아가 임금에게 인사하는 것으로, 여기서는 높은 지위인 군에 들어가 위나라 조정에 인사하는 것 하였다. 두 군낙랑군·대방군에서는 군사 모집이나 노동력 및 조세를 거둘 때면 관리를 시켜 예의 백성에게도 거두니, 예의 백성들을 군의 백성처럼 똑같이 다루었다.

지도 4. 동이의 성장

■ 한

한韓은 대방군 남쪽에 있다. 동쪽과 서쪽 양 끝은 모두 바다이고 남쪽
으로는 왜와 접해 있다. 사방은 **4000**리약 1600㎞ 정도이다. 한韓에는 세 종
족이 있는데 첫째 마한, 둘째 진한, 셋째 변한이다. 진한辰韓은 예전의 진
국辰國이다.

마한은 서쪽에 있다. 그 백성들은 토착민이며 씨를 심고 뽕나무를 재
배하여 누에를 칠 줄 알고 명주를 짠다.

각각 우두머리마을 촌장 또는 부족장가 있는데, 지위가 제일 높은 자는 신지라
고 하고, 그다음은 읍차라고 한다. 산과 바다 사이에 흩어져 살며 성곽
은 없다.

한의 나라들로는 원양국·모수국·상외국·소석색국·대석색국·우휴모탁국·신분고국 (신분고국은 신분활국, 신분첩국과 같은 나라로 보고 있다)·백제국·속로불사국·일화국·고탄자국·고리국·노람국·월지국·자리모로국·소위건국·고원국·막로국·비리국·점리비국·신흔국·지침국·구로국·비미국·감해비리국·고포국·치리국국·염로국·아림국·사로국·내비리국·감해국·만로국·벽비리국·구사오단국·일리국·불미국·지반국·구소국·첩로국·모로비리국·신소도국·막로국·고랍국·임소반국·신운신국·여래비리국·초산도비리국·일난국·구해국·불운국·불사분야국·원지국·건마국·초리국으로 모두 50여 개의 나라가 있다. 규모가 큰 나라는 만여 가구, 작은 나라는 수천 가구가 있으며 모두 십여만 가구이다.

진왕은 월지국에서 다스린다. (『후한서』에는 월지국月支國이 목지국目支國으로 나타난다) 신지는 간혹 더 우대하여 신운견지보 안야축지 분신리아불례 구야진지렴이라는 칭호로 부르기도 한다. (신지는 삼한에서 최고 지위이다. 신운견지보는 마한 신운국의 견지보, 안야축지는 변한 안야국의 축지, 분신리아불례는 마한 신분고국의 리아불례, 구야진지렴은 변한 구야국의 진지렴이라는 지위를 모두 덧붙인 호칭이라는 것이 일반적 견해이지만 '신운견지보안야축지분신리아불례구야진지렴'에 대한 해석은 아직도 논쟁 중이다) 관직으로 위솔선·읍군·귀의후·중랑장·도위·백장이 있다.

제후 준고조선의 왕이 이미 제멋대로 감히 왕이라고 자칭하고 있었는데, 연나라에서 망명한 위만이 준왕을 공격하여 그 자리를 빼앗았다.

『위략』에 따르면 옛날에 기자가 조선의 후侯가 된 뒤로 (주나라 무왕재위 서기전 1046~서기전 1043이 기자를 조선후로 봉했다고 한다) 주나라가 쇠약해지자

연나라가 스스로 높여 자칭 왕이라고 하며 (주나라서기전 1046~서기전 256 무왕
이 은나라를 멸하고 중원의 주인이 된 후 여러 지역에 제후국을 두었는데, 서기전
8세기부터 제후국들이 강해지면서 춘추전국시대서기전 770~서기전 221로 변하여 춘추5
패·전국7웅의 시대를 맞이하였고, 주 왕실은 그 제후국들을 통제할 수 없었다) 동
쪽 땅당시 연 나라 동쪽에는 조선이 있었다을 정복하려고 하였다. (주나라가 강성하던 때
각 제후국이나 왕국은 주나라의 허락 없이 제멋대로 군사를 일으킬 수 없었으나 전
국7웅으로 위세를 떨치던 연나라가 독자적으로 군대를 움직여 자국의 영토를 확장
하려고 한 것이다) 그러자 조선후 또한 스스로 왕이라 하고, 군사를 일으켜
오히려 연나라를 격파하여 주나라 왕실을 받들려고 하였다. 조선의 대부
예禮가 간언하여 전쟁 준비를 멈추게 하였다. 이에 조선은 예를 사신으
로 보내 서쪽에 국경을 접하고 있는 연나라를 설득하니 연나라도 공격
하려던 계획을 멈춰 전쟁이 나지 않았다.

그 후 조선왕의 자손들이 점점 사나워지며 교만해졌다. 급기야 연나라
는 장수 진개를 파견하여 조선 서쪽을 공격하여 (서기전 3세기 무렵) 그 땅
2000여 리800km 정도를 빼앗고 만번한을 국경으로 삼으니 이때부터 (많은
영토를 빼앗긴 조선은) 쇠약해졌다.

진나라서기전 221~서기전 206가 천하를 제패하고 북방 방어를 위하여 장군
몽염을 보내 장성을 쌓게 하면서 그 영향력이 요동에까지 이르렀다. 그
때 조선왕은 부였다. 부는 진나라가 공격할까 두려워 복속할 것을 약속
하였으나 진의 조정에까지 찾아가 천자에게 인사하지는 않았다. 조선왕
부가 죽고 그 아들 준이 왕위에 올랐다.

20여 년이 지나 진승과 항우(진나라 말기에 봉기하여 진을 멸하고 초패왕이
되었으나 해하전투에서 한나라 유방에게 패하고 자살하였다. 진에 의해 이루어진

통일왕국은 유방의 한나라가 이어받았다)가 일어나 천하가 혼란스러워지자 연나라, 제나라, 조나라의 백성들이 근심 걱정으로 괴로워하다가 하나둘 조선의 왕 준에게 망명하였다. 준왕은 그들을 조선의 서쪽 변방에서 살게 해 주었다.

이어 세워진 한나라서기전 202~220에서는 노관을 연나라 왕으로 새로이 임명하고 패수를 조선과 연나라한나라 제후국으로서의 연나라의 국경으로 정했다. 노관이 한나라를 배반하고 흉노의 땅으로 들어갔다.

연나라 사람 위만도 도망하여 조선으로 망명하였는데, 위만은 오랑캐 옷을 입고 (연나라 사람인데 연나라 옷이 아닌 조선 옷을 입었다) 동쪽에 있는 패수를 건너 (즉 국경을 넘어) 조선의 준왕에게 항복하였다. 위만은 준왕에게 서쪽 변방에 살면서 중국에서 망명하는 자들을 거두어 조선의 변병왕실이나 국가의 변방에 있는 병영을 지킬 수 있도록 해달라고 요청하였다. 준왕은 그를 믿고 총애하여 박사의 지위를 주고 규고위직 관리에게 주는 옥으로 만든 홀를 하사하며 100리40km 정도나 되는 땅을 봉토로 주면서 서쪽 변경을 지키도록 명하였다.

위만은 중국에서 도망 온 자들을 꾀어 그 무리가 점점 커졌다. 이에 위만은 준왕에게 사람을 보내 거짓으로 고하기를, 한나라 병사들이 사방 열 갈래 길로 쳐들어오고 있으니 (조선의 수도에) 들어가서 왕을 숙위곁에서 모시며 지키는 일하게 해달라고 하였다. 그렇게 수도에 입성한 위만은 말을 뒤집고 준왕을 공격하였다.

준왕이 위만과 싸웠으나 상대가 되지 못하자 좌우의 측근들과 궁인들만 데리고 바다로 도망가 한韓나라 땅에서 살면서 스스로 한韓왕王이라고 하였다.

『위략』에 따르면, 조선에 그대로 남아 있던 그의 아들과 친족들이 이런 이유로 성을 한韓 씨로 바꿨다고 한다. 준왕은 한韓왕王으로 바다 가운데 살면서 조선과는 서로 왕래하지 않다가 이후 멸망하여 사라졌다. 지금도 한韓나라 사람은 여전히 그의 제사를 모시고 있다. 한漢나라 때에 (한韓나라는) 낙랑군에 속하여 사계절마다 조알조정에 나아가 임금을 뵙는 일하였다.

『위략』에 우거가 패망하기 전에 이미 조선의 재상 역계경이 왕에게 간언하였는데 우거왕이 듣지 않았다고 한다. 그러자 역계경은 동쪽 진국辰國으로 떠났는데, 그때 그를 따라간 백성들이 2000여 가구나 되었으며, 이들은 조선뿐만 아니라 조선에 공물을 바치고 있던 고을과도 서로 왕래하지 않았다고 한다.

왕망이 세운 신나라8~23 지황20~23 때에 염사착이라는 사람은 진한辰韓의 우거수右渠帥, 거수는 우두머리였다. 염사착은 낙랑의 토지가 비옥하여 사람들이 풍요롭고 걱정 없이 산다는 것을 듣고 낙랑으로 항복하러 가기 위해 마을을 떠나는데, 밭 가운데에서 참새를 쫓고 있는 한 남자를 보았다. 그의 말이 진한 말이 아니어서 그 사정을 물었더니 그 남자가 말하였다. "우리는 한漢나라 사람이고, 내 이름은 호래입니다. 우리 1500명은 나무를 베러 나왔다가 진한의 습격으로 잡혀서 머리를 모두 깎이고 노예가 된 지 3년이 되었습니다." 염사착이 물었다. "나는 지금 한漢 낙랑에 항복하러 가는 길인데 너도 같이 가지 않겠느냐?" 호래가 좋다고 대답하였다. 염사착이 호래를 데리고 함자현에 이르렀다. 현에서는 군에 보고했다. (당시 漢나라의 행정 체제상 현은 군의 아래에 속한다. 상황의 경중에 따라 현은 행정상 상위에 있는 군에 보고하여 명령을 받는다) 군은 곧 염사착을 통역자로 삼았다.

금중에서 큰 배를 타고 진한으로 들어가서 호래와 함께 항복했던 무리 1000명을 되돌려 받아 다시 데리고 오는데, 처음에 호래와 함께 항복했던 1500명 중에서 500명은 이미 죽은 뒤였다. 이에 염사착은 진한이 알아듣도록 엄포를 놓았다. "너희가 만약 500명을 돌려보내지 않으면 낙랑이 당장 만 명의 군사와 배를 보내 공격할 것이다." 그러자 진한에서 말하였다. "500명은 이미 죽었으니 우리가 마땅히 그에 맞는 속전잘못을 재물로 보상하는 일을 내겠소." 그리고 진한 사람 15000명과 변한에서 생산된 베 15000필을 내놓았다.

염사착이 죽은 500명의 목숨을 대신해서 이를 거두어 낙랑으로 돌아가니 군에서는 염사착의 공로와 의로움을 조정에 보고하였다. 조정에서 그의 업적을 치하하며 관책신분사회에서 관료가 쓰는 모자의 하나. 벼슬을 상징함을 내리고 밭과 집도 하사하였다. 자손이 대대로 이어지더니 안제 연광 4년, 125년에 복제부역과 조세를 면제해주는 제도를 받았다.

환제재위 146~167와 영제재위168~189 말기에 한韓과 예濊가 크게 발전하며 강성해졌고, 반면 한나라는 지방의 군과 현을 제대로 통제하지 못하였다. 많은 백성이 혼란한 시국을 맞아 한국韓國으로 흘러들어갔다.

건안 연간196~220에 공손강이 둔유현 남쪽의 황무지를 분리하여 대방군을 만들고, 공손모와 장창 등을 보내 유민들을 모아 군사를 일으켜 한韓과 예濊를 공격하니, 옛 백성들군과 현에 살던 백성들이 점점 한국韓國에서 나와 돌아왔다. 그 후 마침내 왜와 한韓이 대방에 복속되었다.

경초237~239 중에 명제재위 226~239가 비밀리에 대방 태수 유흔과 낙랑 태수 선우사를 파견(당시 위나라가 중국 북부를 장악하였으나 공손 씨 일가는 한漢 말기부터 거의 독자적인 세력으로 요동지역을 장악하고 있었다. 위나라 황제 명제 때 그들을 휘하에 복속시킨 것이다)하여 바다 건너 두 군을 평정하고, 여러 한국韓國의 신지최고 우두머리들에게 추가로 읍군邑君의 지위와 인수권위를 상징하는 도장과 그 도장에 달린 끈를 하사하였다. 읍군 지위 아래로는 읍장邑長의 지위를 내렸다. 그들 풍속에 격식을 갖춘 옷과 모자를 좋아하는데, 하호들도 군에 와서 인사할 때는 모두 그러한 옷과 모자를 빌린다. 스스로 인수와 옷과 모자를 갖춘 자들이 천여 명이나 된다.

부종사 오림은 낙랑이 본래 한국을 통치했었다며 진한에서 여덟 개 나라를 떼어 낙랑군에 속하게 하였는데, 통역하는 관리가 말을 다르게 옮기면서 신지가 과격해져 분노한 한인들과 함께 대방군의 기리영을 공격하였다. 당시 대방 태수 궁준과 낙랑 태수 유무가 병사를 일으켜 토벌하였는데, 대방 태수 궁준은 비록 전사했지만 두 군은 마침내 한국韓國을 멸망시켰다. (마한에 50여 개 나라가 있었는데, 대방군을 공격했던 한韓을 이겨 없앴다는 것으로 한국韓國 전체가 멸망한 것은 아니다)

그 풍속에 기강이 별로 없다. 비록 도읍마다 우두머리가 있지만, (왕이나 제후처럼 따로 궁전 없이) 마을 사람과 함께 섞여 살고 있어, 사람들을 통제하거나 다스릴 만한 권위는 없었다. (지위가 높은 자에게) 무릎 꿇고 절하는 예절이 없다.

사는 곳은 흙으로 방을 만들고 풀로 지붕을 덮었는데 무덤같이 생겼다. 출입문은 위에 있다. 온 가족이 집에 함께 사는데 어른과 어린이, 남자와 여자의 구별이 따로 없다.

장례를 치를 때 곽겉널은 없지만 관속널은 있다. 말이나 소를 탈 줄 모르며 말과 소는 죽은 사람을 보낼 때만 쓰인다. 옥과 진주 구슬을 보배로 여겨서 옷에 꿰어 달거나 목걸이나 귀걸이로 만들어 장식한다. 금은이나 금수수 놓은 비단 등은 보배로 여기지 않는다. 사람들의 기질은 강하고 용감하다. 머리는 풀어서 늘어뜨리거나 갓이나 두건 등을 쓰지 않은 상투 머리를 그대로 드러내는데 (위로 묶은 상투 머리가) 마치 뾰족한 무기처럼 보인다. 옷은 베로 도포를 지어 입고 신발은 가죽으로 만들어 신는다.

나라에 일이 있거나 관가에서 성곽을 쌓을 때면 건장한 젊은이들은 등가죽을 뚫고 거기에 큰 밧줄을 이어 맨다. (건축에 쓰일 큰 나무나 바위를 옮기기 위해 밧줄에 묶고, 그것을 사람들 몸에 돌려 감은 것을 말한 것으로 추정) 그리고 한 장약 2.5m쯤 되는 목삽나무로 만든 삽. 땅을 파거나 흙을 뜨는 데 사용하는 도구을 가지고 온종일 소리를 지르며 ('영차'와 같은 기합에 맞춰) 일하면서도 힘들다고 하지 않았다. 이전부터 이렇게 일하도록 권했으며 이를 건강한 것으로 여긴다.

매년 씨 뿌리기가 끝나는 5월마다 귀신鬼神 사람에게 재앙이나 복을 준다는 신령에게 제사를 올린다. 무리 지어 밤낮으로 노래하고 춤추며 먹고 마신다. 춤은 수십 명이 서로의 뒤를 따르며 발로 땅을 밟으면서 머리를 숙였다가 높이 들었다 하면서 손과 발도 서로 맞춘다. 음의 장단도 맞추며 반복하는 것이 탁무큰 방울을 흔들며 추는 중국 춤의 하나를 추는 것과 비슷하다. 10월에 농사가 끝나면 또 이렇게 하는데 귀신을 믿기 때문이다.

(기록된 한국韓國을 모두 합하면 78개국) 도읍지마다 1명씩 정해진 사람만이 하늘에 제사를 올리는데 이들을 천군天君이라고 부른다. 또 나라마다 별읍특별한 마을이 있는데 이곳을 소도라고 한다. 소도에는 큰 나무를 세워 방울과 북을 달고 귀신을 섬긴다. 무릇 도망자가 소도 안으로 들어가면 누구든 쫓아내지 않으니 도둑질하기에 좋다. 소도를 세운 뜻은 불교에서 절을 세운 것과 비슷한데 행하는 일을 결과적으로 봤을 때 불교는 선하

고 소도는 악한 것이 다르다.

북쪽의 군郡에 가까운 여러 한국韓國은 예의범절에 관한 풍속을 얼마간 이해하고 있으나 그곳에서 멀리 떨어져 있는 여러 한국韓國은 마치 죄수의 무리나 노비들이 모여 사는 것과 같다.

한국韓國에는 중국과 다른 보배나 진귀한 것이 없고, 짐승이나 풀과 나무 등도 대체로 중국과 같다. 큰 밤이 나는데 배만큼이나 크다. 또 꼬리가 가는 닭이 있는데 그 꼬리 길이가 5척춘추전국시대 이후로 1척의 길이는 차츰 길어져 위 · 진시대에는 대략 24cm로 본다. 약 1.2m이 넘는다. 그곳에는 문신한 남자들도 있다.

마한 서쪽 바다 한가운데 주호제주도로 추정 라는 큰 섬이 있는데, 그곳에 사는 사람들은 한국 사람들보다 몸집이 더 작고 언어도 다르다. 머리를 짧게 삭발한 것이 마치 선비족 같다. 옷은 가죽만 입는다. 소와 돼지를 잘 기른다. 옷은 위만 있고 아래는 없어서 마치 벗은 것 같다. 배를 타고 왕래하며 한국 시장에서 물건을 사고판다.

진한은 마한 동쪽에 있다. 그 나라의 기로들이 대대로 전하는 말에 의하면 그들은 옛날에 진秦 서기전 221~서기전 206나라의 노역을 피해 한국으로 망명한 사람들인데, 마한이 동쪽 변방 영토를 나누어 주며 살도록 해주었다고 한다. 성을 둘러싼 울타리가 있다.

진한의 말은 마한과 같지 않다. 나라를 뜻하는 국을 방이라고 한다. (진나라 때는 나라를 방이라 했는데 한나라 때 고조 유방의 이름 방을 피하여 나라를 국으로 사용하였다) 활을 뜻하는 궁을 호라고 한다. 도적을 뜻하는 적은 구라고 한다. 술을 주고받는 행주行酒를 잔을 돌려가며 마신다 하여 행상行觴이라고 한다. 서로 부를 때 자기들끼리 같은 무리라는 뜻의 도라고 하는 것 등이 진秦나라 사람과 비슷하다. 이렇듯 진한에는 비단 연나라나 제나라와 비슷한 명칭뿐만이 아니라 진나라와도 비슷한 말이 있다.

(진한에서는 또) 낙랑(郡) 사람들을 '아잔阿殘'이라고 한다. 동쪽 사람들은 나 또는 우리를 뜻하는'아我'를 '아阿'라고 하는데, 낙랑 사람을 가리키는 아잔阿 나·우리 아. 殘 남다·나머지 잔이란 원래 자기네들 중의 나머지라는 뜻이 담겨 있다. (즉 낙랑에 남아 있는 우리 사람들이라는 것이다) 지금삼국지를 집필하던 297년경도 진한辰韓을 진한秦韓이라고 하는 사람이 있다. 진한은 처음에 나라가 여섯 개였는데 점점 나뉘어 열두 개의 나라가 되었다.

변진에도 열두 개의 나라가 있다. (변진은 변한이라고도 한다) 모두 작은 규모의 별읍, 즉 소도가 있다. 나라마다 각각 우두머리가 있다. (지위가) 제일 높은 사람은 신지라고 한다. 그다음은 차례로 험측, 번예, 살해, 읍차라고 한다.

나라로는 이저국·불사국·변진미리미동국·변진접도국·근기국·난미리미동국·변진고자미동국·변진고순시국·염해국·변진반로국·변진낙로국·군미국(변진군미국)·변진미오야마국·여담국·변진감로국·호로국·주선국·마연국·변진구야국·변진주조마국·변진안야국·변진독로국·사로국·우유국이 있다. 변진 즉 변한과 진한을 모두 합하면 나라가 모두 24개국이다. 큰 나라는 4~5천 가구나 되고, 작은 나라는 6~7백 가구가 되며 모두 합하면 4~5만 가구이다. 그중 12개의 나라는 진왕에게 속해 있다.

진왕은 항상 마한 출신이 대대로 이어왔다. 진왕은 스스로 왕위에 오를 수 없었다. (당시 진한의 왕위는 마한 출신 가운데 회의에서 선출되었던 것으로 보인다)『위략』에 따르면, 그 나라 사람들은 타지에서 흘러들어 온 이주민이 분명하며 그러므로 마한의 통제를 받는 것이라고 한다.

토지는 비옥하여 오곡과 벼가 잘 자란다. 뽕나무를 키우고 누에 칠 줄을 알며 겸포두 가지 이상의 명주실로 짠 것를 짠다. 말과 소에 수레를 매거나 탈 줄도 안다. 결혼 풍습에는 남자와 여자가 지키는 예법이 다르다. 죽은 사람을 보낼 때는 큰 새의 날개를 쓰는데, 그것은 죽은 자가 잘 날아갈 수 있게 하려는 의도다.『위략』에 따르면 그 나라는 나무를 가로로 묶어 올려 집을 지어 마치 감옥과 비슷하다고 한다.

나라에서 철이 생산된다. 한韓·예濊·왜倭국이 모두 변진에서 철을 가져간다. 모든 시장 거래에서 철을 사용하는데, 중국에서 돈을 사용하듯이 철을 사용하는 것이다. 또 낙랑군과 대방군에도 철을 공급한다.

풍속에 음주가무를 좋아한다. 거문고가 있는데 그 모양이 축중국 악기의 하나과 비슷하다. 연주할 때 역시 높고 낮은 가락이 있다.

아이가 태어나면 머리를 돌로 누르는데 머리를 납작하게 만들려는 것이다. 지금 진한 사람들의 머리는 모두 납작하다. 왜국과 가까운 곳에 사는 남자와 여자는 대개 그들처럼 문신도 하였다. 보전步戰 걸으면서 싸우는 것을 잘하고 무기는 마한과 같다. 길을 지나가다가 서로 만나면 모두 양보하는 풍습이 있다.

변진 사람들은 진한 사람들과 섞여 산다. 그곳에도 역시 성곽이 있다. 옷 입는 것과 사는 곳은 진한 사람과 같다. 언어와 법질서와 풍속도 비슷한데 귀신에게 제사 지내는 것은 다르다. 부뚜막신부엌을 관장하는 신. 조왕신竈王神은 모두 문의 서쪽에 모신다.

변진독로국은 왜국과 경계를 접하고 있다. 변진 12개의 나라에도 역시 왕이 있다. 그 사람들은 모두 크고 의복을 깨끗하게 입으며 머리는 길게 기른다. 폭이 넓고 고운 베를 짠다. 법과 풍속은 특별히 엄격하다.

■ 왜

왜 사람들은 대방군에서 동남쪽으로 큰 바다 가운데에 있다. 산과 섬에 의지하여 나라와 도읍을 세웠다. 옛날에는 100여 나라가 있었고 한漢나라서기전 202~220 때는 조정으로 천자를 뵈러 오는 자도 있었다. 지금진수가 삼국지를 쓰던 297년경 사신과 역관이 소통하고 있는 나라가 30개이다.

대방군에서 왜국으로 가려면 해안을 따라 물길로 한국韓國을 지나서 남쪽으로 가다가 다시 동쪽으로 가면 북쪽 해안가 기슭의 구야한국에 도착하는데, 그곳까지 7000여 리약 2800km쯤 된다. 거기서 바다를 건너기 시작하여 1000여 리약 400km를 가면 대마국대마도에 이른다.

대마국에서 제일 지위가 높은 관리는 비구라고 하고, 그다음은 비노모리라고 부른다. 그들이 사는 섬은 드문드문 떨어져 있으며 사방 400여 리약 160km이다. 그 땅은 산이 험하고 숲이 깊게 우거졌다. 길은 사슴 같은 짐승이나 다닐 만하다. 1000여 가구가 사는데, 좋은 밭이 없어 해산물을 먹고 살면서 배를 타고 남쪽으로, 북쪽으로 시장을 다니며 쌀을 사들인다.

또 바다 건너 남쪽으로 1000여 리를 가면 한해瀚海 드넓은 바다가 있다. 그곳에 일대국이키국. 대마도와 후쿠오카 사이에 있는 섬이 있는데 관리는 역시 비구라고 하고, 그다음 관리는 비노모리라고 부른다. 사방 300리약 120km이다. 대나무 등 여러 나무가 우거진 숲이 많으며 3000여 가구가 산다. 대마도와 달리 밭이 있지만, 경작해도 모든 이가 먹기에는 곡식이 부족하다. 이곳 사람들도 역시 (대마도 사람들처럼) 남북으로 다니며 쌀을 사들인다.

또 바다를 건너 1000여 리약 400km를 가면 말로국큐슈 나가사키현이 있는데 4000여 가구가 산과 바다 근처에 살고 있다. 나무와 풀이 무성하여 앞에 걷고 있는 사람이 안 보일 정도이다. 물고기와 전복을 잘 잡는데 물이 깊거나 얕거나 상관하지 않고 모두 물속에 들어가 해산물을 잡는다.

동남쪽 방향 육로로 500리약 200km를 가면 이도국큐슈 후쿠오카현이 있다. 가장 높은 지위의 관리는 이지라고 하고, 그다음으로 설모고와 병거고가 있다. 1000여 가구가 있고 대를 잇는 왕이 있다. 이들은 모두 여왕이 다스리는 나라에 속하며 군(중국이 다스리는 대방군)의 사신이 오가면서 항상 머무는 곳이다.

동남쪽으로 100리약 40km에 노국이 있는데 그곳 관리를 시마고라 하고, 그다음 관리는 비노모리라고 한다. 2만여 가구가 있다. 동쪽으로 100리약 40km에 불미국이 있다. 그곳 관리는 다모라 하고, 그다음 관리는 비노모리라고 한다. 1000여 가구가 있다.

남쪽으로 투마국이 있는데 물길을 따라가면 20일 걸린다. 그곳 관리는 미미라 하고 그다음 관리는 미미나리라고 한다. 5만여 정도의 가구가 있다. 남쪽으로 야마일국야마타이국이 있다. 야마일국에서 여왕이 사는 도읍까지 물길로는 10일, 육로로는 한 달이 걸린다. 관리자는 이지마라고 부른다. 그다음은 차례로 미마승, 미마획지, 노가제라고 부른다. 7만여 가구 정도가 있다.

여왕국에서 북쪽에 있는 나라들의 가구 수와 가는 길에 대한 정보는 얻을 수 있어 기록하였으나 그 외의 나라들은 멀고 단절되어 자세한 사실들을 얻을 수 없었다.

다음으로 사마국·이백지국·이야국·도지국·미노국·호고도국·불호국·저노국·대소국·소노국·호읍국·화노소노국·귀국·위오국·귀노국·야마국·궁신국·파리국·지유국·오노국·노국으로, 여기서 여왕국의 경계가 끝난다.

그 남쪽에는 구노국이 있는데 남자가 왕이며, 그곳 관리는 구고지비구라고 한다. 구노국은 여왕에게 속해 있지 않다.

대방군에서 여왕국까지는 1만 2천여 리약 4800km이다. 남자들은 아이나 어른 상관없이 모두 얼굴에 문신하는데 옛날부터 이어져 오는 것이다. 그곳에서 중국으로 온 사신들은 자신들을 모두 대부라고 한다.

하후서기전 2070년경~서기전 1600년경에 있었다는 하나라의 왕을 하후라고 함 소강의 아들을 회계지역에 봉하여 살게 했더니, 그는 머리를 깎고 문신을 하여 교룡蛟龍뱀과 비슷한 몸에 비늘과 사지가 있고, 머리에 흰 혹이 있는 전설상의 용의 피해를 막았다.

지금 왜의 어부들은 물속으로 자맥질하며 물고기나 조개류를 잡아 생활한다. 이들은 몸에 무늬를 새기는데 큰 물고기나 물속 짐승들로부터의 피해를 막으려는 것이다. (물고기 등을 쫓으려고 문신하던 것이) 후에는 점점 장식으로 변하였다. 여러 나라의 문신이 각각 다르다. 혹은 왼쪽에 혹은 오른쪽에 하고, 혹은 크거나 작게 해서 귀함과 천함의 차이를 나타낸다.

(중국에서 왜국으로 가는) 길을 살펴보자면 회계군 동야현현재 중국 푸저우에서 동쪽으로 간다.

왜의 풍속은 음란하지 않다. 남자들은 모두 상투 튼 머리를 드러내고 목면木綿으로 머리를 묶는다. 옷은 가로로 넓은 천을 한 번 묶어 입을 뿐,

대체로 바느질은 하지 않는다. 결혼한 여자들은 머리를 곧게 내려 편 다음 말아 올려 묶는다. 옷은 홑겹 이불 같은 것으로, 가운데 구멍을 내서 머리에서부터 내려 입는다. 곡식으로는 벼를 심으며 모시와 베가 있고 뽕나무에 누에를 치며 실을 짠다. 가늘고 고운 모시와 생사로 짠 비단과 면을 생산한다. 소·말·호랑이·표범·양과 까치가 없다. 무기로는 창과 방패와 나무로 만든 활이 있다. 나무로 만든 활은 아래는 짧고 위가 길다. 화살은 대나무로 만들고 화살촉은 쇠나 뼈로 만든다.

왜에 있거나 없는 것은 중국 담이군이나 주애군과 같다.

왜의 땅은 따뜻해서 겨울이든 여름이든 싱싱한 나물을 먹을 수 있다. 모두 맨발로 다닌다. 가족이 한집에 같이 사는데, 부모 형제가 자거나 쉬는 공간은 다르다. (공간이 분리되어 있다) 붉은 먹이나 붉은 진흙을 몸에 바르는데 중국에서 분가루를 사용하는 것과 같은 것이다. 먹고 마시는데 변籩 대나무를 가늘게 잘라 엮어 만든 그릇. 또는 제기의 한 종류과 두豆 국물 있는 음식을 담는다. 제사 올릴 때 사용하는 굽이 있는 그릇를 사용하면서 손으로 먹는다. (음식 담는 그릇은 있는데 손으로 먹는다)

'왜'의 활

사람이 죽으면 관시신을 넣는 궤. 속널은 쓰지만 곽관을 넣는 궤. 겉널 또는 외관이라고도 한다은 없다. 흙을 쌓아 올려 무덤을 만든다. 상례는 10여 일 걸린다. 이 기간에는 고기를 먹지 않는다. 상주는 곡읍소리 내어 슬피 우는 것을 하고, 다른 사람들은 먹고 마시며 춤추고 노래한다. 장례를 다 치르면 모든 가족이 물에 들어가 씻는데, 목욕하는 것과 마찬가지이다.

바다 건너 중국으로 갈 때면 늘 한 사람을 지정하여 머리도 감지 못하게 하고, 이나 서캐도 잡지 못하게 하며, 의복도 갈아입지 못하도록 한다. 고기도 못 먹게 하며 부인도 가까이하지 못하게 하여 마치 초상당한 사람처럼 있게 한다. 이 사람을 지쇠라고 한다. 만약 길 떠난 사람에게 좋은 일이 생기면 지쇠에게 재물을 주어 보답하고, 가는 길에 질병을 얻거나 나쁜 일을 당하면 지쇠가 조심하지 않았기 때문이라며 곧 죽이려고 한다.

진주와 푸른 옥이 난다. 산에 단丹 수은으로 이루어진 황화광물이 있다. 나무 종류로는 녹나무枏·상수리나무杼·예장녹나무과·유력상수리 나무의 일종·투강감탕나무 혹은 박달나무·오호꾸지뽕나무·풍향낙엽성의 작은 나무 혹은 단풍나무이 있다. 대나무는 소줄기가 가는 대나무. 조릿대·간대나무의 한 종류. 화살대·도지대나무의 한 종류가 있다. 생강·귤·산초나무·양하산과 들에서 자생하는 생강가 있는데, 그들은 그것이 맛있는 풀인 줄 모른다. 원숭이와 검은 꿩이 있다.

풍속에 어떤 큰일을 하거나 어떤 곳을 다녀와야 하면 늘 그 일을 하는 것이 어떨지 먼저 점을 본다. 뼈를 태워 점괘를 보는 것이 거북점과 같다. 거북이 등껍질을 태워 그 갈라진 모양으로 길흉을 알아보는 것처럼 뼈를 태워 뼈가 터진 모양으로 길흉을 판단하는 것이다. 우선 점칠 내용을 말하고 뼈를 태워서 갈라진 모습을 살펴 앞으로 할 일이 좋을지 나쁠지 알아본다.

그 나라의 회동좌기會同坐起 예전에 관리들이 모여 나랏일을 처리할 때의 모임을 일컫는 말에는 아버지와 아들, 남자와 여자의 구별이 없다. (일본은 대대로 한 가문이 성주의 신분으로 일정 지역을 다스렸기에 집안사람들이 모여 의논하며 정사를 결정하는 일이 흔했다) 사람들은 술을 좋아한다.

『위략』에 의하면 그 나라 사람들은 새해가 시작하는 정월과 사계절이 언제인지 모른다고 한다. (달력을 사용하지 않는다는 이야기다) 다만 봄에 경작을 시작하여 가을에 수확할 때까지를 한 해로 여길 뿐이라고 한다.

대인大人 앞에서는 두 손을 모으고 무릎을 꿇어 절하는 것으로 공경을 나타낸다. 사람들은 오래 사는데 혹 100세나 8, 90세를 산다. 풍속에 대인은 모두 4~5명의 부인을 두는데, 하호들도 간혹 2~3명의 부인을 두기도 한다. 부인들은 음란하지 않고 투기하지도 않는다. 도둑질이 없어 소송이 적다. 범죄자의 죄가 가벼우면 그 부인과 아이들을 죽일 뿐이지만, 무거운 경우 그 가문을 모두 없앤다. 지위와 신분에 따라 높고 낮은 서열이 있어 서로 지키며, 신하는 복종한다.

세금을 걷고 부역노동력을 시키며, 거둔 조세를 보관하는 창고가 따로 있다. 나라에 시장이 있어 교역이 이루어지며 대왜大倭가 이를 감독한다. 여왕국 북쪽에 특별히 대솔 한 명을 두어 교역을 관리하게 하는데, 여러 나라를 모두 살피고 단속하니 왜의 모든 나라가 두려워하여 조심한다. 대솔은 항상 이도국에 관리소를 두고 다스리는데, 중국의 자사각 군을 감독하던 감찰관와 같은 역할이다. 왕이 수도당시 중국의 낙양나 대방군 및 여러 한국마한. 진한. 변한 등등에 사신을 보내거나, 또는 (대방)군에서 왜국에 사신을 보낼 때 모든 나루터(바다 한가운데 있는 수백 개의 섬으로 구성된 왜국의 특징으로 이때의 나루터는 국경이 만나는 곳, 또는 다른 나라에 들어가는 입구이다)와 길에서 수색하고 검문하여 문서나 하사품을 여왕에게 전달하는데 착오나 어긋남이 없게 한다.

하호들은 대인을 길에서 만나면 뒷걸음치며 풀 속으로 물러난다. (당시는 길이 좁았기에 옆으로 움직이면 풀 속이다. 대인들이 먼저 지나가도록 길을 비킨 것이다) 대인에게 말을 전하거나 어떤 일에 대하여 설명할 때는 어떤 이는 몸을 웅크리고 엎드리거나 어떤 이는 무릎을 꿇고 양손은 땅을 짚어 공경함을 나타낸다. 대답할 때는 '희'라고 하는데, 이것은 승낙한다, 알았다는 뜻이다.

그 나라 역시 원래는 남자가 왕이었다. 7~80년 동안 남자가 왕이었는데, 왜국에 난리가 나서 서로 공격하고 정벌하며 여러 해를 지내다가 공동으로 한 여자를 왕으로 모시기로 하였다.

여왕의 이름은 비미호히미코라고 한다. 여왕은 귀신을 섬기며 나라 사람들을 미혹정신을 홀림시키는 능력이 있었다. 나이가 충분히 찼는데도 남편을 맞이하지 않고, 여왕의 남동생이 나라 다스리는 것을 보좌하였다. 비미호가 왕이 된 이래로 여왕을 본 자는 적다. 여왕을 모시는 여자 종들이 1000명이나 되는데도 오직 남자 한 명이 출입하면서 여왕에게 음식을 공급하고 말을 전했다. 여왕이 거처하는 궁실, 누관문과 벽 없이 높이 지은 집 성책 시설은 항상 병사들이 빈틈없이 지키고 있다.

여왕의 나라에서 동쪽으로 바다 건너 1000여 리약 400km를 가면 또 나라가 있는데 모두 왜 종족이다. 또 그 남쪽에 주유국이 있는데 그 사람들의 키는 3~4척100cm 정도이다. 여왕의 나라에서 4000여 리약 1600km 떨어진 거리에 있다. 또 나국과 흑치국이 동남쪽에 있는데, 배로 1년을 가야 닿는다.

왜국의 땅을 살펴보니, 바다 가운데 독립된 섬들이 혹은 떨어져 있고 혹은 연결되어 있는데 그 둘레는 가히 5000여 리약 2000km 정도이다.

경초 2년, 237년 6월 왜 여왕이 대부 난승미 등을 대방군에 보내 헌상품을 바치며 천자를 알현하게 해달라고 하였다. 대방 태수 유하가 관리

로 하여금 그들을 보호, 호송하여 수도에 무사히 도착하도록 하였다. (위
나라 천자 조예가) 그 해 237년 12월 (왜국에) 조서_{왕이 신하에게 내리는 교지}를 내리
면서 '친위왜왕_{親魏倭王 위나라와 친한, 친족 같은 사랑하는 왜왕} 비미호'라며 왕의 칭호
를 내렸다. (조서 내용은 다음과 같다)

"친위왜왕_{親魏倭王} 비미호에게,

그대가 보낸 대부 난승미와 차사 도시우리는 대방 태수 유하
의 관리가 길을 안내하여 이곳에 잘 도착하였소. 그대가 바친
남자 생구_{왕의 시중을 들도록 보낸 사람} 4인과 여자 생구_{왕의 시중을 들도록 보낸 사}
_람 6인과 베 2필_{1필은 대략 어른 옷 한 벌을 만들 수 있는 양} 2장도 잘 도착했소.
그대가 있는 곳이 매우 먼데 사신을 보내 이러한 것을 바친 그
대의 충성과 효도를 생각하니 그 갸륵한 마음에 사뭇 애틋하오.
그대의 정성에 감동하였소. 이에 그대를 '친위왜왕'으로 삼는 바
요. 그리고 금 도장에 자줏빛 끈을 달아 대방 태수를 통해 그대
에게 전하는 바이니, 그대는 그대의 종족이 편안하도록 잘 다스
리고, 내게 순종하며 (위나라를 잘 따르며) 효에 힘쓰시오. (당시 개
념으로 왕을 모시는 것을 효 또는 충이라고 하였다. 위나라 왕인 자신을
어버이처럼 잘 모시라는 의미이다)

그대가 보낸 난승미와 도시우리는 먼 길을 오느라 수고했으므
로 난승미를 솔선중랑장으로, 도시우리는 솔선교위로 임명하며
그들에게 은 도장에 청색 끈을 달아 하사하는 바, 그들이 힘든
여정을 잘 견뎌낸 것을 치하하며 돌려보내는 바요.

이제 강지교룡금_{강지에서 생산한 비단의 한 종류} 5필과 강지추속계_{강지에서}

생산한 융단의 한 종류 10장, 천강비단 종류 50필, 감청비단 종류 50필을 그대가 바친 공물에 답하여 보내오. 또 그대에게 특별히 감지구문금비단 종류 3필·세반화계융단 종류 5장·백견비단 종류 50필·금 8냥금 1냥은 현재 37.5g·5척1척은 25cm. 5척은 125cm 정도 칼 2개·청동거울 100개·진주·연단붉게 칠한 납 각각 50근1근은 현재 600g을 모두 포장하여 난승미와 도시우리에게 주어 보내니, 그대는 이 모두를 나라 사람들에게 보여줘서 우리가 그대를 얼마나 아끼는지 알도록 하시오. 내가 이 귀중한 물건들을 정성껏 마련해 보내주는 이유가 여기에 있소."

정시 원년, 240년에 태수 궁준이 건중교위 제준 등을 파견하니, 그들이 위왕이 내린 조서와 도장을 갖고 왜국에 도착했다. (제준 등이) 왜왕에게 가져온 조서와 금·비단·융단·칼·거울 등의 채물예물을 전달하였다. 왜왕이 이에 표문을 올려 조서와 물건을 내려 준 은혜에 감사의 답을 올렸다.

정시 4년, 243년, 왜왕이 다시 대부 이성기와 액사구 등 8명을 보내, 생구노예와 왜금비단의 한 종류 강청겸비단 종류, 면의무명으로 지은 옷, 비단, 베, 단목나무. 물감을 만들 수 있고 약재로도 쓰인다, 부악기, 단궁시짧은 활과 화살 등을 바쳤다. (이에 중국에서는) 액사구 등에게도 마찬가지로 솔선중랑장의 벼슬을 주고 인수끈을 장식한 도장. 벼슬·관직을 주는 상징를 주었다.

정시 6년, 245년에 조서를 내려 왜국의 난승미에게 황색 깃발을 하사하였는데, 대방군으로 보내서 전해 주도록 하였다.

정시 8년, 247년에 태수 왕기가 관官 공무를 집행하는 곳에 부임하였다. 왜국

의 여왕 비미호와 구노국의 남자 왕 비미궁호히미코코는 평소 사이가 좋지
않았다. 왜국에서 재사와 오월 등을 대방군에 보내 비미호와 비미궁호가
서로 공격하는 상황을 설명하였다. 대방 태수 왕기가 새조연사 장정 등
을 파견하여 조정에서 내려준 조서와 황당黃幢, 즉 황색 의장기를 난승미
에게 하사하고 벼슬을 주면서, 격문어떤 일에 대하여 여러 사람에게 알리는 글, 일깨워 주는
글으로 이를 (위나라와 왜왕 비미호와의 관계 및 하사품 등을) 두루 알려 왜 사
람들이 모두 알아듣도록 하였다. (서로 싸움을 그치도록 하였다)

여왕 비미호가 죽자 아주 큰 무덤을 만들었는데 둘레는 100여 걸음
정도이며, 순장한 노비가 100여 명이었다. 여왕이 죽은 후 다시 남자가
왕이 되었는데, 나라 사람들이 복종하지 않고 또다시 서로 싸우며 죽였
다. 당시 죽은 사람들이 1000여 명이나 되었다. 이에 다시 비미호 집안
의 여자 일여이요를 여왕으로 세웠는데, 일여의 나이 13살이었다.

마침내 나라가 안정되자 장정 등이 이를 격문으로 널리 알렸다.

공청대구주

일여는 왜국의 대부 솔선
중랑장 액사구 등 20명을 보
내 장정 등의 귀환길을 전송
하였다. (그들은) 대지명에 도착하여 임금에게 남녀 노예 30명과 흰 구슬
5000개, 공청대구주구멍이 있는 색이 파란 곡선의 구슬 2매, 여러 무늬가 섞인 아름
다운 비단 20필의 조공품을 바쳤다.

■ 평

평하여 말한다. (오환·선비·동이전을 통틀어 『삼국지』 저자 진수가 평하는 말이다. 본 글에서는 동이 편만 분리하여 소개하였다) 『사기』서기전 91년경 지어진. 즉 서기전 1세기경에 지은 중국 통사로 중국의 시작이라는 전설적인 오제로부터 하·은·주 시대와 춘추전국시대 및 통일 진나라 및 사마천이 살았던 한나라 무제 시대까지 기록한 역사책나 『한서』90년경 편찬된. 즉 1세기에 지어진 한나라 역사책으로 한나라 고조 원년인 서기전 206년부터 왕망이 세운 신나라까지 기록함. 이후 편찬된 『후한서』와 비교하여 『전한서』라고도 부른다에서는 조선과 양월중국 남쪽 남월과 동월 두 개의 월나라를 말함. 마한, 진한, 변한을 삼한이라 하는 것과 같다에 대하여 기록했고, 『동경』東京 동쪽의 수도라는 뜻으로 동한. 즉 후한의 수도 낙양이다. 앞뒤 문장으로 미루어 후한을 다룬 역사책으로 추정에서는 서강西羌 중국 서쪽의 강 종족. 서쪽 오랑캐에 대하여 기록하였다.

위조조의 위 220~265 나라 때에 이르러 마침내 흉노가 쇠약해지자 (중국은 일찍부터 북쪽 오랑캐 흉노와의 끊임없는 전쟁으로 북방이 늘 시끄러웠는데 위나라 시대에 마침내 흉노를 제어하여 복속시켰다) 다시 오환과 선비가 번갈아 일어났고, 이어 동이도 일어났다. (흉노를 억누르자 이번에는 그동안 흉노에 억눌려 있던 오환과 선비가 세력을 정비하여 중국과 국경에서 다투었고, 동이도 성장하여 변경을 침략하곤 하였다)

사신과 역관이 때때로 통하여 기록했다지만 기록이 항상 이어진 것은 아니었다.

4

『후한서後漢書』의 동이열전東夷列傳

─남북조 시대 송420~479나라 범엽398~445이 전하는 고조선과 동이 이야기─

■ 동이

「왕제」유학 경전 『예기』의 한 장章. 군주 정치의 각종 법규 등을 설명함에 따르면 동방은 이夷, 동방의 이민족이다. 이夷는 세상의 근본이며, 세상의 뿌리이다. 이夷=동방東方는 어질고 생명을 좋아해서 만물이 땅에서 나올 수 있도록 한다고 한다. (음양오행에서 해가 떠오르는 동쪽을 생명의 근원으로 설명한다) 이렇게 천성이 부드럽고 순하여 도리를 따르니 동방을 군자가 끊이지 않는 나라, 불사의 나라라고도 한다.

이夷에는 견이·우이·방이·황이·백이·적이·현이·풍이·양이 등 아홉이 있다. 옛적에 공자서기전 551~서기전 479, 춘추전국시대 노나라 학자. 유교의 창시자께서 9이九夷의 나라에서 살고 싶다고 하였다. (『논어』「자한」편에 공자가 "구이의 나라에서 살고 싶다"라고 하였더니, 한 사람이 "어찌 구이 같은 오랑캐들이 사는 누추한 곳에서 살겠느냐"라고 하였다. 그러자 공자가 "군자가 사는 나라인데 어찌 누추하겠는가?"라고 했다는 글이 있다)

옛날에 요중국의 전설적인 임금. 당요. 태평성대를 이룬 상징적인 임금가 희중_{羲仲} 요 임금이 부리던 희 씨의 둘째 아들. 해와 달, 별의 운행을 살펴 춘분 등을 정하게 하였다고 한다에게 우이에서 살도록 명령하고, 그곳을 해가 떠오르는 곳이라는 뜻으로 양곡이라고 하였다.

하후 씨하나라. 서기전 2070~서기전 1600. 하 왕조 (우가 하나라를 세운 후 성을 하로 바꾸고 자신을 후_后라고 하였다. 고로 우임금을 하후라고도 하며, 하후 씨는 하나라 왕조를 말한다) 태강하나라 제3대 왕이 덕을 잃자 (덕이나 도는 왕이나 군자라면 당연히 지녀야 하는 인품으로 덕목이나 도리를 뜻한다) 이인_{夷人}들이 하나라를 배반하기 시작하였다.

소강하나라 제6대 왕 이후에는 덕으로 다스리자 이에 감동한 동방의 이_夷들이 마침내 하후 씨 왕조에 음악과 춤을 바치며 복종하였다.

걸왕하나라 마지막 왕은 잔혹하고 사나웠다. 이 시기에 여러 이_夷 이민족. 오랑캐들이 침입하자 은나라 탕왕이 혁명을 일으켜 포학한 걸왕을 내쫓고 (중원에 침입하여 약탈을 일삼는) 오랑캐들도 정벌하여 중원을 안정시켰다. (하나라가 망하고 은나라 천하가 되었다)

중정은나라 임금 때 남이_{藍夷}가 침입했다. 이때부터 이가 때로는 복종하고 때로는 배반하는 세월이 300여 년간 계속되었다. 무을은나라 임금 때에 은나라가 쇠약해지고 동이가 차츰 강성해졌다. 그러다가 동이들이 서로 분열하여 회수_{准水}와 대산_{岱山}으로 옮겨 살게 되면서 중원에 자리를 잡았다. (동이_{東夷} 또는 이_夷는 처음에 현재의 서안·낙양을 중원으로 간주한 중국인들이 대륙 동쪽 끝에 살던 사람들을 부르는 호칭이었다. 그들이 점차 중국 내륙으로 세력을 뻗치며 한족을 정복하기도 하고 때로는 정복당하면서 완전히 중국화되었다. 그 후

동이는 중국의 동쪽 바다 건너 한반도 및 일본을 지칭하게 되었다)

이어 주나라서기전 1046~서기전 771 무왕재위 서기전 1046~서기전 1043, 주나라 창시자이
주왕은나라 마지막 왕을 제거하고 은 왕조를 멸망시키자 숙신종족 이름이 와서 석
노돌로 만든 화살촉와 호시호라는 싸리나무과의 나무로 만든 화살를 바쳤다.

관숙과 채숙이 주나라를 배반하고 (무왕이 주나라를 세운 후 얼마 안 되어
죽고 어린 아들 성왕이 즉위하자 무왕의 동생이자 성왕의 작은 아버지인 관숙과 채
숙이 반란을 일으켰다) 동이東夷와 북적北狄을 불러들여 함께 주나라를 공격
했는데, 주공주나라를 세운 무왕의 동생. 조카 성왕을 보좌하여 형제인 관숙과 채숙의 반란을 진압이 이
들을 정벌하면서 마침내 동이도 평정하였다. 강왕성왕의 아들. 주나라 3대 왕 때에
숙신이 다시 복종하였다.

그 후에 서이徐夷가 감히 왕을 칭하며 9이九夷를 거느리고 그동안 큰 나
라로 여기며 따르던 주나라를 공격하여 서쪽으로 황하의 상류까지 차지
하였다. 목왕주나라 제5대 왕은 서이徐夷가 세력을 크게 떨치자 두려움을 느끼
고 서徐 언왕偃王에게 동방의 제후들을 다스리도록 하였다.

서언왕徐偃王은 황지 동쪽에 살았는데 그 영토가 사방 500리200km였다.
서언왕이 사람들을 어질고 의롭게 대하니 육로를 통하여 그를 찾아오는
나라들이 36국이나 되었다.

목왕은 그 후에 적기말 이름와 녹이말 이름라는 명마를 획득하여 타고 다녔
는데, 조부신하 이름에게 그 말을 내주면서 초나라 왕에게 서徐언왕偃王을 정
벌하라는 명령을 전하게 하였다. (서언왕徐偃王에게 9이九夷를 다스리도록 했는
데 그를 추종하는 세력이 많아지자 서언왕의 세력이 더 커지는 것을 막으려고 다른
제후에게 공격을 명령한 것이다) 조부는 명마를 타고 하루 만에 도착하였다.
덕분에 초나라 문왕은 때에 맞춰 군사를 크게 일으켜 서이徐夷를 멸할 수

있었다.

언왕은 어진 사람으로 권력욕이 없었다. 그는 백성들을 싸우다가 죽게 할 수 없어서 싸움에 졌다. (자기만 물러나면 백성들은 편안히 그 땅에서 그대로 잘 살 수 있다며 땅과 백성을 남긴 채 홀로 도망갔다) 서언왕이 백성을 두고 북쪽 팽성 무원마을 동쪽 산 아래로 도망갔는데, 그를 따라간 백성이 수만이나 되었다. 이런 이유로 그 산은 서산서언왕의 산이 되었다.

여왕厲王 주나라 제10대 왕, 서기전 9세기이 도道 덕행가 없자 회이淮夷가 주나라로 들어와 도적질하며 침입하였다. 왕이 괵중을 시켜 정벌하도록 하였으나 물리치지 못하였다.

선왕여왕의 아들. 주나라 제11대 왕 때에 다시 소공에게 명령하여 정벌토록 하자 비로소 이夷가 평정되었다.

유왕주나라 제12대 왕. 서기전 771년 사망에 이르러 음탕하고 난잡한 정치가 이어지자 사이四夷가 번갈아 가며 침입하였다. 제나라 환공재위 서기전 685~서기전 643이 위세를 떨쳐 오랑캐를 물리쳤다. (주나라는 힘이 없고 제후국이 침략을 물리친 것이다)

초나라 영왕서기전 6세기경이 주축이 되어 각 나라의 제후들과 신지역 이름에 모여 동맹을 맺는데, (주나라가 쇠약해지자 100여 개가 넘는 크고 작은 제후들이 패권을 다툰 춘추전국시대가 도래하였다. 춘추5패와 전국7웅이 생겼는데, 5패는 제·진·초·오·월齊晉楚吳越 을, 7웅은 제·초·진·연·위·한·조齊楚秦燕魏韓趙를 말한다) 사이四夷들도 여기에 참여하였다.

후에 월나라가 도읍을 낭야지역 이름로 옮기고 사이들과 함께 정복 전쟁을 벌였다. 여러 나라를 업신여겨 욕보이고 난폭하게 대하니 마침내 작은 나라들은 침략당하여 멸망하였다.

(전국 칠웅이 세력을 다투더니 마침내) 진秦 서기전 221~서기전 206 나라가 다른 여섯 나라제齊·초楚·연燕·위魏·한韓·조趙를 정복하여 병합하고, 회이淮夷와 사이泗夷 무리도 뿔뿔이 흩어지게 만들어 진의 백성으로 흡수하였다.

진섭진승(농민 진승은 부역을 명받고 일하는 곳으로 가던 중 도착 날짜를 못 맞추게 되었다. 어차피 가더라도 늦었다는 이유로 사형당할 것을 알고 '왕후장상王侯將相의 씨가 따로 있느냐'라며 폭정에 대항하는 난을 일으켰다. 중국 역사에서 최초로 민란을 일으킨 인물이며 스스로 왕이 되었으나 몇 개월 못 갔다. 결과적으로 진의 멸망과 한나라의 흥기에 결정적 역할을 하였다)이 군사를 일으키자 (진나라가 통일한 중국) 천하가 무너졌다.

연나라 사람 위만이 전란을 피해 (진의 멸망기와 한나라의 성립 초 여러 지역에서 천하를 장악하려는 싸움이 10여 년 넘게 이어졌다) 조선 땅으로 도망갔는데, 그곳에서 왕이 되었다.

100여 년 뒤에 무제전한 7대 황제. 재위 서기전 141~서기전 87가 (위만조선을) 멸망시켰다. 이때부터 동이가 (한나라) 수도와 소통하기 시작하였다. (중국과 서로 오가며 교류하였다)

왕망신나라 초대 황제이자 마지막 황제. 재위 8~23이 한나라의 제위를 찬탈하자 (한나라 외척이었던 왕망은 어린 왕으로부터 선양이라는 형식으로 황제의 자리를 빼앗아 스스로 황제가 되어 나라 이름을 신이라고 하였다. 그러나 신하로부터 살해당하고 신나라는 15년 만에 사라졌다) 맥중국 동쪽 지역의 민족 이름. 고구려의 한 갈래 나라 사람들이 변경에서 노략질하였다.

건무후한 연호. 25~55 초기에 (동이가) 다시 조공하였다. (왕망 시대에 한나라 후손 유수가 패권을 잡고 나라를 일으킨 후 나라 이름을 다시 한이라고 하였다. 왕망이 세운 신나라를 전후로 하여 이전을 전한 또는 서쪽에 수도가 있었다고 하여 서

한이라 하고, 이후는 후한 또는 수도가 동쪽에 있었다는 이유로 동한이라고도 한다)
이때 요동 태수 제융의 위세가 중국 북방지역에 떨치면서 그 명성이 바
다 건너까지 퍼졌다. 그리하여 예·맥·왜·한韓의 여러 나라가 멀리서
와서 조공을 바치니, 장제章帝 후한 3대 황제 재위 75~88와 화제和帝 후한 4대 황제 재위
88~105 이후 사절이 오가며 서로 통하였다.

영초후한 안제 시기 연호 중 하나. 107~113 시기에 계속되는 혼란을 틈타 도적들
이 안으로 들어와 노략질을 시작하였다. 환제후한 황제. 재위 146~167와 영제후
한 황제. 재위 168~189. 황건적의 난을 맞이하며 위·촉·오 삼국시대가 전개되었다의 실정으로 점점
이런 침략이 일상이 되었다.

한나라의 중흥 이후에는후한시대 25~220 4이가 귀빈으로 왔다. 그들은 비
록 때때로 배반하여 국경을 무너뜨리기도 하였으나, 사신과 역관이 끊이
지 않아서 그 나라들의 풍습과 기후, 토양 등에 관한 것들을 대체로 기
록할 수 있었다.

동이는 모두 정착 생활을 하고, 노래하고 춤추며 술 마시기를 즐긴다.
머리에 갓이나 고깔을 쓰고 비단옷을 입으며 그릇은 조俎 주로 떡과 같은 마른
음식을 담는 납작하고 넓은 그릇와 두豆 굽이 있는 그릇를 사용하니, 이에 중국이 예법을
잃으면 4이에서 예법을 구할 수 있다고 한다.

보통 남쪽 이민족을 만蠻, 동쪽 이민족을 이夷, 서쪽 이민족을 융戎, 북
쪽 이민족을 적狄이라 부르면서 이들을 구별하지 않고 모두 사이四夷라고
하는 것은, 마치 다섯 등급의 작위인 공작·후작·백작·자작·남작을
모두 제후諸侯라고 하는 것과 같은 것이다.

■ 부여

부여는 현도군 북쪽 1000리약 400km 거리에 있다. 부여 남쪽은 고구려, 동쪽은 읍루, 서쪽은 선비와 국경을 접하고 있으며 북쪽에는 약수가 흐르고 있다. 영토는 사방 2000리약 800km이고 원래 예濊 땅이었다.

옛날 북이北夷 북쪽에 있는 동이에 색리국이 있었다. (『삼국지』「위서」에서는 고리국이라고 하였다) 색리국 왕이 궁을 비운 사이에 왕의 시녀가 임신하였다. 왕이 돌아와 임신한 시녀를 죽이려고 하자 시녀가 말하였다. "지난번 하늘에서 큰 달걀만 한 기운을 보았는데, 그것이 제게 내려와 임신하였습니다."(고대에 달걀은 태양=왕, 왕족의 은유로 자주 사용된 표현이다) 이에 왕이 (시녀를 차마 죽이지 못하고) 가두었는데 그 후 시녀는 해산달이 되어 아들을 낳았다. 왕의 명령으로 아이를 돼지우리에 버렸는데, 돼지들이 입김을 불어주어 죽지 않았다. 다시 마구간에 버리게 하였는데 말들도 역시 같은 행동을 하였다. 왕이 이것을 신령스럽게 여기고 어미의 간청대로 아이를 거두어 키우도록 하였다. 아이 이름을 동명이라고 하였다. 동명은 자라서 활을 잘 쏘았다. 그러자 왕은 그의 용맹함을 꺼리어 다시 또 죽이려고 하였다. 동명이 급히 달아나서 남쪽에 있는 엄사수엄체수강에 이르더니 활로 강물을 내리쳤다. 그러자 물고기와 자라 떼가 모두 떠올랐다. 동명은 그들을 타고 강을 건넜다. 이렇게 부여에 와서 왕이 되었다.

부여는 동이 지역 중에서 가장 넓은 평야를 가졌다. 땅은 오곡이 잘 자라고, 매우 좋은 말과 붉은 옥과 담비족제비과 동물. 노란 털이 특히 귀하다와 날원숭이과 짐승가죽이 난다. 큰 진주는 멧대추대추와 비슷한데 열매가 대추보다 더 둥글다. 멧대추 나무는 대략 3미터 정도 크기로 산기슭에서 자란다. 열매는 먹고 씨는 약제로 쓴다만 하다. 목책을 둥글게 만들어 성을 쌓는다. 궁실과 창고와 감옥이 있다. 그 나라 사람들은 거칠고 몸집이 크다. 용감하며 조심성도 있고 중후하다. 도둑이 없으며 노략질을 하지 않는다. 무기로는 활, 화살, 칼, 창이 있다. 가축 이름으로 관직명을 삼았다. 높은 관료인 가加의 관직명이 육축가축인 말, 소, 개의 이름을 따라 마가馬加, 우가牛加, 구가狗加이다. 마을은 각각의 가加, 즉 제가諸加에게 속한다. (후를 제후諸侯라고 부르듯이 가加를 제가諸加라고 한다)

먹고 마실 때 조편편하고 납작한 그릇와 두굽이 있고 국물을 담을 수 있는 그릇를 사용한다. 회동같은 목적을 가진 사람들끼리 모여 만나는 일해서 술을 마실 때는 배작술잔을 주고받을 때 서로 절하면서 권하거나 받음과 세작술잔을 씻음의 예가 있다. 오고 가는 길에서는 서로 읍양멈춰서 두 손 모아 고개 숙여 공손히 인사하는 태도의 예를 갖춘다.

납월음력 12월마다 하늘에 제사 지내는 큰 행사가 있다. 연일 먹고 마시며 노래와 춤이 끊이지 않는데, 이 행사를 영고라고 한다. 영고 때는 형벌을 멈추고 감옥에 갇힌 죄인도 풀어준다.

군사를 일으킬 때도 역시 하늘에 제사를 올리는데, 소를 죽여 그 발굽 모양을 보고 전쟁을 일으키는 것이 좋은지 나쁜지를 미리 점친다. 사람들은 밤이고 낮이고 아무 때나 다닌다. 노래 부르는 것을 좋아해서 흥얼거리는 소리가 끊이지 않는다.

나라 풍속에 형벌은 엄하고 신속하게 처리한다. 처형된 자의 가족은 모두 잡아 노비로 만든다. 물건을 훔치면 훔친 물건의 12배로 갚게 한다.

남자든 여자든 간음을 하면 모두 죽인다. 투기하는 부인은 더욱 미워하여 죽이고 시체는 산 위에 그냥 버린다. 형이 죽으면 형수를 아내로 맞이한다. 사람이 죽으면 곽걸널이라고도 하는 큰 궤은 사용하는데 관시신을 넣은 궤. 속널은 사용하지 않는다. 사람을 죽여 순장하는데, 많을 때는 100명이나 된다.

왕의 장례에는 옥갑옥으로 만든 갑. 갑은 왕의 장례를 위한 장례용품을 사용한다. 한나라 조정에서 항상 옥갑을 미리 준비해 현도군에 두었다가 왕이 돌아가시면 언제든지 즉시 사용할 수 있도록 하였다.

후한 건무25~55 시대에 동이의 여러 나라가 와서 알현하고 조공을 바쳤다. 건무 25년, 49년에 부여 왕이 사신을 보내 공물을 바쳤다. 광무제후한을 세운 황제. 재위 25~57가 부여 사신에게 후하게 보답한 이후 해마다 사절이 오가게 되었다.

안제 영초 5년, 111년에 부여 왕이 처음으로 보병과 기병 7~8천 명을 이끌고 낙랑을 침략하여 노략질하고 관리와 백성을 죽이고 다치게 하였다. 그 후 다시 복종하며 따랐다.

영녕 원년, 120년에 왕위 계승자인 위구태를 조정에 파견하여 알현하고 공물을 바치게 하니, 천자가 위구태에게 인수높은 지위와 신분의 상징으로 술을 장식한 도장와 함께 금과 비단을 하사하였다.

순제 영화 원년, 136년에 부여 왕이 친히 한나라 수도에 와서 조회하므로, 황제가 황문고취黃門鼓吹 잔치나 외국사절을 위해 베푼 연회로 북치고 피리 불며 연주함로 맞이하고, 각저희씨름 같은 놀이를 펼쳐 보이며 환대한 후에 (귀빈을 맞아 환영 행사를 펼친 것이다) 부여로 돌아가도록 하였다.

환제 연희 4년, 161년에 사신을 보내 공물을 바치며 조하조정에 나아가 왕이나 황제에게 직접 인사하는 일하였다.

영강 원년, 167년에 부여 왕 부태가 2만여 명을 거느리고 현도를 노략질하자, 현도 태수 공손역이 이를 격파하여 1000여 명의 머리를 베었다.

영제 희평 3년, 174년에 다시 글을 올리며 공물을 바쳤다. 부여는 원래 현도군을 따르며 복종하였는데 헌제후한 마지막 황제. 재위 189~220 때 부여

왕이 요동에 복속되기를 바랐다고 한다.

■ 읍루

읍루는 예전 숙신의 나라이다. 부여에서 동북으로 1000리약 400km 떨어진 곳에 있다. 동쪽 끝에는 큰 바다가 있고 남쪽은 북옥저와 접해 있는데, 북쪽 끝은 어디인지 모른다. 그 나라는 산이 많고 험하다.

사람들의 생김새는 부여 사람들과 비슷하지만, 언어는 서로 다르다. 오곡이 나고 삼베가 있다. 붉은 옥과 질 좋은 담비(털과 가죽으로 의류나 붓을 만든다)가 난다. 군장은 없고, 마을마다 각각 대인이 있다.

산과 숲 사이에 산다. 기후가 매우 추워서 늘 움집땅을 파고 바닥을 다져 지은 집에서 사는데, 깊게 파는 것을 선호한다. 큰 집은 사다리 9칸 정도의 깊이로 내려가야 바닥에 닿는다. 돼지를 잘 기른다. 고기는 먹고 가죽은 옷을 만들어 입는다. 겨울에는 몸에 돼지기름을 몇 번이나 두껍게 바르는 방법으로 찬 바람을 막는다. 여름에는 웃옷을 벗고 베 한 자25cm 정도 정도로 앞뒤를 가릴 뿐이다. 사람들은 깨끗하지 않아 더럽고 냄새가 난다. 화장실을 집 중앙에 만들어 놓고 빙 둘러서 산다.

한나라가 일어난 이후로 읍루는 부여에 신하로 예속되었다. 비록 그 종족은 수적으로 적지만 매우 용감하고 힘이 세다. 험한 산지에 살면서 활도 잘 쏘아 능히 사람 눈을 명중시킨다. 활은 4자대략 100cm쯤이고 활의 힘은 쇠로 만든 것처럼 세다. 화살은 싸리나무로 만드는데 길이가 1자 8치대략 45cm쯤이다. 화살촉은 청색 돌을 사용하는데 화살촉에 독을 발라서

맞은 사람은 즉사한다. 배를 타고 다니며 노략질을 잘하여 인근 나라들
이 두려워하는 근심거리인데 끝내 굴복시키지 못하였다.

동이와 부여는 먹고 마시는데 모두 조와 두를 사용하는데, 오직 읍루
만 혼자 그런 그릇을 사용하지 않는다. 법과 풍속에 기강이 가장 없다.

■ 고구려

고구려는 요동에서 동쪽으로 1000리약 400km 거리에 있다. 남쪽으로 조
선과 예·맥, 동쪽에는 옥저가 있고, 북쪽은 부여와 닿아있다. 영토는 사
방 2000리약 800km이다. 큰 산과 깊은 계곡이 많으며 사람들은 산과 계곡
을 따라 산다.

농사를 지을 수 있는 밭이 적어서 열심히 일해도 양식을 자급자족하
기에는 부족하다. 음식을 아껴 먹는 풍습이 있으며 궁궐이나 집을 짓고
꾸미는 것을 좋아한다.

동이들이 서로 전하는 바에 따르면 고구려는 부여에서 나온 한 갈래
라고 한다. 그래서인지 언어와 예법이 부여와 같은 것이 많은데, 절할
때 한쪽 무릎만 꿇고 다른 쪽 무릎을 세우는 것은 다르다. 걷는 것은 모
두 달리는 듯 빠르다.

고구려는 모두 다섯 부족으로 이루어졌는데, 소노부·절노부·순노부·
관노부·계루부이다. 원래 처음에는 소노부가 왕이었는데 점차 힘이 약해
져서 그 후 계루부가 왕위를 잇고 있다. 관직으로 상가·대로·패자·고
추대가·주부·우태·사자·백의선인이 있다.

한漢 무제재위 서기전 141~서기전 87가 조선을 멸하고 고구려를 현으로 만들어 현도군에 속하게 하였으며, (행정상 현도군 고구려현으로 삼은 것이다) 북과 관악기입으로 부는 피리나 통소 등와 재인재주 부리는 광대나 배우 또는 악기를 다룰 줄 아는 악공을 하사하였다.

풍속은 음란하나 사람들은 깨끗하고 단정한 것을 좋아한다. 남녀가 늘 무리를 지어 즐기는데 저녁 무렵부터 밤늦게까지 모여서 노래 부르며 춤춘다. 귀신재앙이나 복을 부른다는 신령과 사직토지의 신과 곡식의 신, 영성신령한 힘이 깃들어 있다고 믿는 별에게 즐겨 제사 지낸다.

10월마다 하늘에 제사 지내는 큰 행사가 있는데 이를 동맹이라고 한다. 나라 동쪽에 수신隧神이라는 큰 동굴이 있는데, 동맹 행사에 수신을 맞이하는 제사도 지낸다.

공회제가회의 같은 공공의 일을 의논하는 모임에 참석할 때는 모두 화려하게 수놓은 비단옷을 입고 금은으로 맘껏 꾸민다. 대가와 주부는 모두 책머리에 쓰는 모자 종류의 하나을 착용하는데, 중국의 관책관리가 쓰는 모자과 같은 모양이나 뒤에 (중국 관책에는 목 뒷부분에 천이 늘어져 있다) 천은 없다. 소가는 절풍을 쓰는데 그 모양이 고깔 같다.

감옥은 없고, 죄를 지으면 제가들이 회의하여 바로 죽이고 죄인의 재산은 몰수하고 그 처자는 노비로 삼는다.

고구려 사람들의 혼인은 모두 남자가 신부의 집으로 간다. 자식을 낳고 그 자식이 다 크면 그때야 (처자를 데리고) 남편의 집으로 돌아온다. 여유가 있을 때마다 조금씩 장례에 쓸 물품들을 준비한다. 장례에는 금은 등의 귀한 재물이나 폐물을 아낌없이 후하게 쓴다. 돌을 쌓아 무덤을 만들고 소나무와 잣나무를 심는다.

사람들 성격은 급하고 사나우며 기운은 좋고 힘이 세다. 전투도 잘하고 노략질과 도둑질도 잘해서 옥저와 동예를 모두 복속시켰다. (고)구려에 일명 맥貊이라고 하는 별종이 있는데, 소수小水 강 이름 또는 작은 강에 의지하여 터를 잡고 살아서 소수맥小水貊이라고 한다. (고구려가 부여의 한 갈래라는데, 맥은 또 고구려의 한 갈래이다) 좋은 활이 나는데 바로 맥궁貊弓이다.

　　왕망 초기에 (고)구려 병사들을 출동시켜 흉노를 정벌하려고 했는데, 그들이 가려고 하지 않았다. 강제로 파견했더니 모두 도망쳐서 오히려 요새를 빠져나가 노략질하였다. 요서 대윤관직 이름. 장관급 전담이 노략질하는 그들을 쫓아 공격하다가 전사하자, 왕망이 장수 엄우에게 그들을 소탕하도록 하였다. 엄우는 (다른 일인 것처럼 속여) 고구려 후 추(『삼국지』「위서」에는 도)를 요새로 들어오라고 부른 후 죽여서 그 머리를 장안신나라의 수도으로 보냈더니 왕망이 크게 기뻐하였다. 왕망은 고구려高句麗 왕王 명칭을 하구려下句麗 후侯라고 바꾸었다. 그러나 맥인貊人의 변경 침략은 더욱 심해졌다.

　　건무후한 연호 8년, 32년왕망의 신이 망하고 후한이 세워진 지 8년째에 고구려가 사신을 보내 조공하였다. 광무제후한을 건국한 임금. 유수. 재위 25~57는 다시 고구려 왕이라고 불렀다.

　　건무 23년, 47년 겨울에 (고)구려 잠지 마을의 대가大加 고구려 각 部의 부족장 대승을 비롯한 만여 명의 사람들이 낙랑으로 들어와 복속하였다.

　　건무 25년, 49년 봄에 (고)구려가 우북평·어양·상곡·태원을 침략하여 노략질하자 요동 태수 제융이 은혜를 베풀고 믿음을 주면서 불러들이자 그들이 모두 항복하였다.

　　(고)구려 왕 궁제6대 태조왕 47~165년. 재위 53~146이 태어났다. 궁은 태어나자

마자 눈을 뜨고 사람을 쳐다보았다. 나라 사람들이 그것을 괴이하게 여기고 마음속에 담았다. (20세기 초까지만 해도 막 태어나는 아기들은 눈을 못 뜨고 며칠 지나야 눈을 떴다. 21세기 요즈음 아기들이 태어나자마자 눈을 뜨는 것이 흔한 일이나 예전에는 거의 없는 일이었다) 성장하더니 날쌔고 용맹하여 변경지역을 수차례 침범하였다.

화제후한 제4대 황제 원흥 원년, 105년 봄에 고구려군이 다시 요동에 들어와서 여섯 현을 노략질하였다. 태수 경기사람 이름가 고구려군을 격파하고 그 거수우두머리를 베었다.

안제후한 제6대 황제. 재위 106~125 영초 5년, 111년에 궁태조왕 47~165년. 재위 53~146이 사신을 보내 공물을 바치며 현도군에 속하기를 청하였다.

안제 원초 5년, 118년에 다시 예·맥과 함께 현도군을 노략질하고 화려성을 공격하였다.

안제 건광 원년, 121년 봄에 유주 자사 풍환·현도 태수 요광·요동 태수 채풍 등이 군사를 일으켜 국경을 넘어 (고구려를) 공격하여 예·맥의 거수우두머리, 마을의 촌장이나 부족장를 잡아 죽이고 병마와 재물을 빼앗았다. 이에 궁태조왕 재위 53~146이 사자嗣子 계승자, 후계자란 뜻으로 일반적으로 태자를 말한다 수성에게 병사 2000여 명을 주고 요광 등에 맞서 싸우게 하였다. (수성이) 사신을 보내 거짓으로 항복하니 요광이 이를 믿었다. (고구려가 항복했다고 생각하여 진격을 멈추었다) 이 틈에 수성이 좁고 험한 지형을 활용하여 (요광 등의) 대군을 막는 한편, 몰래 3000명을 파견하여 현도군과 요동군을 공격하여 성곽을 불태우고, 2000여 명을 살상하였다. 이에 (후한은) 광양·어양·우북평·탁군 등 속국의 3000여 기병과 함께 (수성이 공격한 현도군과 요동군을) 구하러 갔는데 맥인은 이미 떠난 뒤였다.

건광 원년, 121년 여름에 다시 요동 선비족 8000여 명과 함께 요대지역
이름를 공격하여 관리와 민간인을 죽이고 약탈하자 채풍 등이 추격하여
신창에서 싸우다가 죽었다. 공조 경모, 병조연 용단, 병마연 공손포 등이
몸으로 채풍을 지키며 막았으나 모두 전쟁터에서 함께 죽고 말았다. 이
때 죽은 자가 100여 명이 넘었다. 가을에 궁은 기어이 마한과 예와 맥
기병 수천을 거느리고 현도군을 포위하였다. 부여 왕이 아들 위구태와
군사 2만여 명을 보내 유주와 현도군의 군대를 도와 함께 고구려군을
토벌하도록 하여 500여 명의 머리를 베었다.

그해, 즉 건광 원년, 121년에 궁이 죽자 아들 수성제7대 차대왕. 출생 71년. 재위
146~165이 왕이 되었다. (『삼국사기』를 따르면 태조왕 궁은 146년 왕위를 아우
수성에게 양위한 후 165년에 사망하였다. 『후한서』를 따르면 태조왕 궁은 121년 사
망하였으며 수성을 아들이라고 하였다. 고구려 제6대 태조왕 궁, 재위 53~146. 제7
대 차대왕 수성, 재위 146~165. 제8대 신대왕 백고, 재위 165~179. 제9대 고국천
왕 남무, 재위 179~197. 제10대 산상왕 이이모, 재위 197~227. 제11대 동천왕 우
위거, 재위 227~248에 대한 기록이 한국 사서와 중국 사서가 다르다. 한국사에서
는 『삼국사기』의 기록을 따른다)

요광이 임금에게 글을 올려, 궁이 사망한 이때 군사를 일으켜 (고구려
를) 공격하자고 하였다. 의논하던 신하들이 모두 좋은 생각이라며 임금
에게 윤허신하의 청을 허락하는 일해 달라고 하였다. 상서문서 담당 벼슬 진충이 나서
서 말했다. "궁이 영리하고 교활하여 일전에 요광이 미처 토벌하지 못하
였는데, 지금 그가 죽었다고 공격하는 것은 의롭지 못한 일입니다. 마땅
히 조문죽음을 슬퍼하는 뜻을 보내 위로하는 일을 보내되 예전에 전쟁을 일으킨 죄에
대해서 책임을 물어 꾸짖고, 그 죄를 용서하면서 이후 착하게 행동하라

고 타이르는 것이 좋겠습니다." 안제재위 106~125가 진충의 말을 따랐다.

다음 해, 즉 122년 수성이 한나라의 생구포로들을 되돌려 보내고 현도군에 나아가 항복하였다. (이에 안제는) 조서를 내려 말하였다. "수성 등이 교활하여 함부로 굴며 거스르니 마땅히 머리를 베고 (그 시신으로) 육장고대 형벌의 하나로 사람을 죽여 젓갈을 만드는 것을 만들어 백성에게 보여야 하나, 다행히 항복을 청하고 죄지은 것을 비니 이에 용서하고 죄를 사면한다. 선비(족)와 예·맥이 해마다 침략하여 노략질을 일삼고 어린 백성들을 수천이나 잡아가더니, 이제 겨우 수십, 수백 명을 돌려보내는구나. 이것은 우리에게 순종하고 복종하려는 마음가짐이 아니다. 지금 이후로 (한나라) 현의 관리들과 싸우지 말고 스스로 찾아와 포로를 돌려보낸다면, 모두 속전으로 값을 치르겠다. 어른은 1명당 비단 40필1필은 어른 옷 한 벌을 지을 정도라고 한다. 대략 폭×길이가 60×120cm인데 시대마다 차이가 있었다을 주고, 아이는 그 반을 지불하겠다."

수성이 죽고 아들 백고제8대 신대왕. 출생 89년. 재위 165~179가 왕이 되었다. 그 후 예·맥이 복종했으며, 동쪽 변방의 전쟁이 줄어들었다. (『삼국사기』에 의하면 수성과 백고는 모두 태조왕 궁의 동생이다)

순제 양가 원년, 132년에 현도군에 둔전주둔하는 군대의 군량을 위해 마련한 밭과 여섯 부部 행정기구를 설치하였다.

질제재위 145~146와 환제재위 146~167 시기에 (고구려가) 다시 요동의 서안평을 공격하여 대방 현령을 죽이고, 낙랑 태수의 처자를 붙잡아갔다.

건녕 2년, 169년에 현도 태수 경림이 (고구려를) 토벌하여 수백 명의 머리를 베니, 백고가 항복하고 현도군에 복속하겠다고 빌었다고 한다.

■ 옥저

동옥저는 고구려 개마대산 동쪽에 있다. 동쪽으로는 큰 바다, 북쪽으로 읍루와 부여, 그리고 남쪽은 예·맥과 닿아있다. 그 땅은 동서로는 좁고 남북으로 길게 구불구불 이어진 모양새로 사방이 거의 1000리약 400km이다. 토지가 비옥하여 생산력이 좋다. 산을 등지고 바다가 앞에 놓여 있다. 오곡이 잘 자라고 밭농사가 잘 된다. 마을마다 우두머리가 있다. 사람들의 성격은 순박하고 정직하며 강인하고 용감하다. 창을 가지고 걸어 다니면서 싸우는 보전步戰을 잘한다. 언어와 먹고 마시는 것, 사는 곳과 옷 입는 것 등은 고구려와 비슷하다.

장례를 치를 때 커다란 목곽나무로 네모나게 만든 상자. 겉널. 덧널을 만든다. 길이가 10여 장1장은 시대에 따라 차이가 있어 점점 길어졌으며 대략 2.2~2.5m 정도로 본다. 10장이면 대략 23~25m 정도로 추정한다. 현재 1장은 3m쯤 된다이 넘는데, 위쪽 한 면은 열 수 있는 문으로 만든다. 사람이 죽으면 우선 임시로 묻어 두었다가 살과 가죽이 썩어 없어지면 뼈만 취하여 곽겉널. 덧널 속에 넣는다. 집안사람들은 모두 하나의 곽을 사용한다. 나무를 깎아 살아 있을 때의 모습을 새기는데 나무 인형 개수는 죽은 사람 수만큼 만든다.

무제가 조선을 멸망시키고 옥저 땅은 현도군으로 명명하였다. 후에 오랑캐 맥앞에서 맥을 고구려의 별종이라고 하였다이 현도군을 침략하자 현도군을 고구려의 서북쪽으로 옮기고 (현도군이었던) 옥저를 (군보다 규모가 작은) 현으로 개편하여 낙랑 동부도위에 귀속시켰다.

광무제후한 황제. 재위 25~57 때에 도위지역 관청의 직위 이름를 모두 없앤 뒤 (옥저의) 모든 거수를 옥저 후侯라고 불렀다. (행정제도를 바꾸면서 도위 관직을 없

애고 그 대신 옥저의 우두머리를 후로 임명하여 계속 그 지역에 영향권을 행사하도록 한 것이다)

그 영토가 작고 가난하여 살기 어려운데 큰 나라들 사이에 끼어 있더니 결국 고구려 신하로 복속되었다. 고구려는 그들 중의 대인大人 우두머리나 공경 받는 어른을 고구려의 사자使者 고구려 관직의 하나로 삼아 그 땅을 감독하게 하고 조세를 책임지게 하여, 담비·베·물고기·소금 등의 수산물을 거두고 또 미녀를 보내게 하여 노비나 첩으로 삼았다.

또 북옥저가 있는데 일명 치구루이다. 남옥저에서 800여 리약 320km 거리에 있다. 풍습은 모두 남옥저와 같다. 남쪽으로 읍루와 닿아있는데 읍루 사람들이 배 타고 다니며 노략질을 잘 저지르니 북옥저 사람들이 이를 무서워하였다. 그래서 해마다 여름이면 (산속) 바위굴에 숨어 지내다가 겨울에 배가 다니지 못할 때 비로소 마을에 내려와 생활하였다.

그 나라 기로들의 말에 의하면, 이전에 바다 한가운데서 베옷 한 벌을 주웠는데 모양은 중국 옷처럼 생긴 것이 양 소매 길이가 3장7.5m 정도이나 되었다고 한다. 또 해안가 언덕 근처로 밀려온 난파된 배에서 사람을 한 명 발견했는데 그 사람의 이마 중앙에 얼굴이 또 하나 있었으며 말이 통하지 않았고 먹지 못하더니 죽고 말았다고 한다. 또 바다 한가운데 남자는 없고 여자들만 사는 나라가 있는데, 전하는 말에 의하면 그 나라에 신기한 우물이 있어 그 우물을 쳐다보면 쉽게 자식이 생긴다고 한다.

■ 예

예 북쪽에는 고구려와 옥저가 있다. 남쪽으로 진한과 닿아있다. 동쪽 끝에 큰 바다가 있고 서쪽으로 낙랑이 있다. 예와 옥저 그리고 고구려는 본래 모두 조선의 영토였다.

옛날 무왕주나라 무왕. 재위 서기전 1046~서기전 1043이 기자를 조선에 봉하자 기자가 (조선에서) 사람의 도리와 예의, 그리고 농사와 누에 치는 방법을 가르쳤다. 또 8개 법조문을 만들어서 가르치니 그곳 사람들이 잘 따르고 지켜 서로 훔치는 일이 없어지자 집의 대문을 닫지 않고 지냈다. 부인들은 정숙하고 신의가 있으며 음식은 변대오리를 엮어 만든 그릇과 두굽이 있고 오목하여 국물도 담을 수 있는 그릇에 담아 먹는다.

그 후 자손 40여 세대를 지나 조선 후侯 준은 스스로 왕이라고 칭하였다. 한나라 초기 큰 난리에 연·제·조나라 사람 수만 명이 조선으로 도피하였는데, (서기전 206년에서 서기전 195년 사이 전쟁이 잦았다) 연나라 사람 위만이 조선왕 준을 격파하고 스스로 조선왕이 되었다. 이후 손자 우거에게까지 왕이 이어졌다.

원삭 원년, 서기전 128년에 예의 군장 남여 등이 조선왕 우거를 배반하고 28만 명을 이끌고 요동에 내속다른 나라에 복종하여 속국이 됨하였다. 그러자 무제재위 서기전 141~서기전 87는 그 지역(남여가 항복한 땅)을 창해군이라고 했다가 몇 년 후에 (창해군을) 없앴다.

원봉 3년, 서기전 108년에 무제는 조선을 멸망시키고 그 땅을 4개의 지역으로 나누어 낙랑군·임둔군·현도군·진번군으로 만들었다.

소제 시원 5년, 서기전 82년에 임둔군과 진번군을 없애 낙랑군과 현도군에 병합시켰다. 현도군은 다시 고구려 땅으로 옮겼다. 단단대령에서부터 동쪽으로 옥저와 예·맥은 모두 다 낙랑에 속했다. 후에 이 국경지역이 (한나라에서) 너무 멀고 넓다며 단단대령 동쪽 지역 7개의 현을 따로 떼어내 낙랑 동부도위를 설치하였다. (예가 이렇게 한나라) 낙랑에 속한 이후로 풍습이 점점 각박해졌다. 법으로 금하는 것도 점점 많아져 조항이 60여 가지나 되었다.

건무 6년, 서기전 30년에 도위 관직을 줄이더니 결국은 단단대령 동쪽 지역을 모두 버리고 그 지역 거수들을 현縣 행정제도상의 마을 단위의 후侯로 봉하니 모두 새해마다 와서 조하임금에게 인사하는 것하였다.

대군장은 없고 관리로 후·읍군·삼로가 있을 뿐이다. 기로들의 말에 의하면 그들은 예로부터 고구려와 같은 종족이라고 한다. 언어와 법률과 풍습이 대체로 고구려와 서로 비슷하다. 사람들의 성격은 우직하고 성실하다. 욕심이 많지 않고 부탁하거나 구걸하는 일이 없다. 남녀가 모두 곡령옷깃을 둥글게 재단한 옷을 입는다. 그 나라 풍습에 산천을 소중하게 생각한다. 산천을 경계로 삼아 서로 함부로 남의 지역에 들어가거나 그곳 일에 간섭하지 않는다. 같은 성씨끼리는 혼인하지 않는다. 꺼리는 것이 많아서 병에 걸리거나 죽으면 항상 살던 집을 버리거나 없애고 다시 새집을 지어 산다. 삼한해살이 풀로 섬유의 원료을 심어 키우고 누에를 칠 줄 알아 베와 명주를 짠다. 새벽 별의 위치를 살펴 그 해가 풍년인지 흉년인지를 미리 점친다. 해마다 10월이면 하늘에 제사를 지낸다. 이때는 밤낮으로 먹고 마시고 노래하고 춤추며 즐기는데 이것을 무천이라고 한다. 또 호랑이를 신령스럽게 여겨 제사를 올린다.

상대의 마을을 침범하면 언제나 벌을 준다. 생구전쟁 포로, 노예라는 뜻나 말과 소로 배상하여 책임지도록 하는데, 이것을 책화라고 한다. 사람을 죽이면 죽음으로 갚게 한다. 약탈과 도둑질이 적다. 걸으면서 싸우는 것을 잘한다. 3장7.5m 정도이나 되는 긴 창을 만들어 때로 여러 사람이 같이 들기도 한다. 낙랑 단궁이 생산되는 곳이다. 또 무늬 있는 표범이 많으며 과하마나무 밑을 지나갈 만한 크기의 말가 있다. 바다에서는 반어민어과 물고기가 잡힌다. 예의 사신이 와서 그것들을 모두 바쳤다.

■ 한

한韓은 세 부류가 있는데 마한, 진한, 변진변한이다.

마한은 서쪽에 있으며 54개의 나라가 있다. 북쪽에는 낙랑이, 남쪽에는 왜가 있다.

진한은 동쪽에 있고 12개의 나라가 있다. 북쪽에 예와 맥이 있다.

변진, 즉 변한은 진한 남쪽에 있다. 변진에도 12개의 나라가 있다. 남쪽은 또 마한과 마찬가지로 왜와 접해 있다.

한韓에는 모두 78개의 나라가 있는데, 백제伯濟도 그중 하나다. 큰 나라는 만여 가구, 작은 나라는 수천 가구를 거느리며 제각기 산과 바다 사이에 살고 있다. 영토를 모두 합하면 사방 4000여 리약 1600km가 된다. 동쪽과 서쪽 끝은 바다이다. 옛날에는 모두 진辰나라였다.

마한 세력이 제일 강해서 공동으로 마한 출신을 진왕으로 세운다. 수도는 목지국에 있다. 진왕은 삼한마한·진한·변한 땅 전체를 지배한다. 삼한 여러 나라의 왕들은 모두 선대로부터 이어 온 마한 혈통이다.

마한 사람은 농사를 지으며 누에를 칠 줄 알고 명주_{옷감 이름}를 짠다. 배
만 한 크기의 밤이 난다. 꼬리가 긴 닭이 있는데 꼬리 길이가 5자_{1.2m 정도}
나 된다. 모두 마을에 (신분이나 지위 구분 없이) 함께 뒤섞여 산다. 역시
(다른 곳과 마찬가지로) 성곽이 없다. 흙으로 집을 지어 마치 무덤 같다. 여
는 문은 위에 있다.

무릎 꿇고 절하는 것을 모르며 어른과 아이, 남자와 여자의 구별이 따
로 없다. 금·보화·비단·융단 등을 귀하게 여기지 않고, 말이나 소를
탈 줄도 모른다. 오직 구슬이나 진주를 귀하게 여겨 옷에 꿰매어 꾸미거
나 귀걸이나 목걸이로 만들어 사용한다. 그들은 대개 머리를 풀어 놓은
채이거나 또는 상투 머리를 하고 있다. (머리에 갓이나 모자, 두건 등을 쓰지
않는다) 베로 지은 도포를 입고 초리, 즉 짚신을 신는다.

사람들은 씩씩하고 용감하다. 젊은이들이 성을 쌓거나 집 짓는 힘든
일을 할 때는 번번이 등가죽에 구멍을 뚫고 밧줄을 관통시킨 후 그 밧줄
에 큰 나무를 매달고 소리를 지르며 일하는데 (아마도 다 같이 줄지어 서서
건축에 쓰이는 큰 나무를 밧줄로 감고 그 연결된 밧줄을 몸에 휘감아 옮기면서 기합
으로 박자를 맞추며 일하는 모습이 아닐까 한다) 그렇게 일하는 것이 튼튼하다
고 생각한다.

해마다 5월 밭 가는 일이 끝나면 귀신에게 제사를 지낸다. 이때는 밤
낮으로 모여서 술 마시며 무리 지어 노래하고 춤춘다. 춤출 때는 수십
명이 서로 줄지어 서서 뒤를 따라다니며 장단 맞춰 땅을 밟는다. 10월에
농사가 끝나는 때도 (수확을 끝낸 시기) 역시 다시 (위와 같이) 한다.

(한^韓) 모든 나라의 도읍에는 각각 하늘의 신에게 제사를 올리는 사람
을 1명씩 두는데, 이들을 천군이라고 한다. 또 마을마다 소도^{蘇塗 하늘에 제사}

를 지내는 신성한 영역를 정하여 큰 나무를 세워 방울과 북을 매달고 신을 섬긴
다. 마한 남쪽 끝은 왜국과 가까운데 왜국 사람처럼 문신을 한 사람들도
있다.

진한辰韓의 기로들이 스스로 말하길 자기들은 진秦 서기전 221~서기전 206 나
라에서 힘들고 괴로운 일을 피하여 망명한 사람들인데, 한국韓國으로 피
난 오자 마한馬韓이 동쪽 변방의 땅을 나누어주었다고 한다.

진한에서는 나라를 뜻하는 '국'을 '방'이라고 하고 활을 뜻하는 '궁'은
'호', 도둑은 '적' 대신 '구'라고 한다. 또 술을 주고받으며 마시는 '행주'
라는 말을 술잔을 돌린다는 의미로 '행상'이라 하였다. 서로를 부를 때
'도'라고 하는 등, 진나라 말과 비슷하여 어떤 이들은 진한辰韓을 진한秦韓
이라고도 한다.

성과 성을 둘러싼 목책울타리과 집이 있다. 마을 규모는 모두 작고 서로
구분되었으며 마을마다 우두머리가 따로 있다. 제일 높은 우두머리는 신
지라고 한다. 신지 다음은 차례로 검측, 번지, 살해, 읍차라고 부른다.

땅이 비옥하여 오곡이 잘 자란다. 뽕나무를 키우고 누에를 칠 줄 알며
겸포두 가지 이상의 명주실로 짠 천를 짠다. 소나 말을 타기도 하고 소나 말에 수레
를 묶어 끌고 다니기도 한다. 시집가고 장가갈 때의 법도가 있다. 다닐
때는 상대에게 길을 양보한다.

나라에서 철이 나는데 예·왜·마한 등의 나라들이 모두 시장에 와서
사 간다. 무릇 모든 무역에는 철을 돈으로 사용한다. 풍속에 노래하고
춤추고 먹고 마시며, 북치고 거문고 타는 것을 좋아한다. 아이가 태어나
면 그 머리를 납작하게 하려고 모두 돌로 누른다.

변진변한은 진한과 섞여 산다. 성곽이나 의복이 모두 진한과 같은데 언

어와 풍속에 다른 것이 있기도 하다. 변진 사람들은 모두 키가 크고 머릿결이 아름답다. 의복은 깨끗하고 형법범죄를 저지른 데 대한 벌을 규정한 법은 엄중하다. 그 나라는 왜국과 가까이 있어서 자못 문신한 사람들이 많다.

애초에 조선왕 준이 위만에게 패하여 자기 무리 수천 명을 이끌고 바다로 달아나서 마한을 공격하고 스스로 한韓왕이 되었다. 후에 준왕의 대가 끊기자 마한 사람들이 다시 자립하여 진왕辰王이 되었다.

건무 20년, 44년에 한韓의 염사지역 이름 사람 소마시 등이 낙랑군에 와서 공물을 바쳤다. 그러자 광무제재위 25~57는 염사 땅을 한漢의 염사읍으로 편입하고, 소마시를 염사읍의 읍군邑君으로 임명하여 낙랑군에 속하게 하고 사철마다 조알일에 관한 보고와 함께 윗사람에게 인사하는 일하게 하였다.

영제후한 황제. 재위 167~189 말기에 한韓과 예濊가 모두 번성하였다. 군현郡縣 한나라의 행정구역 단위이 예전처럼 통제를 못 하자 백성들이 고통을 겪었다. (한나라 중앙이 혼란해지며 조조, 동탁 등의 전란이 일어나고 따라서 지방통제가 안 되었다) 백성들이 피해 다니다가 한韓으로 망명하였다.

마한 서쪽 바다에 있는 섬에 주호국제주도로 추정이 있는데 그 사람들은 키가 작고 체구가 작았으며 머리를 짧게 깎았다. 옷은 가죽옷을 입는데 웃옷만 입고 아래옷은 안 입는다. 소와 돼지를 잘 기른다. 배를 타고 오가며 한韓나라 시장에 와서 물건을 거래한다.

■ 왜

　왜는 한韓 동남쪽 큰 바다에 있다. 산과 섬에 의지하여 살며 무릇 100
여 나라가 있다. 한나라 무제가 조선을 멸망시킨 이후로 사신과 역관이
통하여 왕래하는 나라가 30개이다. 나라마다 모두 왕이라 부르며 왕위
는 대대로 혈통을 이어 세습한다.

　(왜국 중에 세력이 가장 큰) 대왜왕大倭王은 야마대국야마타이국에 산다. 그 나
라는 낙랑군 변경에서 12000리약 4800km를 간다. 그 서북쪽에서 구야한국
까지는 7000여 리약 2800km에 이른다. 그곳은 대략 회계군 동야현중국 절강성
에 위치 동쪽에 있으며, 주애(군)·담이(군)와 가깝다. 그래서 그곳의 법이나
풍속과 같은 것이 많다. 땅은 벼·삼나무·모시풀·양잠·뽕나무가 자
라기에 알맞다. 길쌈을 할 줄 알며 겸포두 가지 이상의 명주실로 짠 천를 짠다. 흰
진주와 푸른 옥이 난다. 그곳 산에는 단사丹沙 수은으로 된 황화광물로 붉은색가 있다.

　기후가 따뜻하여 겨울이나 여름이나 늘 싱싱한 나물을 먹는다. 소·말·
호랑이·표범·양·까치 등은 없다. 병기로는 창과 방패, 그리고 나무로
만든 활과 대나무로 만든 화살이 있으며 화살촉은 뼈로 만든 것도 있다.
남자들은 모두 얼굴과 몸에 문신을 새긴다. 무늬는 오른쪽이나 왼쪽에,
또 크거나 작게 하여 신분이 귀한 사람과 천한 사람을 구별한다. 남자
옷은 모두 가로로 넓은 천을 서로 이어서 묶어 입는다. 여자는 머리카락
을 쭉 내려 빗거나 둥글게 말아 올려 묶는다. 옷은 한 겹으로 된 천을
머리로부터 뒤집어써서 입는다. 붉은 가루를 몸에 뿌리는데 중국에서 분
을 바르는 것과 같다.

　성城과 나무 울타리 그리고 집이 있는데, 부모 형제와 거처하는 곳이

다르다. (앞서 몇몇 동이족은 한 집에서 남녀노소 구별 없이 지낸 것과 달리 왜는 거처하는 공간 즉 방이 나뉘어 있다) 다만 회동일. 정무를 목적으로 만남에서는 남자나 여자를 구별하지 않는다. 변과 두를 사용하며, 먹거나 마실 때는 손을 사용한다. 풍속에 모두 맨발로 다닌다. 몸을 웅크리고 앉아 공경함을 나타낸다.

사람들이 술을 좋아하고 오래 산다. 100세가 넘은 사람들이 많다. 나라에 여자가 많다. 대인들은 모두 4~5명의 아내가 있고, 그 밖의 남자들도 간혹 2~3명의 아내를 두기도 한다. 여인들은 간음하거나 질투하지 않는다. 또 풍속에 물건을 남몰래 훔치는 일이 없어 송사고소하거나 다투어 관가에 시시비비를 의뢰하는 일로 다투는 일이 적다. 죄지은 자는 재산 및 그 아내와 자식을 몰수하는데, 죄가 중한 자는 그 집안을 모두 없앤다.

사람이 죽으면 장례를 10여 일 동안 치른다. 죽은 사람의 가족들은 곡읍소리 내어 우는 일을 하며 음식과 술을 먹지 않는다. 그 외의 다른 사람들은 노래하고 춤추며 즐긴다.

뼈를 태워 점괘를 보고 일이 좋을지 나쁠지를 알아본다. 바다를 건널 때는 한 사람을 지정하여 머리를 빗거나 씻지도 못하게 하고 고기도 먹지 못하게 하며 부인도 가까이하지 못하도록 하는데, 이름하여 지쇠라고 부른다. 만약 가는 길에 좋은 일이 생기면 지쇠에게 수고한 대가로 재물을 후하게 주고, 반면 병을 앓거나 피해가 생기면 지쇠가 성실하지 않았기 때문이라며 곧 그를 죽인다.

건무 중원 2년, 57년에 왜의 노국이 공물을 바치며 조하임금이 사는 궁궐에 와서 임금에게 인사하는 일하러 왔다. 왜의 사신들은 자기들을 모두 대부大夫라고 한다. 노국은 왜국에서 가장 남쪽 끝에 있는 나라이다. 광무제후한을 세운 임금. 재위 25~57가 (노국 사자에게) 인수권위와 지위를 상징하며 천자가 신하에게 주는 술 달린 도장를 하사하였다.

안제 영초 원년, 107년에 왜국 왕 수승 등이 생구노예 160명을 바치며 황제 뵙기를 청했다.

환제재위 146~167와 영제재위 167~189 사이에 왜국에서 큰 난리가 나서 서로 공격하며 정벌하니 몇 년이 지나도록 왜국 땅에 왕이 없었다. 비미호히미코라는 한 여인이 있었는데 나이가 차도록 혼인하지 않고 귀신을 섬기며 대중을 끌어들이는 능력이 있었다. 나라 사람들이 뜻을 모아 비미호를 왕으로 세웠다. 여왕을 모시는 종들이 1000명이나 되었으나 여왕을 본 사람은 적었으며 오직 남자 한 사람이 식사 시중을 들며 말을 전했다. 여왕이 거처하는 궁전의 여러 방과 누관화려하게 지은 집 그리고 성을 둘러싼 목책 주변은 모두 병사들이 지켰다. 법과 풍속은 엄하고 매섭다.

여왕의 나라에서 동쪽으로 바다를 건너 1000여 리약 400km를 가면 구노국에 이른다. 비록 그들도 모두 같은 왜 종족이지만 여왕의 나라에 속해 있지는 않다. 여왕이 있는 나라에서 남쪽으로 4000여 리약 1600km를 가면 주유국이 있는데, 그 나라 사람들의 키는 3~4척이다. 이 주유국에서 동남쪽으로 배를 타고 1년쯤 가면 나국과 흑치국에 이른다. 이곳이 사신과 역관驛官 현재의 외무부와 비교할 수 있다이 언급하고 있는 마지막 지역이다.

회계군 바다 건너 바깥에는 동제東鯷 사람이 있는데, 이들은 20여 개의 나라로 나뉘어 산다. 또 이주夷洲 지금의 타이완 섬와 단주澶洲 일본 열도 중의 한 섬으로 추정하고 있다가 있다. 전하는 말로는 진시황이 방사신선처럼 도술을 부리는 사람 서복으로 하여금 어린 남녀 수천 명을 거느리고 바다를 건너가서 봉래 신선을 모셔오도록 했는데, 서복은 봉래 신선을 찾지 못했다. 그러자 진시황에게 참수당할 것을 두려워한 서복이 이주와 단주에 머물러 세세손손 대를 이어서 수만 가구를 이루었다고 한다. 백성들은 때에 맞춰 회계 시장에서 거래한다. 회계군 동야현 사람 가운데 바다에 들어갔다가 풍랑을 만나 표류하던 중 단주로 흘러 들어간 사람들도 있다. (그러나) 그곳이 멀리 동떨어져 있어서 오가는 것은 불가능하다.

■ 논

논사실을 전하며 의견을 더하여 말함한다.

예전에 기자가 은나라의 운세가 기울고 망하자 조선으로 피하였다. 처음에 그 나라(조선)의 풍속에 대해서 알려진 바가 없었다. 기자가 8개의 법규를 실시하며 사람들이 하지 말아야 할 것을 일러주니 마침내 마을에 간음과 도둑질이 없어져 밤에도 문에 빗장을 걸지 않았다. 완고하고 천박한 풍속을 너그럽고 간편한 법으로 바꿔 오래도록 실행했더니, 이것이 동이에 통하여 (서로에게) 부드럽고 조심스러운 풍습이 생겨 세 방위서융·남만·북적의 사람들과는 다르게 되었다. 진정 정치를 잘한다는 것은 이처럼 도덕과 의리가 살아 있게 하는 것이 아니겠는가!

중니공자, 서기전 551~서기전 479가 원통한 마음을 품고 9이의 나라에서 살기를 희망하였더니, (춘추시대 노나라 출신인 공자는 풍부한 학식에도 불구하고 어느 군주에게도 인정받지 못하여 늘 이곳저곳으로 옮겨 다니는 신세였다. 한나라 때에 이르러서야 공자의 사상이 채택되면서 유학이 더욱 발전하였는데 공자가 죽은 지 200여 년 후였다) 어떤 이가 그렇게 궁벽하고 누추한 곳에서 어찌 살겠냐며 의심하였다고 한다. 이에 공자가 "군자가 살고 있는데 어찌 누추한 곳이겠는가" 하고 말한 것도 이와 같은 이유가 아니겠는가!

그 후 상인들이 오가며 장사하게 되면서 점점 상국중국과 교류하였는데, 연나라 사람 위만이 그 풍속을 어지럽히고 번잡스럽게 흐려놓으니 동이도 따라서 경박해지고 달라졌다.

노자춘추 시대의 대학자로 공자와 한 시대를 살았다고 하나 출생과 사망연대가 알려지지 않았다가 말하길, "법령의 조항이 많아질수록 도적이 많은 것이다"라고 했다. 기자는 법조문을 간소하게 하고 (기자가 조선을 다스릴 때는 8개의 법규만 있었다) 믿음과 바른 도리로 다스렸으니 이런 것이야말로 성현이 법으로 덕을 행하는 근본이라 할 수 있을 것이다.

■ 찬

찬사실을 밝혀 전달함한다.

우이嵎夷 해가 돋는 곳에 살게 하며 그곳을 양곡暘谷 전설적인 요임금 시대에 태양이 떠오른다는 곳이라고 하였다. 산에 모여 살거나 바닷가에서 자맥질하며 살게 되면서 9족九族 동족의 가족 및 친족으로 고조·증조·조부·부·나·아들·손자·증손·현손. 또는 9라는 상징적인 숫자로 많은 종족을 일컫기도 한다이 일정한 구역에 나누어 살게 되었다.

영정嬴政 진시황의 이름. 서기전 259년 출생하여 서기전 210년 사망 말기에 진秦나라가 어수선하고 시끄러워지자 연나라 사람이 재난을 피하여 (조선으로 가서) 동이와 중화가 섞이더니 (동이의) 근본이 경박해졌다.

마침내 (동이가) 한漢나라와 통하게 되었는데, 아득하게 먼 곳에 치우쳐 있는 나라와 통역하며 대화가 오가니 그들(동이의 여러 나라)이 (중국을) 혹은 따르기도 하고 혹은 배반하기도 하였다.

제2부

원문과 비교하며 읽어 보는
고조선과 동이

1

史記에서 조선열전

史記 卷一百一十五 朝鮮列傳

사기 권 l l 5   조선열전

『사기』 115권 조선열전

朝鮮王滿者 故燕人也

조선왕만자 고연인야

조선왕 '만'은 옛 연나라_{서기전 11세기 무렵~서기전 222} 사람이다.

自始全燕時 嘗略屬眞番朝鮮 爲置吏 築鄣塞

자시전연시 상략속진번조선 위치리 축장새

연나라 전성 시기에 (서기전 3세기 무렵을 말한다) 진번과 조선을 침략하여 복속시켰으며, 그곳에 관리를 두고 요새와 장벽을 쌓았다.

秦滅燕　屬遼東外徼

진멸연　속요동외요

진서기전 221~서기전 206 나라가 연나라서기전 11세기경~서기전 222를 멸망시키고 요동까지 귀속시켜 그 외곽지역을 경계하며 순찰하였다.

漢興　爲其遠難守　複修遼東故塞　至浿水爲界　屬燕

한흥　위기원난수　복수요동고새　지패수위계　속연

(진나라가 망하고 그 뒤에) 한漢 서기전 202~220 나라가 일어섰다. 한나라는 그곳이 멀어 다스리며 지키기 어려웠다. 이에 요동에 있는 옛 요새를 복구하여 수리하고 패수를 경계로 정하여 제후국 연나라에 복속시켰다.

燕王盧綰反　入匈奴　滿亡命　聚黨千餘人　魋結蠻夷服而東走出塞

연왕노관반　입흉노　만망명　취당천여인　추결만이복이동주출새

연나라 왕 노관서기전 265~서기전 193(한나라를 일으킨 유방재위 서기전 202~서기전 195과 같은 동네에서 같은 날 태어났다고 한다. 유방이 봉기하자 함께 다니며 혁혁한 공을 세웠다. 서기전 202년 연왕 장도가 반란을 일으키자 진압하였고, 유방은 노관의 공을 치하하며 새 연왕으로 봉하였다)이 한나라를 배반하고 흉노 땅으로 도망갔다. (제후국들의 도움으로 항우를 물리치고 통일을 완성한 유방은 이후 점차 성이 다른 왕들을 내몰고 유 씨 집안 및 아들들을 한나라 제후국 왕으로 다시 임명하며 왕권을 강화하였다. 이 시기에 연나라 왕 노관의 반란이 의심된다는 보고에 군대를 파견하여 무너뜨리고, 아들 유건을 새 연나라 왕으로 봉했다. 유방과 죽마고우였던 노관은 유방을 직접 만나 변명할 기회를 기다렸으나 유방이 사망했다는 소식을 듣고 다른 제후들처럼 죽임을 당할까 두려워 흉노로 도망갔다) 연나라 사람 '만'

은 따르는 무리 천여 명을 이끌고 연나라 밖으로 도망쳤다. 만은 상투를 틀고 만이蠻夷 중국 동북 지역에 사는 이민족을 얕잡아 오랑캐라는 뜻으로 사용한 단어의 옷차림으로 요동의 요새를 나가 동쪽으로 달아났다.

渡浿水　居秦故空地上下鄣
도패수　거진고공지상하장

패수를 건너 옛날 진秦나라서기전 221~서기전 206 때 세웠다가 (진이 망하자 관리 없이) 빈터가 된 요새 장벽의 위아래 사이(버려진 빈 땅)에 살았다.

稍役屬真番朝鮮蠻夷　及故燕齐亡命者王之　都王險
초역속진번조선만이　급고연제망명자왕지　도왕험

변방을 지키다가 점점 진번과 조선의 만이蠻夷 들을 복종시키고 급기야 옛 연나라와 제나라 망명자들의 왕이 되었다. 도읍은 '왕험'왕검이다.

會孝惠高后時天下初定　遼東太守即約滿為外臣
회효혜고후시천하초정　요동태수즉약만위외신

때마침 효혜제한나라 제2대 황제. 유방의 아들. 재위 서기전 195~서기전 188가 즉위하고, 고후 즉 여태후고조 유방의 황후라서 고후라 부른다. 효혜제의 어머니로 아들이 즉위하자 정권을 휘둘렀다. 성이 여 씨라서 여태후라고도 한다. 서기전 180년 사망의 시대를 맞아 천하가 안정을 맞이하자 요동 태수는 만과 조약을 맺어 만을 외신外臣. 한나라 영토 내의 직속 신하는 아니지만, 대국인 한나라를 추종한다는 의미으로 삼았다.

保塞外蠻夷無使盜邊　諸蠻夷君長欲入見天子　勿得禁止

보 새 외 만 이 무 사 도 변　제 만 이 군 장 욕 입 견 천 자　물 득 금 지

만에게 한나라의 요새 변방 지역을 지키며 오랑캐들의 도적질을 없애고, 만이의 여러 군장우두머리이 천자를 만나러 오는 길은 막지 말라고 하였다.

以聞上許之　以故滿得兵威財物

이 문 상 허 지　이 고 만 득 병 위 재 물

(이렇게 맺은 조약을 황제효혜제에게 보고하자) 황제가 듣고 허락하였다. 이 조약으로 만은 (한나라로부터) 병력과 재물을 얻어

侵降其旁小邑　真番臨屯皆來服屬　方數千里

침 항 기 방 소 읍　진 번 임 둔 개 래 복 속　방 수 천 리

그 주변의 작은 마을들을 침략하여 항복을 받으니, 진번과 임둔이 모두 와서 복속하여 사방 수천 리가 되었다.

傳子至孫右渠　所誘漢亡人滋多

전 자 지 손 우 거　소 유 한 망 인 자 다

만의 왕위가 아들에게 전해지고 손자 우거 때는 한나라에서 도망 온 자들을 꾀어내는 일이 더욱 많아졌다.

又未嘗入見　真番旁眾國欲上書見天子　又擁閼不通

우 미 상 입 견　진 번 방 중 국 욕 상 서 견 천 자　우 옹 알 불 통

또 한나라 조정에 나아가 입견황제 또는 신분이 높은 사람에게 나아가 인사하는 일하지도

않고, 진번과 그 주변의 나라들이 천자에게 글을 올리며 만나려고 하는 것도 우거가 길을 막고, 서로 통하지 못하게 하였다.

元封二年 漢使涉何譙諭 右渠 終不肯奉詔
원봉이년 한사섭하초유 우거 종불긍봉조

원봉 2년, 서기전 109년에 한나라는 사신 섭하를 파견하여 우거왕의 행동을 책망하며 타일렀으나 우거는 끝까지 한나라의 조서임금이 내린 글로 무제의 서신를 받들지 않았다.

何去至界上 臨浿水 使馭刺殺送何者 朝鮮裨王長 即渡 馳入塞
하거지계상 임패수 사어자살송하자 조선비왕장 즉도 치입새

섭하는 조선을 떠나면서 국경인 패수에 다다르자, 마부를 시켜 자신을 배웅하던 조선의 비왕장을 죽이고 즉시 강을 건너 요새로 달려왔다.

遂歸報天子曰 殺朝鮮將 上為其名美 即不詰
수귀보천자왈 살조선장 상위기명미 즉불힐

마침내 귀국하여 천자한나라 무제. 재위 서기전 141~서기전 87에게 조선의 장군을 죽였다고 보고하였다. 천자는 그 말을 반기며 질책하지 않았다. (사신으로서 다른 나라의 장군을 함부로 죽였는데 잘못을 묻지 않았다)

拜何為遼東東部都尉 朝鮮怨何 発兵襲攻殺何
배하위요동동부도위 조선원하 발병습공살하

황제는 섭하를 요동 동부도위에 봉하여 요동을 관리하게 하였다. 조선은

비왕장을 죽이고 달아난 섭하에게 원한을 갖고 군사를 일으켜 급습하여
섭하를 죽였다.

天子募罪人擊朝鮮　其秋　遣樓船將軍楊僕従斉浮渤海
천자 모 죄인 격 조선　기 추　견 누선장군 양복 종 제 부 발해

(섭하가 죽자) 천자, 즉 한漢나라 무제武帝 재위 서기전 141~서기전 87는 조선을 공
격하려고 죄인을 모았다. 그해 가을 누선장군樓船 다락이 있는 배. 함선을 이끄는 장군
양복을 파견하여 제나라한의 제후국 중의 하나. 지금의 산동반도를 포함한 지역에서 발해를
건너 조선을 공격하라고 명령하였다.

兵五萬人　左將軍荀彘出遼東　討右渠　右渠発兵距險
병 오만 인　좌장군 순체 출 요동　토 우거　우거 발병 거험

좌장군 순체에게는 병사 5만 명을 이끌고 요동에서 출발하여 조선왕 우
거를 토벌하도록 하였다. 우거왕도 험난한 지형을 골라 군사를 배치하였다.

左將軍　卒正多率遼東兵先縱敗散　多還走　坐法斬
좌장군　졸 정다 솔 요동 병 선 종 패산　다 환주　좌 법 참

좌장군의 졸정소위나 대위 정도의 하급장교로 추정 다多 사람 이름가 요동군사를 거느리
고 먼저 공격하다가 패하여 무리가 흩어졌다. 다는 도망갔다가 돌아왔지
만 (패한 책임으로) 군법에 따라 참수당했다.

樓船將軍將斉兵七千人　先至王険　右渠城守　窺知樓船軍少
누선장군 장 제병 칠천 인　선 지 왕험　우거성 수　규 지 누선군 소

누선장군이 제나라로부터 병사 7천 명을 이끌고 (좌장군보다) 먼저 우거의 왕험성왕검성에 도착하였다. 성을 지키던 우거왕은 누선의 군사가 적은 것을 알았다.

即出城擊樓船 樓船軍敗散走 將軍楊僕失其衆 遁山中十餘日
즉출성격누선 누선군패산주 장군양복실기중 둔산중십여일
우거가 즉시 성을 나와 누선을 공격하니, 누선군이 패하여 뿔뿔이 흩어지며 도망갔다. 누선장군 양복도 무리를 잃고 산중에 숨어 10여 일을 보냈다.

稍求收散卒 複聚 左將軍擊朝鮮浿水西軍 未能破自前
초구수산졸 복취 좌장군격조선패수서군 미능파자전
누선장군은 점차 흩어진 병졸을 다시 모아 수습하였다. 좌장군 순체는 조선의 패수 서쪽에서 군대를 공격했으나 격파하지 못하여 더 진군하지 못하고 있었다.

天子為兩將未有利 乃使衛山因兵威往諭右渠
천자위양장미유리 내사위산인병위왕유우거
천자한나라 무제는 두 장군이 이기지 못하자 사신 위산을 보내 한나라 군대의 위세를 앞세워 우거를 타이르라고 하였다.

右渠見使者頓首謝 願降 恐兩將詐殺臣 今見信節 請服降
우거견사자돈수사 원항 공양장사살신 금견신절 청복항
우거가 사자를 맞이하여 머리 숙여 인사하며, 항복을 원했지만 두 장군

이 자신을 속여 죽이지 않을까 두려웠다며, 이제 믿을 수 있는 천자의
부절천자의 명령임을 알려주는 표식을 보았으니 항복을 청한다고 하였다.

遣太子入謝 獻馬五千匹及饋軍糧 人衆萬餘持兵 方渡浿水
견태자입사 헌마오천필급궤군량 인중만여지병 방도패수

태자를 보내 사죄하고 말 오천 마리와 군량을 바치도록 하였다. 태자가
일만여 명의 군대와 함께 패수를 건너려고 하였다.

使者及左將軍疑其為変 謂太子 已服降 宜命人毋持兵
사자급좌장군의기위변 위태자 이복항 의명인무지병

사자 위산과 좌장군 순체가 그것을 보고 그들이 건너와 혹 변을 일으키
는 것은 아닐까 의심하여, 태자에게 이미 항복했으니 마땅히 군사들에게
무기를 버리라 명하라고 하였다.

太子亦疑使者左將軍詐殺之 遂不渡浿水 複引帰
태자역의사자좌장군사살지 수부도패수 복인귀

태자가 그 말을 듣더니 반대로 사자와 좌장군이 자신을 속여 죽이려는
것이 아닐까 의심하여 결국 패수를 건너지 않고 항복하지 않은 채 돌아
왔다.

山還報天子 天子誅山
산환보천자 천자주산

위산이 천자에게 돌아와 그대로 보고했다. 천자는 위산을 베어 죽였다.

左將軍破浿水上軍 乃前至城下 圍其西北

좌장군파패수상군 내전지성하 위기서북

좌장군이 패수 상류에서 조선군을 격파하고 성 아래 앞까지 와서 서북
지역을 포위하였다.

樓船亦往會 居城南 右渠遂堅守城 數月未能下

누선역왕회 거성남 우거수견수성 수월미능하

누선장군도 돌아와 성의 남쪽에 진을 쳤다. 그러나 우거가 성을 견고하
게 방어하여 수개월이 지나도 왕험성을 함락시키지 못했다.

左將軍素侍中幸 將燕代卒悍 乘勝 軍多驕

좌장군소시중행 장연대졸한 승승 군다교

좌장군은 평소 벼슬이 시중으로서 황제를 옆에서 모시며 총애를 받는 행
운을 누렸고, 거느린 연燕나라와 대代나라 병사들은 사납고 용맹하여 싸움
마다 승승장구했으므로 장군과 그 휘하의 군사들은 모두 교만하였다.

樓船將齊卒 入海固已多敗亡 其先與右渠戰 因辱亡卒 卒皆恐

누선장제졸 입해고이다패망 기선여우거전 인욕망졸 졸개공

(한편) 제나라 병사들을 이끈 누선장군은 바다로 들어오기 전에 이미 이
전의 전쟁에서 패하여 도망친 경험이 많으며, (또 좌장군이 도착하기 전) 먼
저 우거와 싸우다가 져서 도망가는 곤욕을 치른 병사들은 모두 겁에 질
린 상태였다.

將心慚 其圍右渠 常持和節 左將軍急擊之

장심참 기위우거 상지화절 좌장군급격지

누선장군도 수치심에 우거를 포위했으면서도 싸우기보다는 늘 평화를 유지하려고 하였다. (이에 반해) 좌장군은 맹렬한 공격을 퍼부었다.

朝鮮大臣乃陰閒使人 私約降樓船 往來言 尚未肯決

조선대신내음한사인 사약항누선 왕래언 상미긍결

조선의 대신들은 (좌장군) 몰래 누선장군에게 사신을 보내 사사로이 항복할 뜻을 전하며 말이 오고 갔지만 (구체적인 시기나 조건 등을) 결정하지 못하고 있었다.

左將軍數與樓船期戰 樓船欲急就其約 不會

좌장군수여누선기전 누선욕급취기약 불회

좌장군은 누선장군에게 여러 차례 함께 공격할 시기를 정하자고 하였으나, 누선은 조선 대신들과 하루빨리 화친 약속을 맺으려는 욕심에 싸우자는 좌장군과 만나지 않았다.

左將軍亦使人 求閒郤降下朝鮮 朝鮮不肯 心附樓船

좌장군역사인 구한극항하조선 조선불긍 심부누선

좌장군 또한 사람을 보내 조선에 항복하도록 요구했으나, 조선의 대신들은 누선장군에게 항복할 마음이 있어 좌장군의 요구를 듣지 않았다.

以故両將不相能 左將軍心意

이 고 양 장 불 상 능 좌 장 군 심 의

이런 까닭(무력으로 굴복시키려는 좌장군과 싸움 없이 평화롭게 항복을 받아내려는 누선장군)에 두 장군의 마음이 서로 통하지 않았다. 좌장군은 속으로 생각했다.

樓船前有失軍罪 今與朝鮮私善而又不降 疑其有反計 未敢発

누 선 전 유 실 군 죄 금 여 조 선 사 선 이 우 불 항 의 기 유 반 계 미 감 발

'누선장군은 전에 싸움에 지고 군사도 잃어 죄를 지었다. 지금 조선과 사사로이 좋은 관계를 유지하면서, 조선은 항복하지 않고 있다. 혹시 조선과 한편이 되어 한漢나라를 배신하려는 것은 아닐까?' 의심하였으나 함부로 드러내지는 않았다.

天子曰 將率不能 前乃使衛山 諭降右渠 右渠遣太子

천 자 왈 장 솔 불 능 전 내 사 위 산 유 항 우 거 우 거 견 태 자

천자가 말하였다. "장수가 군대를 이끌고 갔는데도 이기지 못하고 있다. 전에 위산에게 우거를 달래 항복하게 하여, 우거가 태자를 보내며 항복하려고 하였다.

山使不能剸決 與左將軍計相誤 卒沮約

산 사 불 능 전 결 여 좌 장 군 계 상 오 졸 저 약

그런데 위산은 사신으로서 혼자 결정 못 하고, 좌장군과 함께 잘못된 예측을 하여 결국 약속이 깨졌다.

今両將圍城 又乖異 以故久不決

금양장위성 우괴이 이고구불결

지금 두 장군이 성을 포위해 놓고도 또 서로 뜻이 맞지 않으니, 승패는
결정되지 않고 전쟁만 길어지고 있다."

使済南太守公孫遂往正之 有便宜得以従事 遂至 左將軍曰

사제남태수공손수왕정지 유편의득이종사 수지 좌장군왈

그리고는 제남 태수 공손수에게 가서 일을 바로잡으라면서, 필요할 때
군대를 움직일 수 있도록 통수권을 주었다. 공손수가 도착하자 좌장군이
말했다.

朝鮮當下久矣 不下者有狀言 樓船數期不會 具以素所意告遂

조선당하구의 불하자유상언 누선수기불회 구이소소의고수

"조선은 당연히 오래전에 우리 수하에 들어왔어야 합니다. 그들이 항복
하지 않은 것에 대하여 드릴 말씀이 있습니다." 하면서 누선이 수차례나
싸움에 응하지 않았다며, 평소 마음속에 품고 있던 누선에 대한 의심을
공손수에게 모두 말하였다.

曰 今如此不取 恐為大害 非獨樓船 又且與朝鮮共滅吾軍

왈 금여차불취 공위대해 비독누선 우차여조선공멸오군

그리고 "지금 누선장군을 잡아두지 않으면 더 큰 피해가 생길까 두렵습
니다. 누선 혼자만이 아니라 조선군까지 합세하여 우리 군대를 멸할지도
모릅니다." 하였다.

遂亦以為然 而以節召樓船將軍 入左將軍営計事

수여이위연 이이절소누선장군 입좌장군영계사

공손수가 그 말을 듣고 과연 그렇겠다고 여기고 부절천자의 명령을 나타내는 표식
로 누선장군을 부르며 좌장군의 군영에 들어와서 전략을 의논하자고 하
였다.

即命左將軍麾下 執捕樓船將軍 並其軍 以報天子 天子誅遂

즉 명좌장군 휘하 집포누선장군 병기군 이보천자 천자주수

(누선장군이 도착하자) 즉시 좌장군의 군사들에게 누선장군을 잡아 포박하
라고 명령하고, 누선장군의 군사들을 모두 좌장군의 군대에 합쳤다. 이
일을 천자에게 보고하자 천자는 공손수를 죽였다.

左將軍已並両軍 即急擊朝鮮

좌장군이병양군 즉급격조선

이미 양군을 모두 합병한 좌장군은 즉각 조선을 맹렬하게 공격하였다.

朝鮮相路人 相韓陰 尼谿相叅 將軍王唊 相與謀曰

조선상노인 상한음 이계상참 장군왕겹 상여모왈

조선의 재상 노인, 재상 한음, 이계의 재상 참과 장군 왕겹 등의 신하들
이 서로 같이 모의하였다.

始欲降樓船 樓船今執 獨左將軍並將 戰益急恐 不能與戰 王又不肯降

시욕항누선 누선금집 독좌장군병장 전익급공 불능여전 왕우불긍항

"우리가 처음에 누선장군에게 항복하려 했는데, 지금 누선은 잡혀있고 좌장군 혼자 모든 군사를 지휘하고 있소. 싸움이 갈수록 무섭게 맹렬해지니 좌장군을 상대로 전쟁은 불가능한데, 왕은 또 항복하려 하지 않습니다."

陰 唊 路人皆亡降漢 路人道死

음 겹 노인개망항한 노인도사

한음, 왕겹, 노인은 모두 도망하여 한나라에 항복하였다. 노인은 가는 도중에 죽었다.

元封三年夏 尼谿相參 乃使人殺朝鮮王右渠 來降

원봉삼년하 이계상참 내사인살조선왕우거 내항

원봉 3년, 서기전 108년 여름에 이계의 재상 참이 사람을 시켜 조선왕 우거를 살해하고 한나라에 항복했다.

王險城未下 故右渠之大臣成己又反 複攻吏

왕험성미하 고우거지대신성기우반 복공리

그러나 왕험성은 여전히 함락하지 못했다. 우거왕의 신하 성기가 다시 (한나라에) 반기를 들고 관리를 거듭 공격했기 때문이다.

左將軍使右渠子長降相路人之子最 告諭其民 誅成己

좌장군사우거자장강상노인지자최 고유기민 주성기

좌장군은 우거의 아들 장강과 재상 노인의 아들 최를 시켜 그 백성들에게 항복한 것을 알리고 (전쟁의 불필요성을) 일깨워 성기를 살해하도록 하였다.

以故遂定朝鮮 爲四郡 封叄爲澅淸侯 陰爲荻苴侯 陜爲平州侯

이 고 수 정 조 선 위 사 군 봉 참 위 홰 청 후 음 위 적 저 후 겹 위 평 주 후

이렇게 마침내 조선이 평정되어 4개의 군이 되었다. (조선 땅은 한의 영토
가 되어 한의 4개의 군郡으로 편입되었다. 당시 한나라의 행정체제는 군현제도였다)
항복한 재상 참을 홰청후, 재상 한음을 적저후, 장군 왕겹을 평주후에
봉하였다.

長降爲幾侯 最以父死頗有功 爲溫陽侯

장 강 위 기 후 최 이 부 사 파 유 공 위 온 양 후

장강(우거왕의 아들)은 기후, 최(재상 노인의 아들)는 아버지도 죽었으며 그
또한 자못 공이 있어 온양후에 봉했다. (일정한 지역을 맡아 다스리는 한나라
의 후侯가 된 것이다)

左將軍徵至 坐爭功相嫉 乖計 棄市

좌 장 군 징 지 좌 쟁 공 상 질 괴 계 기 시

좌장군은 불려와서 공을 다투며 서로 시기하고 미워하여 계책을 어긋나
게 하였다고 기시사형에 처한 후 시신을 길거리에 버리는 일에 처해졌다.

樓船將軍亦坐兵至洌口 當待左將軍 擅先縱 失亡多 當誅 贖爲庶人

누 선 장 군 역 좌 병 지 열 구 당 대 좌 장 군 천 선 종 실 망 다 당 주 속 위 서 인

누선장군 또한 군대가 열구지역 이름에 도착했을 때 좌장군을 기다리지 않
고 멋대로 먼저 공격하다가 군사를 많이 잃은 죄로 사형이 마땅하나, 속
전죄값을 돈으로 치름을 치르고 (목숨만은 건져) 평민이 되었다.

太史公曰 右渠負固 國以絶祀 涉何誣功 爲兵發首

태사공왈 우거부고 국이절사 섭하무공 위병발수

태사공사마천 서기전 145년경~서기전 86년경은 말한다. 우거는 성城의 견고함(지형의 이로움)만 믿다가 나라의 제사가 끊어지게 하였다. 섭하는 거짓으로 공을 말하여 전쟁을 일으키게 하였다.

樓船將狹 及難離咎 悔失番禺 乃反見疑

누선장협 급난이구 회실번우 내반견의

누선장군은 속이 좁은 탓에 재앙을 만나고 죄를 짓게 된 것이다. 번우중국 남쪽 지명으로 옛 남월 수도에서의 실패(서기전 111년 한 무제는 누선장군 양복과 복파장 군 노박덕을 파견하여 남월을 정복하게 하였다. 양복 장군은 쉼 없는 전투로 남월 도시들을 정복하면서 많은 군사를 잃었으나 마침내 수도 번우까지 정복하였다. 그 러나 하루 늦게 도착한 노박덕 장군은 남월 군사들을 회유하여 싸우지도 않고 투항 시키고 정보까지 입수하여 도망간 남월 왕을 체포하는 큰 공을 세웠다. 누선장군이 남월전에서의 교훈으로 조선전에서 평화, 회유정책을 썼다가 실패한 것을 말한다) 를 후회하며 조심하다가 오히려 의심받는 상황을 만들었다.

荀彘爭勞 與逐皆誅 両軍倶辱 將率莫侯矣

순체쟁노 여수개주 양군구욕 장솔막후의

순체 장군은 공로만을 다투다가 공손수와 함께 모두 죽임을 당했다. 누 선장군이나 좌장군의 군대는 모두 치욕을 당했다. 조선과의 전쟁을 이끈 장군 중 누구도 후侯가 되지 못했다! (한나라와 고조선과의 전쟁에서 한나라 장군 중 공을 세운 이가 없다)

2

漢書에서 조선전

漢書 卷 九十五 西南夷 兩粤 朝鮮傳　第 六十五 朝鮮傳

한서 권 9 5　서남이 양월 조선전　제 6 5　조선전

『한서』 95권 서남쪽의 이夷 오랑캐 또는 이민족·두 개의 월나라·조선전 중에서
제65 조선전

朝鮮王滿 燕人 自始燕時 嘗略屬眞番朝鮮 爲置吏築障

조선왕만 연인 자시연시 상략속진번조선 위치리축장

조선왕 만은 연나라 사람이다. 연나라서기전 11세기경~서기전 3세기 때부터 일찍
이 진번과 조선을 복속시켜 다스리며 관리를 두어 장벽을 쌓았다.

秦滅燕 屬遼東外 漢興 爲遠難守 復修遼東故塞 至浿水爲界

진멸연 속요동외 한흥 위원난수 복수요동고새 지패수위계

진서기전 221~서기전 206나라가 연나라를 멸망서기전 222년 멸망시키고 요동과 (연나라가 관리하던) 그 바깥 지역까지 모두 복속시켰다. 한나라서기전 202~220가 일어났는데 (진나라가 관리하던 요동 및 그 바깥 지역이) 너무 멀어 지키기 어렵다며 요동의 옛 요새를 복구하여 수리하고 패수까지를 경계로 삼았다.

屬燕 燕王盧綰反 入匈奴

속 연 연왕 노관반 입흉노

(그 지역을 제후국) 연나라에 예속시켜 관리하게 하였는데, 연나라 왕 노관이 한나라를 배반하고 흉노로 달아났다.

滿亡命 聚黨千餘人 椎結蠻夷服而東走出塞 度浿水

만망명 취당천여인 추결만이복이동주출새 도패수

만이 무리 1000여 명을 이끌고 조선으로 망명하였다. 상투 머리에 만이 고대 중국에서 자기 종족 이외의 다른 민족을 낮잡아 부르던 말. 오랑캐 옷을 입고 요새를 나와 동쪽으로 달아나서 패수를 건넜다.

居秦故空地上下障 稍役屬眞番朝鮮蠻夷乃故燕齊亡在者王之 都王險

거진고공지상하장 초역속진번조선만이내고연제망재자왕지 도왕험

진나라 이후로 빈터가 된 장벽의 위아래 지역 사이에 자리를 잡고 살았다. 변방 지키는 일을 하더니 점점 진번과 조선 오랑캐를 복속시키고 이내 옛 연나라와 제나라에서 도망 와서 사는 사람들의 왕이 되었다. 도읍은 왕험왕검이다.

會孝惠高后天下初定　遼東太守卽約滿爲外臣　保塞外蠻夷　毋使盜邊

회 효 혜 고 후 천 하 초 정　요 동 태 수 즉 약 만 위 외 신　보 새 외 만 이　무 사 도 변

때마침 한나라는 제2대 혜제재위 서기전 195~서기전 188와 혜제의 어머니 고후여
씨 태후의 집권으로 처음으로 안정된 시기를 맞았다. (고조 유방은 재위 기간
내내 통일 전쟁을 치르고 그 후에는 유 씨 왕권에 대항하는 제후들과 계속 전쟁을
하였다) 요동 태수는 곧 조선의 왕 만과 조약을 맺어 그를 한나라 외신으
로 삼고 요새 밖 오랑캐들이 변방에서 도적질하는 것을 막도록 하였다.

蠻夷君長欲入見天子　勿得禁止　以聞　上許之

만 이 군 장 욕 입 견 천 자　물 득 금 지　이 문　상 허 지

또 오랑캐들의 우두머리인 군장들이 천자를 뵈려고 들어가는 길을 막지
말라고 하였다. 황제가 내용을 듣고 그 조약을 허락하였다.

以故滿得以兵威財物　侵降其旁小邑　眞番臨屯皆來服屬　方數千里

이 고 만 득 이 병 위 재 물　침 항 기 방 소 읍　진 번 임 둔 개 래 복 속　방 수 천 리

이렇게 만은 한나라의 외신이 되는 조건으로 재물과 군 병력을 얻더니,
주변의 작은 나라들을 침략하여 항복받았다. 진번과 임둔이 모두 복속하
여 만의 영토가 사방 수천 리나 되었다.

傳子至孫右渠　所誘漢亡人滋多　又未嘗入見

전 자 지 손 우 거　소 유 한 망 인 자 다　우 미 상 입 견

만의 왕위가 아들에게 그리고 다시 손자 우거에게 이어지면서 한나라에
서 도망 오는 자들을 불러들이는 일은 더욱 많아졌고, 한나라 조정에 들

어가 인사하지도 않았다.

眞番辰國欲上書見天子 又雍閼弗通
진번진국욕상서견천자 우옹알불통
진번과 진국은 글을 올리며 직접 천자를 만나고자 하였으나, 이 또한 우
거가 막으며 통하지 못하게 하였다.

元封二年 漢使涉何 譙諭右渠 終不肯奉詔
원봉이년 한사섭하 초유우거 종불긍봉조
원봉 2년, 서기전 109년에 한나라는 사신 섭하를 보내 우거를 꾸짖고 타일
렀으나, (한나라에 입조하여 신하의 예를 갖출 것과 다른 나라들의 왕래를 막지 말라고)
우거는 끝내 한나라의 조서를 받들지 않았다. (한나라 명령받는 것을 거부했다)

何去至界 臨浿水 使馭刺殺送何者 朝鮮裨王長
하거지계 임패수 사어자살송하자 조선비왕장
섭하가 조선을 떠나면서 경계지 패수에 이르러 마부를 시켜 자신을 배웅
하던 조선의 비왕장을 찔러 죽이게 했다.

卽渡水 馳入塞 遂歸報天子曰 殺朝鮮將 上爲其名美 弗詰
즉도수 치입새 수귀보천자왈 살조선장 상위기명미 불힐
그리고 자신은 곧바로 패수를 건너 요새 안으로 달아났다. 마침내 귀국
하여 천자무제, 재위 서기전 141~서기전 87에게 보고하면서 "조선의 장수를 죽였
습니다."라고 하였다. 천자는 그 말을 좋게 받아들이고 꾸짖지 않았다.

拜何爲遼東東部都尉 朝鮮怨何 發兵攻襲 殺何

배하위요동동부도위 조선원하 발병공습 살하

천자는 섭하를 요동 동부도위로 임명하였다. 조선은 (비왕장을 죽이게 하고 달아난) 섭하를 원망하여 군사를 일으켜 공습하여 섭하를 죽였다.

天子募罪人擊朝鮮 其秋 遣樓船將軍楊僕 從齊浮渤海

천자모죄인격조선 기추 견누선장군양복 종제부발해

(요동 동부도위 섭하가 죽자) 천자는 조선을 공격하려고 죄인을 모집하고 그 해 가을 누선장군 양복을 파견하며 제나라에서 발해를 건너게 하였다.

兵五萬 左將軍荀彘出遼東誅右渠 右渠發兵距險

병오만 좌장군순체출요동주우거 우거발병거험

병사 5만 명은 좌장군 순체와 함께 요동에서 출발하여 우거를 치도록 하였다. 우거도 군사를 일으켜 험준한 곳에 진을 치며 방어 준비를 하였다.

左將軍卒多率遼東士兵先縱 敗散 多還走 坐法斬

좌장군졸다솔요동사병선종 패산 다환주 좌법참

좌장군의 졸병 (군 계급상 하급 우두머리로 추정) 다가 요동 병사들을 거느리고 먼저 공격했다가 패하여 군사들이 흩어졌다. 다는 도망쳤다가 다시 군대로 돌아왔으나 군법에 따라 참수당했다.

樓船將齊兵七千人 先至王險 右渠城守 窺知樓船軍少 卽出擊樓船

누선장제병칠천인 선지왕험 우거성수 규지누선군소 즉출격누선

누선장군이 제나라 병사 7천 명을 이끌고 왕험성왕검성에 먼저 도착하였다. 우거가 성을 지키고 있다가 누선장군의 군사가 적은 것을 알고 즉시 나와 누선을 공격했다.

樓船軍敗走 將軍僕失其衆 遁山中十餘日 稍求收散卒 復聚
누선군패주 장군복실기중 둔산중십여일 초구수산졸 부취
누선군이 져서 달아났다. 장군 양복은 그 무리를 잃고 산속에 숨어 10여 일을 지내다가 점점 흩어진 병졸을 모아 다시 군대를 갖추었다.

左將軍擊朝鮮浿水西軍 未能破
좌장군격조선패수서군 미능파
좌장군 순체도 패수 서쪽에서 조선군을 공격하였으나 깨트리지 못했다.

天子爲兩將未有利 乃使衛山因兵威往諭右渠 右渠見使者 頓首謝
천자위양장미유리 내사위산인병위왕유우거 우거견사자 돈수사
천자는 두 장군이 이기지 못하자 위산을 사신으로 보내 한나라의 우세한 군사력을 알려 우거가 항복하도록 일깨우라고 하였다. 우거는 사신을 보자 머리가 땅에 닿도록 절하며 인사하였다.

願降 恐將詐殺臣 今見信節 請服降
원항 공장사살신 금견신절 청복항
"항복하고 싶었는데, 장군들이 신을 속이고 죽일까 두려워 항복하지 못했습니다. 이제 부절왕의 명령을 나타내는 신표을 보아 믿을 수 있으니 항복하기

를 원합니다."

遣太子入謝 獻馬五千匹及餽軍糧 人衆萬餘持兵 方度浿水
견태자입사 헌마오천필급궤군량 인중만여지병 방도패수

그리고 태자를 보내 사죄하게 하면서 말 오천 필과 군량을 한나라에 바치도록 하였다. 이에 태자가 만여 명의 군사를 이끌고 패수를 건너려 하였다.

使者及左將軍疑其爲變 謂太子已服降 宜令人毋持兵
사자급좌장군의기위변 위태자이복항 의령인무지병

한나라 사신과 좌장군은 (항복하기 위해 건너오는 군사가 많은 것을 보고 강을 건너와 공격하려는 것은 아닐까 의심하였다) 혹 변을 일으키는 것은 아닌가 의심하여, 태자에게 이미 항복했으니 태자는 마땅히 군사들에게 무기를 지니지 말라고 명령하라고 하였다.

太子亦疑使者左將軍詐之 遂不度浿水 復引歸 山報 天子誅山
태자역의사자좌장군사지 수부도패수 복인귀 산보 천자주산

태자가 그 말을 듣고 반대로 사신과 좌장군이 자신을 속이는 것이 아닌가 의심하였다. 그리하여 결국 패수를 건너지 않은 채 (항복하지 않고) 돌아왔다. 위산이 이를 천자에게 보고하자 천자는 위산을 베어 죽였다.

左將軍破浿水上軍 乃前至城下 圍其西北 樓船亦往會 居城南
좌장군파패수상군 내전지성하 위기서북 누선역왕회 거성남

좌장군 순체가 패수 위쪽에서 조선군을 격파하고 이내 왕험성 아래까지 진군하여 그 서북지역을 포위하였다. 누선장군 양복도 군사를 모아 와서 성의 남쪽에 진을 쳤다.

右渠遂堅城守 數月未能下
우거수견성수 수월미능하
우거가 성을 튼튼하게 수비하여 수개월이 지나도록 함락되지 않았다.

左將軍素侍中幸 將燕代卒悍乘勝 軍多驕
좌장군소시중행 장연대졸한승승 군다교
좌장군은 평소 시중왕을 좌우에서 모시던 벼슬으로 천자를 가까이 모시며 총애를 받는 행운을 누렸고, 연나라와 대나라의 사나운 병사들을 거느리고 싸움마다 승승장구하였으므로 그의 군대는 매우 교만하였다.

樓船將齊卒 入海已多敗亡 其先與右渠戰 困辱亡卒 卒皆恐
누선장제졸 입해이다패망 기선여우거전 곤욕망졸 졸개공
누선장군은 제나라 병졸들을 거느리고 바다로 들어오기 전에 이미 싸움에 져서 도망친 경험이 많았으며, 그전에 우거와 싸울 때도 병사들이 도망가는 곤욕을 겪어 병사들은 모두 싸우는 것을 두려워하였다.

將心慙 其圍右渠 常持和節 左將軍急擊之
장심참 기위우거 상지화절 좌장군급격지
누선장군도 싸움에 패한 수치심이 있어 우거를 포위하고도 나서서 싸우기보다는 늘 화해하려는 관계를 유지하였다. (적극적으로 공격하지 않고 상황을 관망, 대기하였다) 한편 좌장군은 맹렬하게 공격하였다.

朝鮮大臣乃陰間使人 私約降樓船 往來言 尙未肯決
조선대신내음간사인 사약항누선 왕래언 상미긍결
조선의 대신들은 이에 몰래, 틈틈이 누선장군에게 사신을 보내 사사로이 항복할 것을 약속하며 항복에 대한 말이 오고 갔지만 (언제 어떻게 항복할 것인지) 결정하지 못하고 있었다.

左將軍數與樓船期戰 樓船欲就其約 不會
좌장군수여누선기전 누선욕취기약 불회
좌장군은 여러 차례 누선장군과 함께 공격할 때를 맞추려고 하였으나, 누선장군은 조선과의 화친 약속을 이루려는 욕심에 (함께 공격하자고 재촉하는) 좌장군을 만나지 않았다.

左將軍亦使人求間隙降下 朝鮮不肯 心附樓船 以故兩將不相得
좌장군역사인 구간극항하 조선불긍 심부누선 이고양장불상득
좌장군 또한 틈틈이 조선에 사신을 보내 항복을 권했으나, 조선은 누선장군에게 항복하려는 마음으로 거절했다. 이런 사정으로 두 장군은 서로 뜻이 맞지 않았다.

左將軍心意 樓船前有失軍罪
좌장군심의 누선전유실군죄

좌장군이 마음속으로 생각하였다. '누선장군은 전에 군사를 잃은 죄가 있다.'

今與朝鮮和善而又不降 疑其有反計 未敢發
금여조선화선이우불항 의기유반계 미감발

'지금 장군은 조선과 사이가 좋고, 조선은 항복하지 않고 있으니, 혹시 장군이 반란을 계획하는 것이 아닐까?' 의심하였지만 함부로 드러내지는 않았다.

天子曰 將率不能前 乃使衛山諭降右渠 不能顓決與左將軍相誤
천자왈 장솔불능전 내사위산유항우거 불능전결여좌장군상오

천자가 말했다. "장군들에게 군사를 통솔하게 하였으나 나아가지 못하고 (조선을 굴복시키지 못하여) 위산을 보내 우거를 타일러 항복하게 하였더니, 어리석게도 위산이 혼자 결정하지 못하고 좌장군과 서로 그릇된 판단을 하여

卒沮約 今兩將圍城又乖異 以故久不決
졸저약 금양장위성우괴이 이고구불결

끝내 (우거가 항복하겠다는) 약조를 깨지게 하였다. 지금도 두 장군이 성을 포위하고도 또 뜻이 서로 달라 승부를 가리지 못하고 전쟁이 길어지고 있다."

使故濟南太守公孫遂往正之 有便宜得以從事 遂至 左將軍曰
사고제남태수공손수왕정지 유편의득이종사 수지 좌장군왈

천자는 제남 태수 공손수에게 가서 상황을 바로잡으라고 하면서 필요할
경우 군사를 지휘하도록 하였다. 공손수가 도착하자 좌장군이 말했다.

朝鮮當下久矣 不下者 樓船數期不會 具以素所意告遂曰
조선당하구의 불하자 누선수기불회 구이소소의고수왈

"조선은 마땅히 오래전에 항복했어야 합니다. 아직 항복시키지 못한 것
은, 누선장군이 수차례나 함께 싸우는 것에 응하지 않았기 때문입니다."
하면서 평소에 지녔던 의심스러운 상황을 공손수에게 말하며 하소연하
였다.

今如此不取 恐爲大害 非獨樓船 又且與朝鮮共滅吾軍 遂亦以爲然
금여차불취 공위대해 비독누선 우차여조선공멸오군 수역이위연

"지금 그의 군대를 빼앗지 않으면 큰 해를 입을까 두렵습니다. 비단 누
선 혼자만이 아니라 조선군대와 함께 우리 군대를 멸망시킬지도 모르지
않습니까?" 공손수가 그 말을 듣고 과연 그럴 수 있겠다고 여겼다.

而以節召樓船將軍 入左將軍 軍計事卽令 左將軍戲下執縛樓船將軍
이이절소누선장군 입좌장군 군계사즉령 좌장군휘하집박누선장군

이리하여 부절로 누선장군을 불러 함께 군사작전을 논의하자며 좌장군
처소에 들어오라고 명령하였다. 누선장군이 도착하자 곧바로 포박하였다.

幷其軍 以報 天子誅遂

병기군 이보 천자주수

그리고 그의 군사를 좌장군의 군대에 합하였다. 이것을 보고하였더니 천
자는 공손수를 베어 죽였다.

左將軍已幷兩軍 卽急擊朝鮮 朝鮮相路人 相韓陶 尼谿相參 將軍王唊

좌장군이병양군 즉급격조선 조선상노인 상한도 이계상참 장군왕겹

좌장군은 이미 합친 양군兩軍을 이끌고 조선을 맹렬하게 공격하였다. 이
에 조선의 재상 노인과 한도, 이계의 재상 참과 장군 왕겹,

相與謀曰 始欲降樓船 樓船今執 獨左將軍幷將 戰益急恐不能與

상여모왈 시욕항누선 누선금집 독좌장군병장 전익급공불능여

즉 조선의 재상들이 모여 서로 말하였다. "우리가 처음에 누선장군에게
항복하려 했는데, 누선은 지금 잡혀있고, 좌장군 혼자 모든 군사를 거느
리고 더욱 맹렬하게 무서운 공세를 퍼붓고 있어 도저히 맞서 싸울 수 없
는데,

王又不肯降 陶 唊 路人皆亡降漢 路人道死

왕우불긍항 도 겹 노인개망항한 노인도사

왕은 다시 항복하려 하지 않소." 그리고는 한도, 왕겹, 노인은 모두 도망
가서 한나라에 항복하였다. 노인은 항복하러 가는 도중에 죽었다.

元封三年夏 尼谿相參 乃使人殺朝鮮王右渠來降 王險城未下

원봉삼년하 이계상참 내사인살조선왕우거래항 왕험성미하

원봉 3년, 서기전 108년 여름, 이계의 재상 참이 사람을 시켜 조선왕 우
거를 죽이고 항복했다. 그러나 왕험성은 함락되지 않았다.

故右渠之大臣成已又反 復攻吏 左將軍使右渠子長降相路人子最

고 우거지대신성이우반 부공리 좌장군사우거자장강상노인자최

우거의 대신 성이(『사기』에는 성기成己로 되어있다)가 또 반기를 들고 관리들
을 거듭 공격하였다. 좌장군은 우거의 아들 장강과 재상 노인의 아들 최
를 시켜

告諭其民 誅成已 故遂定朝鮮 爲眞番臨屯樂浪玄菟 四郡

고 유기민 주성이 고수정조선 위진번임둔낙랑현도 사군

백성들에게 이미 왕이 항복한 것을 알리고 성이를 죽이도록 설득하라고
하였다. 마침내 이렇게 조선이 평정되어 그 땅을 진번·임둔·낙랑·현
도 4개의 군으로 만들었다.

封叅爲潷淸侯 陶爲秋苴侯

봉참위홰청후 도위추저후

이계의 재상이었던 참은 홰청후, 재상 한도는 추저후에 봉했다.

唊爲平州侯 長爲幾侯 最以父死頗有功 爲涅陽侯

겹위평주후 장위기후 최이부사파유공 위저양후

장군 왕겹은 평주후가 되었다. (우거의 아들) 장강은 기후가 되었다. (노인의 아들) 최는 아버지가 죽고 공도 있어 저양후에 봉해졌다.

左將軍徵至 坐爭功相嫉乖計 棄市
좌장군징지 좌쟁공상질괴계 기시

좌장군은 불려가 공을 다투며 서로 질시하여 계획을 어긋나게 하였다며 기시형사형을 당한 후 그 시신을 거리에 버림을 당했다.

樓船將軍亦坐兵至列口 當待左將軍 擅先縱 失亡多 當誅 贖爲庶人
누선장군역좌병지열구 당대좌장군 천선종 실망다 당주 속위서인

누선장군 역시 병사들과 열구에 도착하여 좌장군을 기다리지 않고, 멋대로 먼저 공격하여 많은 군사를 잃었으므로 사형이 당연하였으나, 속죄금죄값을 돈으로 물어냄을 내고 서인이 되어 목숨은 건졌다.

贊曰 楚粵之先 歷世有土 及周之衰 楚地方五千里 而句踐亦以粵伯
찬왈 초월지선 역세유토 급주지쇠 초지방오천리 이구천역이월백

편찬자반고, 후한시대 32~92는 말한다. 초나라와 월나라의 선조는 대대로 땅이 있었다. 주나라가 쇠약해지자 초나라의 땅이 사방 5천 리약 2000km가 되었다. 월나라 구천도 위세를 떨치며 나라 이름을 널리 알렸다. (서기전 1046년 흥기한 주나라는 제후들에게 봉토를 나누어주며 천하를 통치하였는데, 서기전 771년 이민족의 침입으로 쇠약해지면서 제후국들이 강성해졌다)

秦滅諸侯 唯楚尚有滇王 漢誅西南夷獨滇 復寵

진멸제후 유초상유전왕 한주서남이독전 복총

진나라서기전 221~서기전 206가 모든 제후를 멸망시키고 (진나라는 500여 년 이어
진 춘추전국시대를 평정하고 중국을 통일하였다) 오직 초나라 전왕만 남았다.
한나라서기전 202~220가 서남쪽의 오랑캐를 모두 제거할 때도 전왕만 홀로
남아 다시금 총애를 받았다. (대체로 많은 나라가 멸망하였음에도 한나라는 초
나라의 전왕은 그대로 왕위를 유지하게 하였다)

及東粵滅國遷衆 縣王居股等猶爲萬戶侯

급동월멸국천중 유왕거고등유위만호후

이내 동쪽에 있던 월나라, 즉 동월현재 중국의 복건성. 절강성 지역으로 한 무제 때 한나라의
봉국이 되었다을 멸망시키고 그 백성들을 옮겨 다른 땅에서 살게 하였다. 이
때 유왕과 거고 등 몇몇은 오히려 만호후만여 가구나 소유한 제후가 되었다.

三方之開 皆自好事之臣

삼방지개 개자호사지신

(한나라의 국경 동서남북 중에서) 세 방위가 다 열린 것은 (정복하여 복속시킨
것은) 모두 일 좋아하는 신하들이 만든 것이다.

故西南夷發於唐蒙司馬相如 兩粵起嚴助朱買臣 朝鮮由涉何

고서남이발어당몽사마상여 양월기엄조주매신 조선유섭하

서남쪽에 사는 이민족, 서남이를 정복한 전쟁은 당몽과 사마상여로 인하
여 일어났고, 두 개의 월나라인 남월과 동월은 엄조와 주매신으로 인하

여, 그리고 조선은 섭하로 인하여 정복 전쟁이 벌어졌다.

遭世富盛 動能成功 然已勤矣

조세부성 동능성공 연이근의

(한나라가) 전성기를 만나 주변 나라들을 복속시키는 것에는 성공했지만, (결과적으로 그 대가로) 수고로움이 지나치게 크고 많았다.

追觀太宗塡撫尉佗 豈古所謂 招攜以禮 懷遠以德 者哉

추관태종진무위타 기고소위 초휴이례 회원이덕 자재

태종한나라 제5대 문제의 묘호, 유방의 넷째 아들로 여태후가 죽은 후 황제가 되었다. 재위 서기전 180~서기전 157께서는 위타조타라고도 함. 중국 남쪽에서 위세 등등하게 독립적으로 황제를 자칭하던 남월 왕으로 태종의 은혜에 감복하여 스스로 복종함. 현재 베트남 북부지역의 마음을 어루만져 인자함으로 전쟁 없이 복종하게 하였다. 옛사람들이 이른바 예로써 사람을 끌어들이고 덕으로 먼 곳의 사람을 달래어 마음으로 복종하게 한다는 것이 바로 이러한 일을 말하는 것이 아니겠는가!

3

三國志 위서에서 동이전

三國志 魏書 三十 烏丸 鮮卑 東夷傳 중에서 東夷傳
삼국지 위서 3 0 오환 선비 동이전 중에서 동이전

書稱 東漸於海 西被於流沙 其九服之制 可得而言也
서칭 동점어해 서피어유사 기구복지제 가득이언야

『서경』『상서』라고도 한다. 중국 고대 전설적인 요순시절과 하·은·주 시대의 정치사를 편집한 책에서 말하길 (중국은) 동쪽으로 바다에 이르고 서쪽으로는 흐르는 모래가 덮인 사막 지역에 닿았다고 하였다. 9복제도중국에서 천자가 살며 다스리는 곳을 중심으로 거리에 따라 지역을 9구간으로 나눈 행정제도 안에 있는 것에 대하여서는 능히 이러저러한 설명을 할 수 있다.

然荒域之外 重譯而至 非足跡車軌所及 未有知其國俗殊方者也
연황역지외 중역이지 비족적거궤소급 미유지기국속수방자야

그러나 중국이 아닌 저 바깥 거친 지역은 통역을 몇 번이나 거듭해야 도달할 수 있는데, 우리 중국의 발자취와 수레가 미치지 않아 그 나라들의 풍속이나 그 지역이 (어떻게) 다른지는 알 수가 없다.

自虞暨周 西戎有白環之獻 東夷有肅慎之貢
자 우 기 주 서 융 유 백 환 지 헌 동 이 유 숙 신 지 공

순임금 우虞舜, 우순이다. 성은 우 또는 우유, 이름은 중화. 전설적인 삼황오제 중 순임금을 말한다 시절부터서기전 21세기로 추정 주서기전 1046~서기전 256 나라에 이르기까지 서융중국 서쪽에 사는 이민족은 흰 구슬을 바쳤으며, 동이중국 동쪽에 사는 이민족 중에 숙신부족 이름은 조공종주국에게 속국이 때를 맞추어 바치는 예물이나 세금을 바쳤다.

皆曠世而至 其遐遠也如此
개 광 세 이 지 기 하 원 야 여 차

그들은 모두 여러 해가 지나서야 도착하였으니, 서융이나 동이의 나라들이 중국에서 얼마나 멀리 떨어져 있는지 이로써 알 수 있다.

及漢氏遣張騫使西域 窮河源 經歷諸國 遂置都護以總領之
급 한 씨 견 장 건 사 서 역 궁 하 원 경 력 제 국 수 치 도 호 이 총 령 지

한 씨한나라 왕조를 말한다. 서기전 202~220에 이르러 장건서기전 114년 사망을 서쪽 지역, 즉 서역으로 파견하여 황하중국 북부를 서쪽에서 동쪽으로 흐르는 대략 5400여 km 정도의 강가 시작되는 곳을 알아냈다. 이때 서역에 있는 여러 나라를 지나면서 마침내 각 나라 곳곳에 도호관청. 행정 편의를 위한 기구를 설치하며 그 지역들을 모두 다스렸다.

然後西域之事具存 故史官得詳載焉

연 후 서 역 지 사 구 존　고 사 관 득 상 재 언

이후로 서역, 중국 서쪽 지역의 일들을 빠짐없이 모두 갖추게 되어 사관
들은 자세한 이야기를 얻어 기록할 수 있었다.

魏興 西域雖不能盡至

위 흥　서 역 수 불 능 진 지

(한나라서기전 202~220를 이어) 조 씨의 위나라220~265. 조조의 아들 조비가 세운 나라이지만
흔히 조조의 위나라라고 한다가 일어나자, 비록 서역의 모든 나라는 아니지만

其大國 龜茲 于寘 康居 烏孫 疏勒 月氏 鄯善 車師之屬

기 대 국　구 자　우 치　강 거　오 손　소 륵　월 씨　선 선　거 사 지 속

서역에서 큰 나라인 구자·우치·강거·오손·소륵·월씨·선선·거사
는 위나라에 복속되어

無歲不奉朝貢 略如漢氏故事

무 세 불 봉 조 공　약 여 한 씨 고 사

조공을 보내지 않는 해가 없었으니 대체로 한나라 때와 비슷하였다.

而公孫淵仍父祖三世有遼東 天子爲其絶域 委以海外之事

이 공 손 연 잉 부 조 삼 세 유 요 동　천 자 위 기 절 역　위 이 해 외 지 사

공손연이 아버지와 할아버지를 이어 3대에 걸쳐 요동지역을 차지하면서,
천자는 요동지역과 단절한 채 바다 밖의 일은 내버려 두었다. (동쪽, 동이

지역과 소통할 수 없었다)

遂隔斷東夷 不得通於諸夏
수격단동이 부득통어제하

이에 따라 멀리 떨어져 단절되어 있던 동이는 중국과 통하지 못하였다.

景初中 大興師旅 誅淵 又潛軍浮海 收樂浪帶方之郡
경초중 대흥사여 주연 우잠군부해 수낙랑대방지군

경초위나라 제2대 천자 조예가 사용한 세 번째 연호. 237~239 중에 군사를 크게 일으켜 공손연을 베어 죽였다. 또 몰래 바다로 군사를 파견하여 낙랑군과 대방군郡 행정구역 단위을 거두어들였다.

而後海表謐然 東夷屈服 其後高句麗背叛 又遣偏師致討
이후해표밀연 동이굴복 기후고구려배반 우견편사치토

이후 바다 저쪽 먼 지역이 잠잠해지고 동이가 굴복하였다. 후에 고구려가 배반하여 다시 군사를 파견하여 토벌하였는데,

窮追極遠 逾烏丸 骨都 過沃沮 踐肅慎之庭 東臨大海
궁추극원 유오환 골도 과옥저 천숙신지정 동림대해

멀리 끝까지 추격하여 오환지역 이름이자 부족 이름. 고대 중국의 동북 지역에 번성했던 유목민족과 골도고구려 수도. 환도의 다른 이름으로 추정를 넘고 옥저한반도 동북 지역 부족 국가를 지나서 숙신부족 이름. 훗날 말갈이라고 부름의 땅까지 추격하여 동쪽으로 큰 바다에까지 다다랐다.

長老說 有異面之人 近日之所出

장로설 유이면지인 근일지소출

그곳 장로나이 많고 학문과 덕이 높은 사람가 설명하길, 얼굴이 다르게 생긴 사람이
해 뜨는 곳 가까이에 살고 있다고 하였다.

遂周觀諸國 采其法俗 小大區別 各有名號 可得詳紀

수주관제국 채기법속 소대구별 각유명호 가득상기

마침내 이렇게 동이의 여러 나라를 두루 살펴보고 그 나라들의 법과 풍
속을 채집하여 나라의 크고 작음을 구별하고 각각 그 이름을 자세히 기
록할 수 있었다.

雖夷狄之邦 而俎豆之象存 中國失禮 求之四夷 猶信

수이적지방 이조두지상존 중국실례 구지사이 유신

(동이는) 비록 오랑캐의 나라지만 조주로 편편한 고기 조각이나 떡 종류를 담는 납작한 그릇와
두주로 국물 있는 음식을 담는 굽이 있는 그릇 모양의 그릇이 있다. 중국이 예절을 잃으
면 사이四夷 사방의 이민족, 오랑캐. 중국 漢족은 개화민족이고 그 밖의 타민족은 미개화된 오랑캐라는 의미로
漢족 이외의 동쪽은 동이, 서쪽은 서융, 남쪽은 남만, 북쪽은 북적이라 하며 사방의 이민족을 사이라 불렀다에서
예를 구한다는 말은 가히 믿을 만하다.

故撰次其國 列其同異 以接前史之所未備焉

고찬차기국 열기동이 이접전사지소미비언

고로 그 나라들을 차례로 기록하여 그 같고 다름을 열거하면서, 이전의
역사책이 갖추지 못한 것들을 보충하고자 한다.

■ 夫餘
부여

夫餘在長城之北 去玄菟千里 南與高句麗 東與挹婁 西與鮮卑接
부여재장성지북 거현도천리 남여고구려 동여읍루 서여선비접

부여는 만리장성진나라 때 국경을 따라 쌓은 성벽의 북쪽에 있다. 현도군에서 1000
리400km 정도 떨어진 곳이다. 부여 남쪽에는 고구려가 있고 동쪽으로는 읍
루연해주에서 흑룡강, 송화강 유역에 거주했던 부족, 서쪽으로는 선비현재 남쪽 길림성에서부터 북쪽
몽골지역에 거주했던 유목 민족와 닿아있다.

北有弱水 方可二千里 戶八萬
북유약수 방가이천리 호팔만

북쪽에 약수강 이름가 있다. 영토가 사방 2000리800km 정도이다. 가구 수는 8
만이다.

其民土著 有宮室 倉庫 牢獄 多山陵 廣澤 於東夷之域最平敞
기민토착 유궁실 창고 뇌옥 다산릉 광택 어동이지역최평창

그 나라 사람들은 정착 생활을 한다. 궁궐과 집, 창고, 감옥이 있으며 산
과 구릉, 넓은 연못이 많다. 동이 중에서 탁 트인 평야가 제일 많다.

土地宜五穀 不生五果 其人粗大 性強勇謹厚 不寇鈔
토지의오곡 불생오과 기인조대 성강용근후 불구초

토지는 오곡쌀·보리·콩·조·기장 다섯 가지를 흔히 말하나, 지역마다 약간씩 다르기도 하다. 온갖 곡식

이라는 뜻으로도 쓰인다이 자라기에 적당하다. 오과흔히 복숭아 · 자두 · 살구 · 밤 · 대추를 말한다는 나지 않는다. 사람들이 거칠고 크다. 성품은 강하고 용감하며 행동은 조심스럽고 신중하여 무게가 있다. 노략질이나 도둑질하지 않는다.

國有君王 皆以六畜名官 有馬加 牛加 豬加 狗加 大使 大使者 使者
국 유 군 왕　개 이 육 축 명 관　유 마 가　우 가　저 가　구 가　대 사　대 사 자　사 자

나라에 왕이 있다. 관직은 모두 육축六畜 가축이라는 뜻이다. 소 · 말 · 돼지 · 양 · 닭 · 개 여섯 가축을 가리키다가 차츰 가축이라는 의미로도 쓰이게 되었다 이름으로 부른다. 마가말·우가소·저가돼지·구가개·대사·대사자·사자가 있다.

邑落有豪民 名下戶皆爲奴僕
읍 락 유 호 민　명 하 호 개 위 노 복

마을에는 호민재물이 많으며 세력이 있는 귀인이 있다. 하호라는 이름은 모두 노복奴僕 남자 종이다.

諸加別主四出道 大者主數千家 小者數百家
제 가 별 주 사 출 도　대 자 주 수 천 가　소 자 수 백 가

여러 '가'들은 각각 사출도의 주인으로 (네 방위를 담당하여 다스리는데) 큰 가加는 수천 민가를 다스리고, 작은 가加는 수백 민가를 다스린다.

食飮皆用俎豆 會同 拜爵 洗爵 揖讓升降
식 음 개 용 조 두　회 동　배 작　세 작　읍 양 승 강

음식을 먹고 마실 때는 모두 조와 두를 사용한다. (여럿이 모이는) 회동에

서는 배작술잔을 주고받을 때 고개 숙여 인사하며 받거나 권함과 세작술잔을 씻음의 예의를 갖
춘다. 오르고 내릴 때는 (서로 오가며 만나는 때) 읍양두 손을 모아 얼굴 앞으로 들어
올리며 허리를 굽혀 인사하면서 겸손하게 예를 표하는 인사하는 예절이 있다.

以殷正月祭天 國中大會 連日飲食歌舞 名曰迎鼓
이은정월제천 국중대회 연일음식가무 명왈영고

은상나라의 다른 이름, 서기전 1600~서기전 1046의 역법달력을 사용한다. 정월, 즉 1월에
하늘에 제사 올리며 나라에서 큰 모임을 연다. 이때는 연일 먹고 마시고
춤추고 노래하며 즐기는데 이 행사를 영고라고 한다.

於是時斷刑獄 解囚徒 在國衣尚白 白布大袂 袍 袴
어시시단형옥 해수도 재국의상백 백포대몌 포 고

영고 때에는 형벌을 내리거나 감옥에 가두는 일을 멈추고 죄인들은 풀
어준다. 나라 안에서는 흰색 옷을 숭상해서 흰색 베로 만든 소매가 큰
도포와 바지를 입는다.

履革鞜 出國則尚繒繡錦罽
리혁탑 출국칙상증수금계

신발은 가죽으로 만든다. 나라 밖에 나갈 때는 화려한 비단과 융단으로
꾸민다.

大人加狐狸 狖 白黑貂之裘 以金銀飾帽 譯人傳辭 皆跪 手據地竊語
대인가호리 유 백흑초지구 이금은식모 역인전사 개궤 수거지절어

대가들은 여우나 삵, 원숭이, 희거나 검은담비 등을 이용한 갖옷^{짐승의 털가}_{죽으로 만든 옷}을 입고, 모자는 금은으로 꾸민다. 통역하는 사람이 말을 전할 때는 모두 무릎을 꿇고 손은 바닥에 대고 조용히 말한다.

用刑嚴急 殺人者死 沒其家人爲奴婢 竊盜一責十二
용형엄급 살인자사 몰기가인위노비 절도일책십이

형벌은 엄하고 빠르게 처리한다. 사람을 죽인 자는 죽이고 그 가족은 모두 잡아 노비로 만든다. 물건을 훔치면 그 12배로 갚게 한다.

男女淫 婦人妒 皆殺之 尤憎妒 已殺 屍之國南山上 至腐爛
남녀음 부인투 개살지 우증투 이살 시지국남산상 지부란

남녀가 간음하거나, 부인이 질투하면 모두 죽인다. 특히 투기하는 것을 미워하여 투기 시에는 죽이고 시신은 남쪽 산 위에 버려 썩도록 내버려 둔다.

女家欲得 輸牛馬乃與之 兄死妻嫂 與匈奴同俗
여가욕득 수우마내여지 형사처수 여흉노동속

여자의 집에서 그 시신을 거두어가고자 하면 소나 말을 내고 가져가게 해준다. 형이 죽으면 형의 아내를 처로 삼는데, 이는 흉노의 풍속과 같다.

其國善養牲 出名馬 赤玉 貂狖 美珠 珠大者如酸棗
기국선양생 출명마 적옥 초유 미주 주대자여산조

그 나라는 제사용 소를 잘 키운다. 명마와 붉은 옥, 담비와 검은 원숭이,

아름다운 구슬이 나는데 큰 구슬은 대추만큼 크다.

以弓矢刀矛爲兵 家家自有鎧仗

이 궁 시 도 모 위 병 가 가 자 유 개 장

활과 화살, 칼과 창을 무기로 쓰고, 집집마다 모두 자기 갑옷과 무기를
갖고 있다.

國之耆老自說古之亡人 作城柵皆員 有似牢獄

국 지 기 로 자 설 고 지 망 인 작 성 책 개 원 유 사 뇌 옥

나라의 기로나이가 많으며 덕이 높은 사람. 노인을 우대하는 말들이 말하길, 자기들은 예전
에 망명해 온 사람들이라고 한다. 성책은 모두 둥그렇게 만들어 마치 감
옥과 같이 쌓는다.

行道晝夜無 老幼皆歌 通日聲不絶

행 도 주 야 무 노 유 개 가 통 일 성 부 절

낮이나 밤이나 아무 때나 다닌다. 노인이나 아이나 모두가 노래를 즐겨
불러 종일 소리가 끊이지 않는다.

有軍事亦祭天 殺牛觀蹄以占吉凶 蹄解者爲凶 合者爲吉

유 군 사 역 제 천 살 우 관 제 이 점 길 흉 제 해 자 위 흉 합 자 위 길

군사를 일으킬 때는 먼저 하늘에 제사를 지낸다. 소를 죽여서 그 발굽을
보고 좋고 나쁨을 점친다. 발굽이 갈라졌으면 나쁘다고 보고 합쳐져 있
으면 좋다고 여긴다.

有敵 諸加自戰 下戶俱擔糧飲食之

유적 제가자전 하호구담양음식지

적이 나타나면 제가들이 나서서 싸운다. 하호들은 양식 운반과 음식을 담당한다.

其死夏月 皆用冰 殺人徇葬 多者百數 厚葬 有槨無棺

기사하월 개용빙 살인순장 다자백수 후장 유곽무관

여름에 사람이 죽으면 모두 얼음을 사용한다. 사람을 죽여 순장_{귀족이나 왕족}이 죽었을 때 그의 신하나 가족을 죽여 함께 묻던 장례 풍습한다. 많을 때는 백 명이나 된다. 장례는 매우 후하게 치루며 곽_{겉널}은 있는데 관_{속널}은 없다.

魏略曰 其俗停喪五月 以久爲榮 其祭亡者 有生有熟

위략왈 기속정상오월 이구위영 기제망자 유생유숙

『위략』_{220년부터 265년까지 이어 온 魏나라 역사책. 서진 시대 무제의 재위 중인 280년에서 289년 사이에 위나라의 낭중이었던 어환이 지었다는 책. 원본은 전하지 않으나 청나라 때 편집했다는 25권이 전한다. 진수의 『삼국지』는 297년경 완성되었다}에서 말하길 부여의 풍속에 상례_{사람이 죽었을 때 행하는 장례}는 5개월이나 되는데 그 기간이 길수록 영화롭게 여긴다고 한다. 죽은 이에게 제사 지낼 때는 날것 그대로 올리는 음식도 있고 익혀서 올리는 음식도 있다.

喪主不欲速 而他人强之常諍引 以此爲節 其居喪 男女皆純白

상주불욕속 이타인강지상쟁인 이차위절 기거상 남녀개순백

상주는 빨리 끝내려 하지 않지만 다른 사람들이 다투어 강제로 장례를 끝내게 한다. 상례에는 남자나 여자나 모두 흰 옷을 입는다.

婦人著布 面衣 去環珮 大體與中國相彷彿也
부 인 착 포 면 의 거 환 패 대 체 여 중 국 상 방 불 야
부인들은 베옷을 입고 얼굴을 가리는 쓰개를 하며 목걸이나 반지 같은
패물은 하지 않는다. 이것은 대체로 중국의 상례와 비슷하다.

夫餘本屬玄菟 漢末 公孫度雄張海東 威服外夷 夫餘王尉仇台更屬遼東
부 여 본 속 현 도 한 말 공 손 도 웅 장 해 동 위 복 외 이 부 여 왕 위 구 태 경 속 요 동
부여는 본래 현도지역 이름. 현도군에 속했다. 한나라 말기(220년 한나라 멸망)에
요동의 공손도 세력이 해동발해의 동쪽까지 크게 떨쳤다. 그 위세에 오랑캐중
국 입장에서 부여는 오랑캐가 굴복하여, 부여 왕 위구태가 현도에서 공손도가 지
배하는 요동으로 복속하였다.

時句麗 鮮卑強 度以夫餘在二虜之間 妻以宗女
시 구 려 선 비 강 도 이 부 여 재 이 노 지 간 처 이 종 녀
이즈음에 고구려와 선비가 강해지자 그들 사이에 위치한 부여에 공손도
가 종실의 여자를 시집보냈다. (이로써 부여는 요동 공손 씨의 보호를 받게 된
것이다)

尉仇台死 簡位居立 無適子 有孽子麻餘 位居死 諸加共立麻餘
위 구 태 사 간 위 거 립 무 적 자 유 얼 자 마 여 위 거 사 제 가 공 립 마 여
부여 왕 위구태가 죽고 간위거가 왕위에 올랐는데, 간위거는 적자가 없

고 얼자신분 높은 남자와 천민 여자 사이에서 태어난 아들 마여만 있었다. 간위거가 죽자 여러 가加들이 공동으로 마여를 왕위에 올렸다.

牛加兄子名位居 爲大使 輕財善施 國人附之 歲歲遣使詣京都貢獻
우가형자명위거 위대사 경재선시 국인부지 세세견사예경도공헌

우가 형의 아들 이름이 위거인데 지위가 대사이다. 위거는 재물을 가볍게 여겨 아낌없이 베풀기를 좋아하니 나라 사람들이 의지하며 따랐다. 그는 해마다 사절을 수도로 보내 공물을 바쳤다. (부여가 당시 위나라220~265에 공물을 바쳤다)

正始中 幽州刺史毌丘儉討句麗
정시중 유주자사관구검토구려

정시위나라 제3대 황제 조방 시대 첫 번째 연호 240~249 중에 유주 자사 관구검이 고구려를 토벌하였다. (고구려 동천왕 때이다)

遣玄菟太守王頎詣夫餘 位居遣大加郊迎 供軍糧
견현도태수왕기예부여 위거견대가교영 공군량

(고구려 토벌에) 파견된 현도 태수 왕기가 부여에 이르자 위거는 대가를 보내 성 밖에서 왕기를 맞이하고 위나라에 군량을 제공하였다.

季父牛加有二心 位居殺季父父子 籍沒財物 遣使簿斂送官
계부우가유이심 위거살계부부자 적몰재물 견사부렴송관

작은아버지인 우가가 딴마음을 먹자 위거는 작은아버지와 그 아들을 죽

인 후 재물을 모두 몰수하고 몰수품과 그 목록과 내용을 적은 문서를 관청으로 보냈다.

舊夫餘俗 水旱不調 五穀不熟 輒歸咎於王 或言當易 或言當殺
구 부 여 속 수 한 부 조 오 곡 불 숙 첩 귀 구 어 왕 혹 언 당 역 혹 언 당 살
옛 부여 풍속에 가뭄이나 장마로 날이 고르지 못하여 오곡이 잘 익지 않으면 왕을 바꾸거나 혹은 죽여 그 책임을 물었다.

麻餘死 其子依慮年六歲 立以爲王
마 여 사 기 자 의 려 연 육 세 입 이 위 왕
왕 마여가 죽고 그 아들 의려가 여섯 살의 나이로 왕이 되었다.

漢時 夫餘王葬用玉匣 常豫以付玄菟郡 王死則迎取以葬
한 시 부 여 왕 장 용 옥 갑 상 예 이 부 현 도 군 왕 사 즉 영 취 이 장
한나라서기전 202~220 때에 부여 왕의 장례에는 옥갑왕의 장례를 위해 옥으로 만든 장례용품을 사용하였다. 항상 현도군에 비치해 놓고 왕이 죽으면 즉시 사용할 수 있게 하였다.

公孫淵伏誅 玄菟庫猶有玉匣一具
공 손 연 복 주 현 도 고 유 유 옥 갑 일 구
공손연요동 태수이 형벌을 받아 죽은 후 (위나라는 촉과 오를 합병한 후 그 위세를 몰아 요동에서 독자적인 세력을 누리던 공손 씨를 멸하였다) 현도군의 창고에 옥갑 1구가 그대로 남아 있었다.

今夫餘庫有玉璧 珪 瓚數代之物 傳世以爲寶 耆老言先代之所賜也

금부여고유옥벽 규 찬수대지물 전세이위보 기로언선대지소사야

지금 부여 창고에 있는 옥구슬과 규관리들이 손에 들고 있던 홀와 옥으로 만든 제기 등은 수 대에 걸쳐 전해오는 보물인데, 그 나라 기로나이 많고 덕이 높은 사람. 노인을 우대하는 말가 말하길 그것들은 선대로부터 하사받은 물건이라고 한다.

魏略曰 其國殷富 自先世以來 未嘗破壞

위략왈 기국은부 자선세이래 미상파괴

『위략』에 따르면 부여는 풍성하고 넉넉하여 선대 이래로 파괴된 적이 없다.

其印文言 濊王之印 國有故城名濊城

기인문언 예왕지인 국유고성명예성

그 나라에 '예왕지인'예왕의 도장이라고 새겨진 도장이 있다. 나라의 옛 성 이름도 예성이다.

蓋本濊貊之地 而夫餘王其中 自謂亡人 抑有以也

개본예맥지지 이부여왕기중 자위망인 억유이야

아마도 원래는 예·맥 땅인데 그중에서 부여 왕이 나온 것 같다. 자기들을 스스로 망명자라고 하는 이유도 이런 까닭인 것 같다.

魏略曰 舊志又言 昔北方有高離之國者 其王者侍婢有身 王欲殺之

위략왈 구지우언 석북방유고리지국자 기왕자시비유신 왕욕살지

『위략』에 다음과 같이 전한다. "옛 지志 역사책에서 천문, 지리, 예악, 정치제도나 형벌 등을

기록한 부분에 있는 말이다. 옛날 북방에 고리라는 나라가 있었는데, 왕의 시녀가 임신하여 왕이 죽이려고 하였다.

婢云 有氣如雞子來下 我故有身

비 운 유 기 여 계 자 래 하 아 고 유 신

시녀가 말하였다. '달걀 (둥글고 흰 달걀은 대체로 태양을 의미하였으며, 고대에 알이나 태양은 왕족을 상징하였다) 같은 기운이 내려왔는데 그로 인하여 임신하였습니다.'

後生子 王捐之於溷中 豬以喙噓之 徙至馬閑 馬以氣噓之 不死

후 생 자 왕 연 지 어 혼 중 저 이 훼 허 지 사 지 마 한 마 이 기 허 지 불 사

후에 아들을 낳자 왕이 돼지우리 속에 버렸더니 돼지들이 입김을 불어주었다. 마구간으로 옮겨 내버리니 이번에는 말들이 입김을 불어주어 죽지 않았다.

王疑以爲天子也 乃令其母收畜之 名曰東明 常令牧馬

왕 의 이 위 천 자 야 내 령 기 모 수 축 지 명 왈 동 명 상 령 목 마

왕이 의아하게 여기며 하늘의 아들인가 하여 이내 그 어미에게 맡아 키우게 하였다. 이름을 동명이라 하고 말 돌보는 일을 시켰다.

東明善射 王恐奪其國也 欲殺之 東明走

동 명 선 사 왕 공 탈 기 국 야 욕 살 지 동 명 주

동명이 활을 잘 쏘자 왕은 나라를 빼앗길까 두려워 그를 죽이려고 하였

다. 동명이 달아났다.

南至施掩水以弓擊水　魚鼈浮爲橋　東明得度魚鼈乃解散　追兵不得渡
남지시엄수이궁격수　어별부위교　동명득도어별내해산　추병부득도

남쪽 시엄수에 이르러 활로 강물을 내려치자 물고기와 자라 떼가 떠올라 다리를 놓아주었다. 동명이 강을 건너자 이내 물고기와 자라 떼가 흩어졌다. 동명을 죽이려고 쫓아오던 병사들은 강을 건너지 못했다.

東明因都王夫餘之地
동명인도왕부여지야

동명은 이렇게 부여 땅에 도읍을 세우고 왕이 되었다."

■ 高句麗
고구려

高句麗在遼東之東千里　南與朝鮮濊貊　東與沃沮　北與夫餘
고구려재요동지동천리　남여조선예맥　동여옥저　북여부여

고구려는 요동의 동쪽 1000리약 400km에 있다. 남쪽에 조선·예·맥이 있고, 동쪽으로 옥저, 북쪽에는 부여가 있다.

接都於丸都之下　方可二千里　戶三萬　多大山深谷　無原澤
접도어환도지하　방가이천리　호삼만　다대산심곡　무원택

도읍은 환도 아래까지 이어져 있으며, 영토가 사방 2000리약 800km이다. 가구 수는 3만이다. 큰 산과 깊은 계곡이 많고 평평한 들이나 연못은 없다.

隨山谷以爲居食澗水 無良田 雖力佃作 不足以實口腹
수산곡이위거식간수 무량전 수력전작 부족이실구복
산과 골짜기를 따라 살며 골짜기에 흐르는 물을 마신다. 비록 힘을 다하여 열심히 농사를 지으나 좋은 밭이 없어서 배불리 먹기에는 부족하다.

其俗節食好治宮室 於所居之左右立大屋 祭鬼神 又祀靈星 社稷
기속절식호치궁실 어소거지좌우입대옥 제귀신 우사영성 사직
그 풍속에 먹을 것을 절약하고, 집이나 궁궐 꾸미며 관리하는 것을 좋아한다. 거주하는 곳 양옆에 크게 집을 짓고 귀신재앙이나 복을 준다는 신령을 모신다. 또 영성신령스럽다고 여기는 특별한 별과 사직토지신과 곡식신에도 제사를 드린다.

其人性凶急 善寇鈔 其國有王 其官有
기인성흉급 선구초 기국유왕 기관유
그 나라 사람들은 거칠고 급하며 도둑질과 노략질을 잘한다. 나라에 왕이 있으며 벼슬이 있다.

相加 對盧 沛者 古雛加 主簿 優台丞 使者 皁衣先人 尊卑各有等級
상가 대로 패자 고추가 주부 우태승 사자 조의선인 존비각유등급
벼슬에는 상가·대로·패자·고추가·주부·우태승·사자·조의선인이 있는데, 신분의 귀하고 낮음에 각각 등급을 두었다.

東夷舊語以爲夫餘別種 言語諸事 多與夫餘同 其性氣衣服有異

동이구어이위부여별종 언어제사 다여부여동 기성기의복유이

동이의 옛말에 의하면 고구려는 부여의 별종이라고 한다. 언어 및 여러 가지가 부여와 같은 것이 많은데 그 기질이나 옷 입는 것은 부여와 다르다.

本有五族 有涓奴部 絕奴部 順奴部 灌奴部 桂婁部

본유오족 유연노부 절노부 순노부 관노부 계루부

원래 고구려에는 다섯 부족이 있다. 연노부·절노부·순노부·관노부·계루부이다.

本涓奴部爲王 稍微弱 今桂婁部代之

본연노부위왕 초미약 금계루부대지

본래 연노부가 왕이었는데 점점 힘이 약해져서 지금297년경, 『삼국지』를 쓸 당시은 계루부가 왕위를 잇고 있다.

漢時賜鼓吹技人 常從玄菟郡受朝服衣幘 高句麗令主其名籍

한시사고취기인 상종현도군수조복의책 고구려령주기명적

한나라 때 북과 피리, 그리고 재주 있는 사람을 하사하였다. 항상 현도군에 와서 조복관원이 조정에 나아갈 때 입는 옷과 의책옷과 두건으로 신분에 맞게 예를 갖추어 착용하던 예복과 머리에 쓰는 두건 또는 모자을 받아갔다. (당시는 신분 사회로 의복과 모자 등으로 지위를 나타냈다) 고구려 영주(지역 담당 우두머리)가 그 명적이름과 신분, 물품 개수 등을 기록한 장부을 관리하였다.

後稍驕恣 不復詣郡 於東界築小城 置朝服衣幘其中 歲時來取之

후초교자 불복예군 어동계축소성 치조복의책기중 세시래취지

후에 점점 교만하고 방자해져서 (현도)군에 와서 받아가지 않고, 동쪽 국경에 작은 성을 쌓아 그곳에 조복과 의복 및 책幘 모자의 한 종류을 두게 하고 해마다 가져갔다.

今胡猶名此城爲幘溝漊 溝漊者 句麗名城也

금호유명차성위책구루 구루자 구려명성야

지금297년경. 『삼국지』를 쓸 당시 오랑캐들이 그 성을 책구루라고 하는데, 구루란 고구려 말로 성이라는 뜻이다. (책구루는 모자가 있는 성이란 뜻이 된다)

其置官有對盧 則不置沛者 有沛者則不置對盧

기치관유대로 즉불치패자 유패자즉불치대로

관리를 둘 때 대로왕 직속 하의 제1의 벼슬로 지금의 총리급가 있으면 패자대로처럼 왕을 보좌하던 벼슬를 두지 않고, 패자가 있으면 대로는 두지 않는다.

王之宗族 其大加皆稱古雛加

왕지종족 기대가개칭고추가

왕가의 장손들은 대가大加 각 부의 우두머리이며, 그들을 모두 고추가라고 부른다.

涓奴部本國主 今雖不爲王 適統大人 得稱古雛加

연노부본국주 금수불위왕 적통대인 득칭고추가

연노부 출신이 원래 나라의 주인이었다. 지금은 비록 왕이 되지 못하나

왕의 적자_{법적인 혼인 관계로 태어난 자손} 계통으로서 대인이라 하여 고추가 칭호를
받는다.

亦得立宗廟 祠靈星社稷 絕奴部世與王婚 加古雛之號
여득입종묘 사령성사직 절노부세여왕혼 가고추지호
고추가는 종묘_{왕실의 조상을 모시는 사당}를 세우고 영성_{靈星 신령스런 별. 농업의 신}과 사직
_{토지신과 곡식신. 임금만이 사직에 제사를 드릴 수 있었다}을 모시는 권한이 있다. 절노부는
또 대대로 왕과 혼인을 하여 고추(가)라는 칭호를 받았다.

諸大加亦自置使者皁衣先人 名皆達於王 如卿大夫之家臣
제대가역자치사자조의선인 명개달어왕 여경대부지가신
모든 대가_{大加 각 부의 우두머리} 역시 왕실처럼 각각 자신들만의 사자나 조의선
인을 임명하여 왕에게 그 이름을 알리는데, 마치 경대부<sub>고위 벼슬아치. 대체로 정
치를 직접 담당함</sub>의 가신_{家臣}과 같은 것이다.

會同坐起 不得與王家使者皁衣先人同列
회동좌기 부득여왕가사자조의선인동렬
모두가 모인 자리에서 (대가의 사자나 조의선인은) 왕가_{王家}의 사자나 조의선
인과 같은 등급은 아니다.

其國中大家不佃作 坐食者萬餘口 下戶遠擔米糧魚鹽供給之
기국중대가부전작 좌식자만여구 하호원담미량어염공급지
그 나라의 대가_{大家 대대로 부귀와 권위를 누리는 집안}들은 농사를 짓지 않는다. 앉아

서 얻어먹기만 하는 자들이 만여 가구나 된다. 하호들이 먼 곳에서부터 쌀과 양식, 물고기, 소금 등을 가져와 공급해준다.

其民喜歌舞 國中邑落 暮夜男女群聚 相就歌戱
기민희가무 국중읍락 모야남녀군취 상취가희

백성들은 노래와 춤을 좋아한다. 나라 안 마을 곳곳에서 저녁 무렵부터 늦은 밤까지 남녀가 무리를 지어 노래하고 춤추며 어울리면서 서로 즐긴다.

無大倉庫 家家自有小倉 名之爲桴京 其人絜淸自喜 喜藏釀
무대창고 가가자유소창 명지위부경 기인결청자희 희장양

큰 창고는 없지만 집집마다 작은 창고가 있는데 이것을 부경이라고 한다. 나라 사람들이 탐욕이 없고 깨끗한 것을 좋아하며 술을 만들어 저장하는 것을 즐긴다.

跪拜申一脚 與夫餘異 行步皆走
궤배신일각 여부여이 행보개주

궤배무릎 꿇어 절하는 것할 때 한쪽 무릎은 꿇고 한쪽 다리는 세운 채 절하는 것은 부여와 다르다. 걸음걸이가 모두 달리듯이 빠르다.

以十月祭天 國中大會 名曰東盟 其公會 衣服皆錦繡金銀以自飾
이시월제천 국중대회 명왈동맹 기공회 의복개금수금은이자식

10월마다 하늘에 제사 지내는 나라의 큰 행사가 있는데 동맹이라고 한

다. 공적인 모임에는 모두 수놓은 화려한 비단옷을 입고 금과 은으로 꾸민다.

大加主簿頭著幘 如幘而無餘 其小加著折風 形如弁

대가주부두착책 여책이무여 기소가착절풍 형여변

대가大加와 주부들이 머리에 책모자의 한 종류을 쓰는 것은 중국과 같은데 그들의 책에는 여자 뒷부분에 늘어뜨리는 천가 없다. 소가小加는 절풍을 쓰는데 모양이 고깔 같다.

其國東有大穴 名隧穴

기국동유대혈 명수혈

나라 동쪽에 커다란 동굴이 있는데, 그 동굴 이름은 수혈이다.

十月國中大會 迎隧神還于國東上祭之 置木隧於神坐

시월국중대회 영수신환우국동상제지 치목수어신좌

10월에 열리는 나라의 큰 행사인 동맹 때에 수혈 동굴의 신인 수신隧神을 맞이하여 나라 동쪽으로 모셔와 제를 올리고 나무로 만든 수신 모양을 신의 자리에 모신다.

無牢獄 有罪諸加評議 便殺之 沒入妻子爲奴婢

무뇌옥 유죄제가평의 변살지 몰입처자위노비

감옥이 없다. 죄 지은 사람은 제가들이 의논하여 곧 죽이고 그의 재산은 다 몰수하며 처자는 잡아서 노비로 만든다.

其俗作婚姻 言語已定 女家作小屋於大屋後 名婿屋

기속작혼인 언어이정 여가작소옥어대옥후 명서옥

혼인 풍속은 말로 미리 정한 후 여자네 큰 집 뒤편에 작은 집을 짓는데, (이것은 사위의 집이라는 뜻으로) 서옥婿사위 서, 屋집 옥이라고 한다.

婿暮至女家戶外 自名跪拜 乞得就女宿 如是者再三

서모지여가호외 자명궤배 걸득취여숙 여시자재삼

사위 될 사람이 저녁 무렵에 여자네 집 문밖에서 무릎 꿇고 절하면서 자기 이름을 말하고 신부 될 여자와 자게 해 달라고 청한다. 이렇게 두세 번 한다.

女父母乃聽使就小屋中宿 傍頓錢帛 至生子已長大 乃將婦歸家

여부모내청사취소옥중숙 방돈전백 지생자이장대 내장부귀가

여자의 부모가 그 청을 들어주어 작은 집에서 자며 같이 살게 한다. 전백, 즉 돈과 재물을 모으며 자식을 낳고 그 아이가 자라면 비로소 부인을 데리고 (남자의) 집으로 간다.

其俗淫 男女已嫁娶 便稍作送終之衣 厚葬 金銀財幣 盡於送死

기속음 남녀이가취 편초작송종지의 후장 금은재폐 진어송사

풍속이 음란하다. 남자든 여자든 편할 때마다 조금씩 죽을 때 입을 옷을 준비한다. 장례는 후하여 금은 등의 재물이나 돈을 아낌없이 죽은 이를 보내는 데 쓴다.

積石爲封 列種松柏

저석위봉 열종송백

돌을 쌓아 무덤을 만들고 소나무와 잣나무를 나란히 심는다.

其馬皆小 便登山 國人有氣力 習戰鬪 沃沮 東濊皆屬焉

기마개소 편등산 국인유기력 습전투 옥저 동예개속언

그 나라의 말은 모두 작아서 타고 산에 오르기에 편하다. 나라 사람들이 기력정신과 육체의 힘이 있어 전투에 능하여 옥저와 동예를 모두 복속시켰다.

又有小水貊 句麗作國 依大水而居 西安平縣北有小水 南流入海

우유소수맥 구려작국 의대수이거 서안평현북유소수 남류입해

또 소수맥小水貊이 있다. 고구려가 나라를 만들 때 대수大水큰 강에 의지해 터를 잡고 살았다. 서안평현 북쪽으로 소수小水 작은 강가 있어 그 강물은 남쪽으로 흘러 바다에 들어간다.

句麗別種依小水作國 因名之爲小水貊 出好弓 所謂貊弓是也

구려별종의소수작국 인명지위소수맥 출호궁 소위맥궁시야

고구려계의 다른 종족이 이 작은 강에 의지하여 나라를 세웠는데 이들을 소수小水맥貊이라고 한다. 좋은 활이 이곳에서 나오는데 바로 맥족의 활, 맥궁貊弓이다.

王莽初發高句麗兵以伐胡 不欲行 強迫遣之 皆亡出塞爲寇盜

왕망초발고구려병이벌호 불욕행 강박견지 개망출새위구도

왕망재위 8~23 (신나라 초대 황제이자 마지막 황제. 한나라 황제가 선위하는 형식으로 황제의 자리를 차지한 왕망은 나라 이름을 신이라고 하였다. 왕망이 살해되면서 신나라는 15년 만에 망했다. 유방의 후손 유수가 한나라를 부활하여 황제가 되었다. 왕망의 신나라를 전후로 한나라는 전한과 후한으로 불린다) 초에 고구려 군사를 이용해 오랑캐 흉노를 치려고 하였는데, 고구려가 싸우려 하지 않았다. 강제로 파견하였더니 모두 도망쳐서 요새를 나가 (오히려 중국을) 노략질하였다.

遼西大尹田譚追擊之 爲所殺 州郡縣歸咎于句麗侯騶
요서대윤전담추격지 위소살 주군현귀구우구려후도
요서 대윤 전담이 쫓아가 공격했으나 살해되었다. 주·군·현중국 행정구역 단위에서 그 허물을 고구려 후 도에게 물어 책망하였다.

嚴尤奏言 貊人犯法 罪不起於騶 且宜安慰 今猥被之大罪 恐其遂反
엄우주언 맥인범법 죄불기어도 차의안위 금외피지대죄 공기수반
엄우가 상소하길, 맥인이 법을 어긴 것이지 고구려 후 도 때문은 아니니 마땅히 도의 마음을 위로하여 편안하게 할 일인데 지금 함부로 큰 죄를 물으면 끝내는 반기를 들까 두렵다고 하였다.

莽不聽 詔尤擊之 尤誘期句麗侯騶至而斬之 傳送其首詣長安
망불청 조우격지 우유기구려후도지이참지 전송기수예장안
왕망은 (엄우의) 간언을 듣지 않고 (도를) 공격하라고 명령하였다. 이에 엄우는 고구려 후 도를 만나자고 꾀어내서 목을 벤 후 그 머리를 수도 장안에 보냈다.

莽大悅 佈告天下 更名高句麗爲下句麗 當此時爲侯國

망대열 포고천하 경명고구려위하구려 당차시위후국

왕망이 크게 기뻐하고 고구려를 하구려로 바꿔 부르도록 천하에 두루
알렸다. 이때부터 고구려는 후국제후의 나라이 되었다. (왕국보다 낮은 제후국이
된 것이다)

漢光武帝八年 高句麗王遣使朝貢 始見稱王

한광무제팔년 고구려왕견사조공 시견칭왕

후한25~220 광무제후한을 세운 황제, 재위 25~57 8년, 32년에 고구려 왕(고구려 제3
대 대무신왕 15년)이 사신을 보내 조공하였다. 후한은 고구려를 다시 왕이
라 부르기 시작하였다.

至殤安之間 句麗王宮數寇遼東 更屬玄菟

지상안지간 구려왕궁수구요동 갱속현도

상제106년, 8개월 정도 재위와 안제재위 106~125 사이에 고구려 왕 궁태조대왕 재위 53~
146이 수차례 요동을 침입하였다. 고구려는 다시 현도군에 복속하였다.

遼東太守蔡風 玄菟太守姚光以宮爲二郡害 興師伐之

요동태수채풍 현도태수요광이궁위이군해 흥사벌지

요동 태수 채풍과 현도 태수 요광은 고구려 왕 궁이 두 군에 해를 끼친
다고 여겨 궁을 정벌하려고 군사를 일으켰다.

宮詐降請和 二郡不進 宮密遣軍攻玄菟 焚燒候城 入遼隧 殺吏民

궁사항청화 이군부진 궁밀견군공현도 분소후성 입요수 살이민

그러자 궁은 거짓으로 항복하며 평화를 청하였다. 이에 두 군이 진격하지 않았다. (그 사이) 궁은 몰래 군사를 보내 현도를 공격하고 후성을 태워버렸다. 그리고 요수에 진입하여 관리와 백성을 죽였다.

後宮復犯遼東 蔡風輕將吏士追討之 軍敗沒

후궁부범요동 채풍경장리사추토지 군패몰

그 후에 궁이 다시 요동에 침범했다. 요동 태수 채풍이 가벼이 여기고 군사와 관리를 거느리고 추격하며 토벌하다가 군대가 패하고 전부 죽었다.

宮死 子伯固立 順桓之間 復犯遼東 寇新安居鄉 又攻西安平

궁사 자백고립 순환지간 부범요동 구신안거향 우공서안평

고구려 왕 궁이 죽고 그 아들 백고고구려 제8대 신대왕. 재위 165~179가 왕이 되었다. (후한의) 순제재위 125~144와 환제재위146~167 시기에 다시 요동에 침입하여 신안과 거향을 노략질하고 또 서안평을 공격하였다.

於道上殺帶方令 略得樂浪太守妻子

어도상살대방령 약득낙랑태수처자

길에서 대방의 우두머리를 죽이고 낙랑 태수의 부인과 아이들을 사로잡았다.

靈帝建寧二年 玄菟太守耿臨討之 斬首虜數百級 伯固降 屬遼東

영제건녕이년 현도태수경임토지 참수노수백급 백고항 속요동

영제후한 제12대 황제 재위 168~189 건녕 2년, 169년 현도 태수 경임으로 하여금 고구려를 토벌하게 하여 수백 명을 베어 죽이니 백고고구려 제8대 신대왕, 재위 165~179가 항복하여 요동군에 복속하였다.

熹平中 伯固乞屬玄菟

희평중 백고걸속현도

희평 시절172~178에 백고는 현도에 복종하겠다고 하였다.

公孫度之雄海東也 伯固遣大加優居主簿然人等 助度擊富山賊破之

공손도지웅해동야 백고견대가우거주부연인등 조도격부산적파지

공손도가 해동발해의 동쪽에서 세력을 드날리자 백고가 대가 우거와 주부 연인 등을 보내 공손도를 도와 부산에서 도적을 무찔렀다.

伯固死 有二子 長子拔奇 小子伊夷模

백고사 유이자 장자발기 소자이이모

백고가 죽었다. 아들이 두 명 있는데 맏이는 발기이고 작은아들은 이이 모이다.

拔奇不肖 國人便共立 伊夷模爲王

발기불초 국인편공립 이이모위왕

맏이 발기가 못나고 어리석다며 나라 사람들이 둘째 이이모고구려 제10대 산상

왕 재위 197~229를 왕으로 모셨다.

自伯固時　數寇遼東　又受亡胡五百餘家
자백고시　수구요동　우수망호오백여가
백고 시대에 고구려는 요동지역을 수차례 침입하였고, 또 망명하는 5백여 가구의 오랑캐를 받아주었다.

建安中　公孫康出軍擊之　破其國焚燒邑落
건안중　공손강출군격지　파기국분소읍락
건안196~219 중에 공손강이 군사를 내어 고구려를 공격하고 마을을 불사르며 그 나라를 파괴하였다.

拔奇怨爲兄而不得立　與涓奴加各將下戶三萬餘口　詣康降　還住沸流水
발기원위형이부득립　여연노가각장하호삼만여구　예강항　환주비류수
발기는 형이면서 왕이 되지 못한 것에 원한을 품고 연노부의 지도자인 가들과 하호 3만여 가구를 데리고 공손강에게 항복하였다가 다시 비류수로 돌아와 살았다.

降胡亦叛伊夷模　伊夷模更作新國　今日所在是也
항호역반이이모　이이모갱작신국　금일소재시야
(백고 시대에) 항복했던 오랑캐들도 이이모를 배반하였다. 이이모는 다시 새로운 나라를 세웠는데 지금진수가 삼국지를 편찬하던 시기. 297년경 있는 곳이다.

拔奇遂往遼東 有子留句麗國 今古雛加駁位居是也

발기수왕요동　유자유구려국　금고추가박위거시야

발기는 결국 요동으로 가고 발기의 아들은 고구려에 남았는데 지금_{진수가}
_{삼국지를 편찬하던 시기, 297년경} 고추가_{관직명으로 고구려의 왕가에게 주어진 상위 관직} 박위거가 그
아들이다.

其後復擊玄菟 玄菟與遼東合擊 大破之

기후부격현도　현도여요동합격　대파지

그 후에 (고구려는) 다시 현도(군)를 공격하였다. (그러자) 현도(군)가 요동
(군)과 함께 공격하여 (고구려를) 크게 깨트렸다.

伊夷模無子 淫灌奴部 生子名位宮

이이모무자　음관노부　생자명위궁

이이모는 아들이 없었는데 관노부 여인과 정식으로 혼인하지 않은 채
아들을 낳고 이름을 위궁_{고구려 제11대 동천왕. 출생 209년 재위 227~248}이라 불렀다.

伊夷模死 立以爲王 今句麗王宮是也 其曾祖名宮

이이모사　입이위왕　금구려왕궁시야　기증조명궁

이이모가 죽자 그 아들을 세워 왕으로 삼았는데, 지금의 고구려 왕_{동천왕}
이다. 궁의 증조할아버지 이름도 궁_{제6대 태조대왕을 말한다}이다.

生能開目視 其國人惡之 及長大 果凶虐 數寇鈔 國見殘破

생능개목시　기국인오지　급장대　과흉학　수구초　국견잔파

궁제6대 태조대왕은 태어나자마자 눈을 뜨고 사람을 쳐다보았다. 나라 사람들이 그것을 싫어하였는데, 커서 과연 흉악하여 (중국을 침입하여) 도둑질과 노략질을 일삼아 나라를 피폐하게 하였다.

今王生墮地 亦能開目視人 句麗呼相似爲位 似其祖 故名之爲位宮
금왕생타지 여능개목시인 구려호상사위위 사기조 고명지위위궁
지금의 왕동천왕=위궁은 궁 밖에서 태어났는데, 또한 태어날 때부터 눈을 뜨고 사람을 보았다. 고구려 사람들은 서로 닮은 것을 위라 하는데 조상 궁과 닮았다고 하여 위궁이라고 한 것이다.

位宮有力勇 便鞍馬 善獵射
위궁유여용 편안마 선렵사
위궁은 힘이 세고 용감하며, 말을 잘 타고 활쏘기와 사냥도 잘했다.

景初二年 太尉司馬宣王率衆討公孫淵 宮遣主簿大加將數千人助軍
경초이년 태위사마선왕솔중토공손연 궁견주부대가장수천인조군
경초 2년, 238년에 태위 사마선왕이 군사를 이끌고 공손연을 토벌하였다. (위나라에서 요동을 공격한 것이다) 이때 위궁이 주부관직 이름와 대가관직 이름를 장군으로 삼아 군사 수천 명을 보내 위나라를 도왔다.

正始三年 宮寇西安平 其五年 爲幽州刺吏丗丘儉所破 語在儉傳
정시삼년 궁구서안평 기오년 위유주자리관구검소파 어재검전
정시 3년, 242년에 위궁이 서안평을 침략하였다. 정시 5년, 244년에 유주

자사 관구검에게 패했다. (『삼국지』「위서」) 관구검전에 그 내용이 전한다.

■ 沃沮
옥저

東沃沮在高句麗蓋馬大山之東 濱大海而居
동 옥 저 재 고 구 려 개 마 대 산 지 동 빈 대 해 이 거
동옥저는 고구려 개마대산 동쪽에 있다. 큰 바다 가까이에 산다.

其地形東北狹 西南長 可千里 北與挹婁夫餘 南與濊貊接 戶五千
기 지 형 동 북 협 서 남 장 가 천 리 북 여 읍 루 부 여 남 여 예 맥 접 호 오 천
그 나라는 동북으로 좁고 서남으로 길게 뻗은 지형으로 가히 1000리약
400km 정도이다. 북쪽에 읍루와 부여가 있고, 남쪽으로 예와 맥이 닿아있
다. 가구 수는 5천이다.

無大君王 世世邑落各有長帥 其言語與句麗大同 時時小異
무 대 군 왕 세 세 읍 락 각 유 장 수 기 언 어 여 구 려 대 동 시 시 소 이
나라에 군왕은 없고 마을마다 각각 대대로 이어서 통솔하는 우두머리가
있다. 언어는 고구려와 대체로 같은데 때때로 다른 것도 조금 있다.

漢初 燕亡人衛滿王朝鮮 時沃沮皆屬焉
한 초 연 망 인 위 만 왕 조 선 시 옥 저 개 속 언

한나라서기전 202~220 초기에 연나라에서 망명한 위만이 조선왕이 되었다. 이 시기에 옥저가 모두 조선에 복속되었다.

漢武帝元封二年 伐朝鮮殺滿孫右渠 分其地爲四郡 以沃沮城爲玄菟郡
한무제원봉이년 벌조선살만손우거 분기지위사군 이옥저성위현도군
한 무제 원봉 2년, 서기전 109년, 무제재위 서기전 141~서기전 87는 조선을 정벌하여 만의 손자 우거를 죽이고 그 땅을 나누어 4개의 군으로 만들었다. 이때 옥저성이 현도군이 되었다.

後爲夷貊所侵 徙郡句麗西北 今所謂玄菟故府是也 沃沮還屬樂浪
후위이맥소침 사군구려서북 금소위현도고부시야 옥저환속낙랑
후에 오랑캐 맥족이 (현도군을) 침략하여 (현도군을) 고구려 서북쪽으로 옮겼다. 지금 소위 현도의 옛날 부府 관청라고 하는 곳이다. 옥저를 다시 낙랑군에 귀속시켰다.

漢以土地廣遠 在單單大領之東 分置東部都尉
한이토지광원 재단단대령지동 분치동부도위
한나라는 옥저의 땅이 넓고 멀어 단단대령 동쪽 땅을 분리하여 동부도위를 설치하였다.

治不耐城 別主領東七縣 時沃沮亦皆爲縣
치불내성 별주령동칠현 시옥저역개위현
불내성에서 단단대령 동쪽에 있는 일곱 개의 현縣 한나라가 사용하던 행정구역 단위로

군보다 작은 지역을 따로 관리하였다. 이때 옥저 역시 함께 현이 되었다.

漢光武六年 省邊郡 都尉由此罷
한광무육년 생변군 도위유차파
한나라 광무 6년, 30년에 행정 개편으로 (유수가 한나라를 다시 일으켜 후한
황제로 즉위한 후 나라 체제를 정비하였다) 변경지역의 군을 줄일 때 옥저에
설치했던 동부도위를 없앴다.

其後皆以其縣中渠帥爲縣侯 不耐 華麗 沃沮諸縣皆爲侯國
기후개이기현중거수위현후 불내 화려 옥저제현개위후국
그 후에 각 현의 거수우두머리를 모두 후侯 일정한 영토를 가지고 그 영내의 백성을 지배하는
권력자로 삼으니, 이렇게 불내·화려·옥저 여러 현縣이 모두 후국侯國 임금이
후에게 영토를 내주며 다스리도록 한 나라이 되었다.

夷狄更相攻伐 唯不耐濊侯至今猶置功曹 主簿諸曹 皆濊民作之
이적갱상공벌 유불내예후지금유치공조 주부제조 개예민작지
이적, 즉 오랑캐들은 다시 또 서로 공격하며 정벌하는데, 오직 불내성의
예후濊侯만은 지금까지도 공조관직명. 군현의 수령을 보좌하면서 정무를 돌봄·주부관직명. 공
문 및 장부작성과 보관업무를 맡음 등의 관직을 그대로 두고 예濊의 백성들이 그 일
을 모두 담당하고 있다.

沃沮諸邑落渠帥 皆自稱三老 則故縣國之制也
옥저제읍락거수 개자칭삼로 칙고현국지제야

옥저의 모든 마을에는 거수, 즉 우두머리들이 있는데 그들은 자신을 삼
로한나라 때 마을의 교화를 맡은 사람을 부르던 말라고 부른다. 삼로는 예전에 옥저가 한
나라의 현이었을 때 생긴 제도이다.

國小迫於大國之間　逐臣屬句麗　句麗復置其中大人爲使者　使相主領
국 소 박 어 대 국 지 간　수 신 속 구 려　구 려 복 치 기 중 대 인 위 사 자　사 상 주 령
옥저가 작아 큰 나라 사이에서 핍박을 받더니 결국 고구려에 복속되어
신하가 되었다. 고구려는 다시 그들 (옥저사람) 중에서 대인을 뽑아 사자
(고구려 관직)로 삼아 그 지역을 다스리게 하였다.

又使大加統責其租稅　貊布　魚　鹽　海中食物　千里擔負致之
우 사 대 가 통 책 기 조 세　맥 포　어　염　해 중 식 물　천 리 담 부 치 지
그리고 대가에게 조세의 총책임을 지워 맥_{貊, 동옥저의 토착 민족명, 맥족}의 베와
물고기・소금 등의 해산물을 천 리나 되는 곳까지 짊어 나르게 하였다.

又送其美女以爲婢妾　遇之如奴僕
우 송 기 미 녀 이 위 비 첩　우 지 여 노 복
그리고 그 나라 미녀도 보내게 하여 여종이나 첩으로 삼고 노예 부리듯
하였다.

其土地肥美　背山向海　宜五穀　善田種　人性質直強勇
기 토 지 비 미　배 산 향 해　의 오 곡　선 전 종　인 성 질 직 강 용
옥저 땅은 비옥하며 산을 등지고 바다를 향해 있다. 오곡이 잘되며 밭농

사도 좋다. 사람들의 성품은 곧고 강하며 용감하다.

少牛馬 便持矛步戰 食飮 居處 衣服 禮節 有似句麗
소 우 마 편 지 모 보 전 식 음 거 처 의 복 예 절 유 사 구 려
소와 말이 적다. 창을 들고 걸으면서 싸우는 것을 잘한다. 먹고 마시는
것, 사는 곳, 의복과 예절이 고구려와 비슷하다.

魏略曰 其嫁娶之法 女年十歲 已相設許 婿家迎之 長養以爲婦
위 략 왈 기 가 취 지 법 여 년 십 세 이 상 설 허 서 가 영 지 장 양 이 위 부
『위략』에 의하면 시집가고 장가가는 법이 있어 여자가 10살이면 벌써
서로 약속하고 사위의 집에서 딸을 받아들여 그 집에서 다 자라면 부인
으로 삼는다.

至成人 更還女家 女家責錢 錢畢 乃復還婿
지 성 인 갱 환 여 가 여 가 책 전 전 필 내 부 환 서
어른이 되면 다시 여자의 집으로 돌아온다. 여자의 집에서 돈을 요구하
고 그 돈을 다 지급하면 여자는 다시 사위의 집으로 돌아온다고 한다.

其葬作大木槨 長十餘丈 開一頭作戶
기 장 작 대 목 곽 장 십 여 장 개 일 두 작 호
장례에는 큰 목곽을 만드는데 길이가 10여 장약 23~25m이며, 꼭대기에 문
을 만들어 한쪽을 열게 만든다.

新死者皆假埋之　才使覆形　皮肉盡　乃取骨置槨中　擧家皆共一槨

신사자개가매지　재사복형　피육진　내취골치곽중　거가개공일곽

이제 막 죽은 사람은 모두 임시로 묻는다. 몸을 가릴 만큼만 덮어 살과 가죽이 다 썩어 없어지면 뼈만 골라 곽널 안에 넣는다. 가족 모두 하나의 곽에 들어간다.

刻木如生形　隨死者爲數　又有瓦鑤　置米其中　編縣之於槨戶邊

각목여생형　수사자위수　우유와력　치미기중　편현지어곽호변

나무를 깎아 살아 있을 때의 모습처럼 만드는데 죽은 사람 숫자만큼 만든다. 또 진흙을 구워 만든 솥 안에 쌀을 담아 곽의 문 쪽에 줄로 엮어 매달아 놓는다.

毌丘儉討句麗　句麗王宮奔沃沮

관구검토구려　구려왕궁분옥저

관구검출생연도 미상~255. 위나라 장군이 고구려를 토벌할 때 고구려 왕 궁동천왕 재위 227~248이 옥저로 달아났다.

遂進師擊之　沃沮邑落皆破之　斬獲首虜三千餘級　宮奔北沃沮

수진사격지　옥저읍락개파지　참획수로삼천여급　궁분북옥저

관구검의 군사가 옥저까지 쫓아가 마을을 모두 파괴하고, 베어 죽이거나 사로잡은 포로가 3000여 명이다. 궁이 북옥저로 달아났다.

北沃沮一名置溝婁 去南沃沮八百餘里 其俗南北皆同

북옥저일명치구루 거남옥저팔백여리 기속남북개동

북옥저는 일명 치구루라고도 한다. 남옥저에서 800여 리320km 정도 떨어져

있다. 풍속은 남옥저와 북옥저가 모두 같다.

與挹婁接 挹婁喜乘船寇鈔 北沃沮畏之 夏月恆在山岩深穴中爲守備

여읍루접 읍루희승선구초 북옥저외지 하월항재산암심혈중위수비

읍루와 잇닿아 있는데, 읍루는 배를 타고 다니며 노략질하기를 좋아해서

북옥저는 이를 무서워하여 여름이면 항상 깊은 산속 바위굴로 들어가

수비하며 산다.

冬月冰凍 船道不通 乃下居村落

동월빙동 선도불통 내하거촌락

겨울에 얼음이 얼어 배가 다니지 못하면 그때 내려와 마을에서 산다.

王頎別遣追討宮 盡其東界 問其耆老海東復有人不

왕기별견추토궁 진기동계 문기기로해동복유인불

왕기현도 태수로 관구검의 명으로 고구려 토벌에 참여하였다가 따로 고구려 왕 궁을 계속 추

격하다가 동쪽 경계 끝까지 왔다. 그곳 기로에게 바다 동쪽에도 또 사람

이 살고 있냐고 물었다.

耆老言 國人嘗乘船捕魚 遭風見吹數十日 東得一島上有人言語不相曉

기로언 국인상승선포어 조풍견취수십일 동득일도상유인언어불상효

기로가 말하였다. "나라 사람들이 배를 타고 고기를 잡으러 나갔다가 풍랑을 만나 수십 일을 떠다니던 중 동쪽에서 한 섬을 발견했는데, 섬에 사람이 살고 있었지만 서로 말을 알아듣지 못했다.

其俗常以七月取童女瀋海 又言有一國亦在海中 純女無男
기 속 상 이 칠 월 취 동 녀 심 해 우 언 유 일 국 역 재 해 중 순 여 무 남
그 섬 풍속에 7월이면 항상 어린 여자아이를 깊은 바다에 던진다. 바다 가운데 또 나라가 있는데 순전히 여자만 있고 남자는 없다.

又說 得一布衣 從海中浮出 其身如中人衣 其兩袖長三丈
우 설 득 일 포 의 종 해 중 부 출 기 신 여 중 인 의 기 량 나 장 삼 장
또 바닷물을 따라 흘러오던 베옷을 하나 주웠는데, 모양새는 중국인 옷 같았으며 양 소매 길이가 3장7.5m 정도이나 되었다.

又得一破船 隨波出在海岸邊 有一人 項中復有面
우 득 일 파 선 수 파 출 재 해 안 변 유 일 인 항 중 부 유 면
또 부서진 배가 바닷가까지 밀려온 적이 있었는데, 거기에 목덜미에 얼굴이 또 있는 사람이 있었다.

生得之 與語不相通 不食而死 其域皆在沃沮東大海中
생 득 지 여 어 불 상 통 불 식 이 사 기 역 개 재 옥 저 동 대 해 중
살아 있었는데 말이 서로 통하지 않았고, 먹지를 못하고 죽었다." 그 지역은 모두 옥저 동쪽으로 나 있는 큰 바다에 있다.

■ 挹婁
읍루

挹婁在夫餘東北千餘里 濱大海 南與北沃沮接 未知其北所極

읍 루 재 부 여 동 북 천 여 리 빈 대 해 남 여 북 옥 저 접 미 지 기 북 소 극

읍루는 부여 동북쪽으로 1000여 리_{400km} 정도 거리에 있다. 큰 바다 끝자락에 있다. 남옥저 및 북옥저와 경계를 잇고 있으며 그 북쪽 끝은 어디인지 모른다.

其土地多山險 其人形似夫餘 言語不與夫餘句麗同

기 토 지 다 산 험 기 인 형 사 부 여 언 어 불 여 부 여 구 려 동

그 땅은 험한 산이 많다. 사람들의 생김새는 부여 사람과 비슷한데, 언어는 부여나 고구려와 같지 않다.

有五穀牛馬麻布 人多勇力 無大君長 邑落各有大人

유 오 곡 우 마 마 포 인 다 용 력 무 대 군 장 읍 락 각 유 대 인

오곡이 자라고 소·말·삼베_{한해살이 풀 삼에서 실을 뽑아 지은 천}가 있고 사람들은 용감하고 힘이 뛰어나다. 대군장은 없고 마을마다 각각 대인이 있다.

處山林之間 常穴居 大家深九梯 以多爲好 土氣寒劇於夫餘

처 산 림 지 간 상 혈 거 대 가 심 구 제 이 다 위 호 토 기 한 극 어 부 여

산과 숲 사이에 거처하며 항상 땅을 파고 들어가서 산다. 큰 집은 사다리 9칸 정도로 깊으며 깊게 파는 것을 좋아한다. 땅의 기운이 부여보다

도 심하게 차다.

其俗好養豬 食其肉 衣其皮 冬以豬膏塗身 厚數分 以禦風寒
기속호양저 식기육 의기피 동이저고도신 후수분 이어풍한
풍습에 돼지 기르기를 좋아하여 고기는 먹고 가죽은 옷으로 입는다. 겨울에는 돼지기름을 몸에 바르는데 수차례나 겹겹으로 두텁게 발라서 바람과 추위를 막는다.

夏則裸袒 以尺布隱其前後 以蔽形體
하즉나단 이척포은기전후 이폐형체
여름에는 벌거벗은 채 베 한 자_{25cm} 정도로 앞뒤만 가린다.

其人不絜 作溷在中央 人圍其表居
기인불결 작혼재중앙 인위기표거
읍루 사람들은 깨끗하지 않다. 중앙에 화장실을 만들어 놓고 그 주변에 빙 둘러 산다.

其弓長四尺 力如弩 矢用楛 長尺八寸
기궁장사척 역여노 시용호 장척팔촌
활 길이는 4자_{약 100cm. 1자=1척=23~25cm. 시대마다 각 나라마다 약간의 차이가 있다}인데 쇠뇌와 같은 힘이 있다. 화살은 싸리나무를 사용하는데 길이가 1자 8치_{약 45cm}이다.

青石爲鏃 古之肅愼氏之國也 善射射人皆入目 矢施毒 人中皆死

청석위촉 고지숙신씨지국야 선사사인개입목 시시독 인중개사

화살촉은 청색 돌을 쓴다. (읍루는) 옛날 숙신 씨의 나라이다. 활을 잘 쏘아 사람을 쏘면 모두 눈을 맞춘다. 화살에 독을 발라서 맞는 사람은 모두 죽는다.

出赤玉 好貂 今所謂挹婁貂是也

출적옥 호초 금소위읍루초시야

붉은 옥이 나온다. 좋은 담비(가죽)가 있다. 지금진수가 글을 쓰던 당시로 297년경 읍루초, 즉 읍루담비라는 것이 이것이다.

自漢已來 臣屬夫餘 夫餘責其租賦重 以黃初中叛之

자한이래 신속부여 부여책기조부중 이황초중반지

한나라서기전 202~220 때부터 부여의 속국인데, 부여가 읍루에게 세금과 부역국가를 위해 누구나 해야 하는 의무 노동을 무겁게 부과하자 황초220~226 연간에 반란을 일으켰다.

夫餘數伐之 其人衆雖少 所在山險 鄰國人畏其弓矢 卒不能服也

부여수벌지 기인중수소 소재산험 인국인외기궁시 졸불능복야

부여가 여러 차례 공격하였다. 그들은 비록 적은 무리지만 험한 산속에 살았고, 근처 나라 사람들은 그들의 활과 화살을 무서워했으므로 끝내 굴복시키지는 못했다.

其國便乘船寇盜　鄰國患之

기국편승선구도　인국환지

그 나라 사람들이 배 타고 다니며 도적질하는 것이 인접 국가들의 근심거리였다.

東夷飮食類皆用俎豆　唯挹婁不　法俗最無綱紀也

동이음식류개용조두　유읍루불　법속최무강기야

동이동쪽 지역의 이민족들은 음식에 모두 조편편한 그릇와 두굽이 있는 그릇를 사용하는데 오직 읍루만은 그릇을 사용하지 않으며, 동이 중에 법률과 풍속에 기강이 제일 없다.

■　濊

　　예

濊南與辰韓　北與高句麗沃沮接　東窮大海

예남여진한　북여고구려옥저접　동궁대해

예 남쪽에는 진한, 북쪽에는 고구려와 옥저가 있고 동쪽 끝은 큰 바다이다.

今朝鮮之東皆其地也　戶二萬

금조선지동개기지야　호이만

지금297년경. 진수가 책을 쓰던 시기 조선의 동쪽이 모두 예의 땅이다. 2만 가구가 있다.

昔箕子旣適朝鮮 作八條之教以教之 無門戶之閉而民不爲盜

서기자기적조선 작팔조지교이교지 무문호지폐이민불위도

옛날에 기자가 조선 땅에 와서 8개 조항을 만들어 가르치자 훔치는 일이 없어져서 사람들은 대문을 닫지 않는다.

其後四十餘世 朝鮮侯準僭號稱王

기후사십여세 조선후준참호칭왕

그 후 자손 40여 대를 지나 조선 후 준 때는 분수에 넘치게 스스로를 왕이라고 하였다.

陳勝等起 天下叛秦 燕齊趙民 避地朝鮮數萬口

진승등기 천하반진 연제조민 피지조선수만구

진승진섭. 서기전 209년 진나라의 학정에 반발하여 농민들이 봉기하였다. 이를 계기로 초나라 항우 등의 제후들도 일어나 진나라는 결국 멸망하고 이후 중국은 전란에 휩싸였다. 진승의 봉기는 중국사 최초의 민란이다 등이 일어나 천하가 진서기전 221~서기전 206나라에 반기를 들었다. 전쟁이 나자 연·제·조나라의 백성들 수만 명이 조선으로 피난하였다.

燕人衛滿 魋結夷服 復來王之

연인위만 추결이복 부래왕지

연나라 사람 위만은 상투를 틀고 오랑캐 옷을 입고 조선에 와서 다시 또 왕이 되었다.

漢武帝伐滅朝鮮 分其地爲四郡 自是之後 胡漢稍別

한무제벌멸조선 분기지위사군 자시지후 호한초별

한나라 무제재위 서기전 141~서기전 87가 조선을 정복하여서기전 108년 나라를 없애고 그 땅을 쪼개어 4개의 군으로 만들었다. (조선이라는 나라를 없애고 그 땅을 한나라의 일개 행정구역인 군으로 편성한 것이다) 이후부터 호胡 오랑캐. 멸망한 고조선 민족와 한漢 중국 민족이 점점 구별되었다.

無大君長 自漢已來 其官有侯邑君三老 統主下戶

무대군장 자한이래 기관유후읍군삼로 통주하호

(예에는) 대군장이 없다. 한나라 때부터 그곳에는 후·읍군·삼로 등의 관리를 두어 그곳 하호일반 백성들을 통치하였다.

其耆老舊自謂與句麗同種 其人性願愨 少嗜欲 有廉恥 不請匄

기기로구자위여구려동종 기인성원각 소기욕 유염치 불청개

그 나라 기로들은 옛날부터 자기들은 고구려와 같은 종족이라고 한다. 그들의 성품은 성실하고 공손하며 욕심이 적고 염치가 있어 부탁하거나 구걸하지 않는다.

言語法俗大抵與句麗同 衣服有異 男女衣皆著曲領

언어법속대저여구려동 의복유이 남녀의개착곡령

언어 및 법률과 풍속이 대체로 고구려와 같으나 의복은 차이가 있다. 남녀 모두 곡령깃이 둥근 옷을 입는다.

男子繫銀花廣數寸以爲飾

남자계은화광수촌이위식

남자는 넓이가 수 촌1촌은 대략 2.5cm 정도. 촌=치 되는 은으로 만든 꽃을 옷에 달아 꾸민다.

自單單大山領以西屬樂浪　自領以東七縣　都尉主之　皆以濊爲民

자단단대산령이서속낙랑　자령이동칠현　도위주지　개이예위민

단단대산령으로부터 서쪽은 낙랑에 속하는 지역이다. 단단대산령 동쪽부터 일곱 개 현은 도위가 다스리는데, 모두 예나라 백성이다.

後省都尉　封其渠帥爲侯　今不耐濊皆其種也

후생도위　봉기거수위후　금불내예개기종야

나중에 도위를 줄이면서 (행정제도를 재편성하면서 그 지역의 관청 및 관직을 줄인 것이다) 그곳 거수, 즉 우두머리를 후로 봉하였는데, 지금 불내후, 예후가 모두 그런 경우다.

漢末更屬句麗　其俗重山川　山川各有部分　不得妄相涉入

한말갱속구려　기속중산천　산천각유부분　부득망상섭입

한나라 말기에 예는 다시 고구려에 속하였다. 그 풍속에 산천을 중요시한다. 산과 내로 각 영역을 구분하여 서로 상대의 지역에 맘대로 드나들 수 없다.

同姓不婚 多忌諱 疾病死亡輒捐棄舊宅 更作新居

동성불혼 다기휘 질병사망첩연기구택 갱작신거

같은 성끼리 결혼하지 않는다. 꺼리는 것이 많아 병을 앓거나 죽으면 쉽게 옛집을 버리고 새로 살 집을 다시 짓는다.

有麻布 蠶桑作綿 曉候星宿 豫知年歲豐約 不以珠玉爲寶

유마포 잠상작면 효후성숙 예지년세풍약 불이주옥위보

삼베가 있고 누에를 쳐서 명주실을 짠다. 새벽 별의 위치를 보고 그 해가 풍년인지 아닌지 미리 점친다. 구슬이나 옥을 보배로 여기지 않는다.

常用十月節祭天 晝夜飮酒歌舞 名之爲舞天 又祭虎以爲神

상용시월절제천 주야음주가무 명지위무천 우제호이위신

해마다 시월이면 하늘에 제사 지내며 밤낮으로 먹고 마시고 춤추고 노래하는데 이것을 무천이라고 한다. 또 호랑이를 신령스럽게 여겨 제사 지낸다.

其邑落相侵犯 輒相罰責生口牛馬 名之爲責禍 殺人者償死 少寇盜

기읍락상침범 첩상벌책생구우마 명지위책화 살인자상사 소구도

마을을 서로 침범하면 그 벌로 생구모로 또는 종으로 부릴 수 있는 사람나 소, 말로 물어주어 책임을 지게 한다. 이것을 책화라고 한다. 살인한 자는 죽음으로 죄를 갚게 한다. 도적질하는 자가 적다.

作矛長三丈 或數人共持之 能步戰 樂浪檀弓出其地

작모장삼장 혹수인공지지 능보전 낙랑단궁출기지

3장1장의 길이는 약 2.5m로 3장은 7.5m이나 되는 긴 창을 만들고 간혹 여러 명이 함께 창을 들기도 하며, 걸으면서 싸우는 것을 잘한다. 낙랑지역 이름 단궁檀박달나무 단 弓활 궁이 나오는 곳이다.

其海出班魚皮 土地饒文豹 又出果下馬 漢桓時獻之

기해출반어피 토지요문표 우출과하마 한환시헌지

바다에서 나는 반어물고기 종류 가죽이 유명하다. 땅은 풍요롭고 무늬 있는 표범과 과하마과일 나무 밑을 지나갈 수 있는 크기의 말가 나는데 한나라 환제재위 146~167 때에 헌상하였다.

正始六年 樂浪太守劉茂 帶方太守弓遵以領東濊屬句麗 興師伐之

정시육년 낙랑태수유무 대방태수궁준이령동예속구려 흥사벌지

정시 6년, 245년고구려 동천왕 19년에 낙랑 태수 유무와 대방 태수 궁준이 단단대령 동쪽의 예가 고구려에 복속하자 군사를 일으켜 정벌하였다.

不耐侯等擧邑降

불내후등거읍항

(낙랑과 대방이 공격하자) 불내후 등이 마을을 바치며 항복하였다.

其八年 詣闕朝貢 詔更拜不耐濊王 居處雜在民間 四時詣郡朝謁

기팔년 예궐조공 조경배불내예왕 거처잡재민간 사시예군조알

정시 8년, 247년고구려 동천왕 21년에 한나라 궁궐에 와서 조공하였다. 조서를 내려 불내예왕으로 고쳐서 봉하였다. 불내예왕은 일반 백성들과 함께 섞여 살면서 (따로 궁궐이 없이) 사계절마다 군에 와서 조알신분 높은 사람에게 찾아가 인사함하였다.

二郡有軍征賦調 供給役使 遇之如民
이군유군정부조 공급역사 우지여민
낙랑군과 대방군 두 군에서 군사를 소집하거나 부역과 조세를 거둘 때 예의 백성들을 똑같이 부리며 마치 군의 백성처럼 다루었다.

■ 韓
　　한

韓在帶方之南 東西以海爲限 南與倭接 方可四千里
한재대방지남 동서이해위한 남여왜접 방가사천리
한韓은 대방군의 남쪽에 있다. 동쪽과 서쪽 끝은 바다이고 남쪽은 왜와 접해 있다. 사방 4000리약 1600km이다.

有三種 一曰馬韓 二曰辰韓 三曰弁韓 辰韓者 古之辰國也
유삼종 일왈마한 이왈진한 삼왈변한 진한자 고지진국야
한은 세 부류가 있는데 첫 번째 마한, 두 번째 진한, 세 번째 변한이다. 진한은 예전에 있던 진나라이다.

馬韓在西 其民土著 種植 知蠶桑作綿布

마한재서 기민토착 종식 지잠상작면포

마한은 서쪽에 있다. 그 백성들은 정착 생활을 하여 곡식을 심고 뽕나무를 가꾸며 누에 치는 것을 알고 명주로 천을 짠다.

各有長帥 大者自名爲臣智 其次爲邑借 散在山海間 無城郭

각유장수 대자자명위신지 기차위읍차 산재산해간 무성곽

삼한에는 각각 우두머리가 있는데, 지위가 제일 높은 자는 신지, 그다음은 읍차라고 한다. 산과 바다 사이에 흩어져 사는데 성곽은 없다.

有爰襄國 牟水國 桑外國 小石索國 大石索國 優休牟涿國 臣濆沽國

유원양국 모수국 상외국 소석색국 대석색국 우휴모탁국 신분고국

(삼한에 있는 나라들은 다음과 같다) 원양국·모수국·상외국·소석색국·대석색국·우휴모탁국·신분고국

伯濟國 速盧不斯國 日華國 古誕者國 古離國 怒藍國 月支國

백제국 속로불사국 일화국 고탄자국 고리국 노람국 월지국

백제국·속로불사국·일화국·고탄자국·고리국·노람국·월지국

咨離牟盧國 素謂乾國 古爰國 莫盧國 卑離國 占離卑國 臣釁國

자리모로국 소위건국 고원국 막로국 비리국 점리비국 신흔국

자리모로국·소위건국·고원국·막로국·비리국·점리비국·신흔국

支侵國　狗盧國　卑彌國　監奚卑離國　古蒲國　致利鞠國　冉路國

지침국　구로국　비미국　감해비리국　고포국　치리국국　염로국

지침국・구로국・비미국・감해비리국・고포국・치리국국・염로국

兒林國　駟盧國　內卑離國　感奚國

아림국　사로국　내비리국　감해국

아림국・사로국・내비리국・감해국

萬盧國　辟卑離國　臼斯烏旦國　一離國　不彌國　支半國　狗素國

만로국　벽비리국　구사오단국　일리국　불미국　지반국　구소국

만로국・벽비리국・구사오단국・일리국・불미국・지반국・구소국

捷盧國　牟盧卑離國　臣蘇塗國　莫盧國　古臘國　臨素半國　臣雲新國

첩로국　모로비리국　신소도국　막로국　고랍국　임소반국　신운신국

첩로국・모로비리국・신소도국・막로국・고랍국・임소반국・신운신국

如來卑離國　楚山塗卑離國　一難國　狗奚國　不雲國　不斯濆邪國　爰池國

여래비리국　초산도비리국　일난국　구해국　불운국　불사분야국　원지국

여래비리국・초산도비리국・일난국・구해국・불운국・불사분야국・원지국

乾馬國　楚離國　凡五十餘國　大國萬餘家　小國數千家　總十餘萬戶

건마국　초리국　범오십여국　대국만여가　소국수천가　총십여만호

건마국・초리국으로 모두 50여 개의 나라가 있으며 큰 나라는 만여 가

구, 작은 나라는 수천 가구가 있어 다 합하면 모두 10여만 가구이다.

辰王 治月支國

진왕 치월지국

진왕은 월지국후한서에서는 目支國으로 나타난다에서 다스린다.

臣智或加優呼 臣雲遣支報安邪踧支濆臣離兒不例拘邪秦支廉之號

신지혹가우호 신운견지보안야축지분신리아불례구야진지렴지호

신지는 간혹 우대하여 신운견지보 안야축지 분신리아불례 구야진지렴이
라는 칭호를 덧붙여 부르기도 한다. (당시 삼한에서 신지는 가장 높은 지위의
우두머리를 말한다. 신지라는 칭호 외에도 삼한의 대표적인 몇 나라의 직위도 함께,
겸직으로 부른 듯하다. 즉 마한의 여러 나라 중에 신운국, 신분고국과 변진의 여러
나라 중에 안야국와 구야국이 있는데 이 나라들과 똑같은 한자가 사용된 것을 이유
로 신운국의 견지보, 안야국의 축지, 분신리국의 아불례 및 구야국의 진지렴으로도
부른다고 해석하였다. 이 부분은 현재까지 통일된 해석 없이 논의 중이다. 변진은
변한과 진한을 통틀어 일컫는 단어로 변한과 진한의 경계가 일정치 않았기에 합쳐
서 변진이라고도 하였다고 한다)

其官 有魏率善 邑君 歸義侯 中郎將 都尉 伯長

기관 유위솔선 읍군 귀의후 중랑장 도위 백장

관직으로 위솔선・읍군・귀의후・중랑장・도위・백장이 있다.

侯準旣僭號稱王 爲燕亡人衛滿所攻奪

후 준 기 참 호 칭 왕　위 연 망 인 위 만 소 공 탈

제후 준이 이미 제멋대로 조선왕이라고 칭하고 있었는데 연나라에서 망
명한 위만이 준왕을 공격하여 나라를 빼앗았다.

魏略曰 昔箕子之後朝鮮侯 見周衰 燕自尊爲王 欲東略地

위 략 왈　석 기 자 지 후 조 선 후　견 주 쇠　연 자 존 위 왕　욕 동 략 지

『위략』에 따르면, 옛날에 기자가 조선 후가 된 이후에 주나라가 쇠약해
지자 연나라가 스스로 높여 왕이라고 하며 (독자적으로) 동쪽 지역을 정
복하려 하였다. (연나라의 동쪽에는 조선이 있었다. 전국시대에 나라들이 서로 다
투며 타국을 침략하여 자국의 영토를 늘리고 있었다)

朝鮮侯亦自稱爲王 欲興兵逆擊燕以尊周室 其大夫禮諫之乃止

조 선 후 역 자 칭 위 왕　욕 흥 병 역 격 연 이 존 주 실　기 대 부 예 간 지 내 지

(주나라는 쇠퇴하고 번성하던 연나라는 왕을 칭하며 조선을 공격하려고 하자) 조선
후 또한 스스로 왕이라 하고, 군사를 일으켜 반대로 연나라를 격파하여
주나라 왕실을 존중하려 하였다. (주나라 무왕이 기자를 조선에 봉했다는 기록
에 따라 기자의 조선은 주나라를 종주국으로 예우하였다는 것이다) 조선의 대부
예가 간언하여 전쟁 준비를 멈추게 하였다.

使禮西說燕 燕止之不攻 後子孫稍驕虐

사 예 서 설 연　연 지 지 불 공　후 자 손 초 교 학

그리고 대부 예를 보내 서쪽의 연나라를 설득하게 하니, 연나라도 공격

하려던 것을 멈췄다. 그 후 조선왕의 자손들이 점점 교만해지고 사나워졌다.

燕乃遣將秦開攻其西方 取地二千餘里 至滿番汗爲界 朝鮮遂弱
연내견장진개공기서방 취지이천여리 지만번한위계 조선수약

연나라는 이내 장수 진개(전국시대, 서기전 3세기 무렵 활동한 인물로 추정)를 파견하여 조선의 서쪽을 공격하여 그 땅 2000여 리800km 정도를 빼앗고 만번한을 경계로 삼았다. (영토를 많이 빼앗긴) 조선은 결국 약해졌다.

及秦並天下 使蒙恬築長城 到遼東 時朝鮮王否立
급진병천하 사몽염축장성 도요동 시조선왕부립

진나라가 천하를 제패하고 장군 몽염을 보내 긴 성벽만리장성을 쌓게 하니 (진의 세력이) 요하 동쪽까지 이르렀다. 그때 조선의 왕은 부였다.

畏秦襲之 略服屬秦 不肯朝會 否死 其子準立
외진습지 약복속진 불긍조회 부사 기자준립

(조선왕) 부는 진나라가 조선도 공격할까 두려워 먼저 복속할 것을 약속하였으나 진나라 조정에 나아가 천자에게 인사하지는 않았다. 부가 죽고 아들 준이 왕위에 올랐다.

二十餘年 而陳項起 天下亂 燕 齊 趙民愁苦 稍稍亡往準
이십여년 이진항기 천하란 연 제 조민수고 초초망왕준

20여 년 후에 진승진섭과 항우초패왕 서기전 232~서기전 202가 일어나 천하가 어

지러워지자 연나라, 제나라, 조나라의 백성들이 근심과 걱정으로 괴로워
하다가 점점 준왕의 나라 조선으로 도망갔다.

準乃置之於西方　及漢以盧綰爲燕王　朝鮮與燕界於浿水

준 내 치 지 어 서 방　급 한 이 노 관 위 연 왕　조 선 여 연 계 어 패 수

준왕은 그들을 조선의 서쪽에서 살게 해주었다. 이어 한나라서기전 202~220
가 흥기하고 노관이 연나라의 왕이 된 때에 조선과 연나라는 패수를 경
계로 하였다.

及綰反　入匈奴　燕人衛滿亡命　爲胡服　東度浿水　詣準降

급 관 반　입 흉 노　연 인 위 만 망 명　위 호 복　동 도 패 수　예 준 항

노관이 한나라를 배반하고 흉노의 땅으로 들어갔다. 연나라 사람 위만이
망명하였는데 오랑캐 옷을 입고 동쪽으로 패수를 건너 조선에 이르러
준왕에게 항복하였다.

說準求居西界　收中國亡命爲朝鮮藩屏

설 준 구 거 서 계　수 중 국 망 명 위 조 선 번 병

준왕을 설득하여 서쪽 경계지역에서 살게 해달라고 요청하며 중국에서
망명하는 자들을 거두어 조선의 번병왕실이나 국가의 변방에 있는 병영을 지키겠다
고 하였다.

準信寵之　拜爲博士　賜以圭　封之百里　令守西邊

준 신 총 지　배 위 박 사　사 이 규　봉 지 백 리　영 수 서 변

준왕은 위만을 믿고 총애하여 박사 벼슬을 주고 규_{고위직 관리에게 주는 옥으로 만든} 홀를 하사하며 100리_{40km} 정도나 되는 땅을 주면서 서쪽 변경을 지키도록 명령하였다.

滿誘亡黨 衆稍多 乃詐遣人告準 言漢兵十道至 求入宿衛
만유망당 중초다 내사견인고준 언한병십도지 구입숙위

위만은 중국에서 망명한 자들을 꾀어 무리를 만들었는데 그 무리가 점점 많아졌다. 이내 준왕에게 사람을 보내 거짓으로 고하기를, 한나라 병사들이 사방 곳곳 여러 방향에서 쳐들어오고 있으니 (조선의 수도에) 들어가서 왕을 숙위_{곁에서 모시며 지키는 일}하게 해 달라고 하였다.

遂還攻準 準與滿戰 不敵也 將其左右宮人走入海 居韓地 自號韓王
수환공준 준여만전 부적야 장기좌우궁인주입해 거한지 자호한왕

결국은 (수도에 입성하여 왕을 보호하는 것이 아니라) 반대로 준왕을 공격하였다. 준왕이 위만과 싸웠으나 싸움 상대가 되지 못하고 좌우의 측근과 궁인들을 거느리고 바다로 도망갔다. 한_韓나라 땅에 살면서 스스로 한_韓왕이라고 하였다.

魏略曰 其子及親留在國者 因冒姓韓氏
위략왈 기자급친유재국자 인모성한씨

『위략』에 따르면, 그 아들과 친족들이 조선에 그대로 남아 살면서, 준왕이 한왕이 된 까닭에 성을 한 씨로 바꿨다고 한다.

準王海中 不與朝鮮相往來 其後絕滅

준왕해중 불여조선상왕래 기후절멸

준왕은 바다 가운데 한나라 왕으로 살면서 조선과 서로 왕래하지 않은 채 그 후에 완전히 멸망하여 없어졌다.

今韓人猶有奉其祭祀者 漢時屬樂浪郡 四時朝謁

금한인유유봉기제사자 한시속낙랑군 사시조알

한韓나라 사람은 지금도 여전히 그의 제사를 모신다. 한漢나라 때에 (한韓나라는) 낙랑군에 속하여 사계절마다 조알조정에 나아가 임금을 뵙는 일하였다.

魏略曰 初 右渠未破時 朝鮮相曆谿卿以諫 右渠不用

위략왈 초 우거미파시 조선상역계경이간 우거불용

『위략』에 따르면, 애초에 (조선왕) 우거가 아직 패하지 않았을 때, 조선의 재상 역계경이 우거왕에게 간언하였지만 듣지 않았다고 한다.

東之辰國 時民隨出居者二千餘戶 亦與朝鮮貢蕃不相往來

동지진국 시민수출거자이천여호 역여조선공피불상왕래

그러자 역계경은 (조선을 떠나) 동쪽의 진나라로 갔는데, 그때 그를 따라간 백성들이 2000여 가구나 되었다. 이들은 조선뿐만 아니라 조선에 공물을 바치는 고을과도 서로 왕래하지 않았다.

至王莽地皇時 廉斯鑡爲辰韓右渠帥 聞樂浪土地美 人民饒樂

지왕망지황시 염사착위진한우거수 문낙랑토지미 인민요락

왕망이 세운 신新8~23나라 지황20~23 때에 염사착은 진한의 우右거수渠帥 우
두머리였다. 염사착은 낙랑의 토지가 좋아 사람들이 풍요롭고 즐겁게 산다
고 들었다.

亡欲來降 出其邑落 見田中驅雀男子一人 其語非韓人 問之
망 욕 래 항 출 기 읍 락 견 전 중 구 작 남 자 일 인 기 어 비 한 인 문 지
낙랑에 항복하러 가려고 그 마을을 떠나는데 밭 가운데에서 참새를 쫓
고 있는 한 남자가 진한 말이 아닌 다른 말을 하는 것을 보고 (무슨 사정
인지) 물었다.

男子曰 我等漢人 名戶來
남 자 왈 아 등 한 인 명 호 래
남자가 말했다. "우리는 한漢나라 사람이고 내 이름은 호래입니다.

我等輩千五百人伐材木 爲韓所擊得 皆斷髮爲奴 積三年矣
아 등 배 천 오 백 인 벌 재 목 위 한 소 격 득 개 단 발 위 노 적 삼 년 의
우리 무리 1500명은 나무를 베러 나왔다가 한韓의 공격으로 잡혀서 모두
머리를 깎이고 노예가 된 지 3년이 되었습니다."

鑡曰 我當降漢樂浪 汝欲去不
착 왈 아 당 항 한 낙 랑 여 욕 거 불
염사착이 말했다. "나는 지금 한漢 낙랑군으로 항복하러 가는 길인데 너
도 같이 가지 않겠느냐?"

戶來曰 可 鑡因將戶來出詣含資縣 縣言郡 郡即以鑡爲譯

호래왈 가 착인장호래출예함자현 현언군 군즉이착위여

호래가 좋다고 하였다. 염사착이 이렇게 호래를 데리고 출발하여 함자현
에 이르렀다. 함자현에서 군에 보고했다. (당시 漢나라의 행정 체제상 현은 군
의 아래에 속한다. 상황의 경중에 따라 현은 군에 보고하여 명령을 받는다) 군은
곧 염사착을 통역자로 삼았다.

從芩中乘大船入辰韓 逆取戶來 降伴輩尙得千人 其五百人已死

종금중승대선입진찬 여취호래 항반배상득천인 기오백인이사

금중에서 큰 배를 타고 진한으로 들어가서 호래와 함께 항복했던 무리
1000명을 되돌려 받아 다시 데리고 올 수 있었으나, 처음에 항복했던
1500명 중에서 500명은 이미 죽은 뒤였다.

鑡時曉謂辰韓 汝還五百人 若不者 樂浪當遣萬兵乘船來擊汝

착시효위진한 여환오백인 약부자 낙랑당견만병승선래격여

염사착이 이때 진한이 알아듣도록 엄포를 놓았다. "너희는 500명을 돌
려보내라. 만약 그렇지 않으면 낙랑이 당장 병사 만 명을 배로 보내 너
희를 공격할 것이다."

辰韓曰 五百人已死 我當出贖直耳

진한왈 오백인이사 아당출속치이

진한이 말하였다. "500명은 이미 죽었으니 우리가 마땅히 속전_{잘못을 재물로}
_{보상하는 일}으로 그 값을 치르겠소."

乃出辰韓萬五千人 弁韓布萬五千匹 鏽收取直還

내 출 진한 만 오 천 인 변한 포 만 오 천 필 착 수 취 치 환

그리고 진한 사람 만오천 명과 변한에서 생산된 베 만오천 필1필은 성인 옷
한 벌을 지을 정도의 양을 말한다을 내놓았다. 염사착이 죽은 500명의 값으로 그것
을 거두어 낙랑으로 돌아갔다.

郡表鏽功義 賜冠幘田宅 子孫數世 至安帝延光四年時 故受復除

군 표 차 공 의 사 관 책 전 택 자 손 수 세 지안제연광사년시 고 수 복 제

군에서 염사착의 공로와 의로움을 조정에 올리자 조정에서 관책벼슬아치가
쓰는 모자로 벼슬을 내린 것과 밭토지과 집을 하사하였다. 자손이 대대로 이어져 안
제 연광 4년, 125년에 복제부역과 조세를 면제해주는 제도를 받았다.

桓靈之末 韓濊強盛 郡縣不能制 民多流入韓國

환 령 지 말 한예강성 군 현 불 능 제 민 다 유 입 한 국

환제재위 146~167와 영제재위168~189 말기에 한韓과 예濊는 크게 성장하며 부
강해졌다. (한漢나라는 중앙 정계의 혼란으로 지방의) 군현을 제대로 통제하지
못하자 백성들이 한국韓國으로 많이 흘러들어갔다.

建安中 公孫康 分屯有縣以南荒地 爲帶方郡

건 안 중 공 손 강 분 둔 유 현 이 남 황 지 위 대 방 군

건안 연간196~220에는 공손강이 둔유현 남쪽의 황무지를 나누어 대방군
을 만들었다.

遣公孫模張敞等　收集遺民　興兵伐韓濊　舊民稍出　是後倭韓遂屬帶方

견공손모장창등　수집유민　흥병벌한예　구민초출　시후왜한수속대방

공손모와 장창 등을 보내 유민들을 모아 병사를 일으켜 한韓과 예濊를 정벌하니, 옛 (군현의) 백성들이 점점 한국韓國에서 다시 나왔다. 이후로 왜와 한韓이 마침내 대방군에 복속되었다. (한漢의 권위가 왜와 한韓에게 미쳤다)

景初中　明帝密遣帶方太守劉昕　樂浪太守鮮于嗣越海定二郡

경초중　명제밀견대방태수유흔　낙랑태수선우사월해정이군

경초237~239 중에 명제재위 226~239가 비밀리에 대방 태수 유흔과 낙랑태수 선우사를 파견하여 바다 건너 두 군(대방군과 낙랑군)을 평정하였다.

諸韓國臣智加賜邑君印綬　其次與邑長

제한국신지가사읍군인수　기차여읍장

여러 한국韓國의 최고 우두머리인 신지에게 그 지위에 더하여 읍군邑君의 인수도장과 끈. 권위를 상징하는 도장과 그 도장에 달린 끈를 하사하고 그다음 지위에는 읍장邑長이라는 벼슬을 하사하였다.

其俗好衣幘　下戶詣郡朝謁　皆假衣幘　自服印綬衣幘千有餘人

기속호의책　하호예군조알　개가의책　자복인수의책천유여인

그들의 풍속에 예복과 모자를 좋아하는데 하호들이 군에 와서 인사할 때는 모두 좋은 예복과 모자를 빌린다. 예의와 격에 맞는 인수와 예복과 모자를 스스로 갖춘 자들이 천여 명이나 된다.

部從事吳林 以樂浪本統韓國 分割辰韓八國以與樂浪

부종사 오림 이낙랑본통한국 분할진한팔국이여낙랑

부종사 오림이 본래 한국韓國은 낙랑의 통치를 받았다는 이유로 진한에서
여덟 개의 한국을 떼어 낙랑에 주었다.

吏譯轉有異同 臣智激韓忿 攻帶方郡崎離營

리여전유이동 신지격한분 공대방군기리영

통역하는 관리가 말을 다르게 옮기자 과격해진 신지가 분노한 한인들과
함께 대방군의 기리영을 공격하였다.

時太守弓遵 樂浪太守劉茂興兵伐之 遵戰死 二郡遂滅韓

시태수궁준 낙랑태수유무흥병벌지 준전사 이군수멸한

당시 대방 태수 궁준과 낙랑 태수 유무가 병사를 일으켜 정벌하였는데,
궁준은 전사하였지만 두 군은 마침내 한국韓國을 멸망시켰다. (마한 54개국
중에 군과 맞섰던 몇몇 한국이 멸망한 것으로 전체 한국이 다 없어진 것은 아니다)

其俗少綱紀 國邑雖有主帥 邑落雜居 不能善相制禦 無跪拜之禮

기속소강기 국읍수유주수 읍락잡거 불능선상제어 무궤배지례

그 풍속에 기강이 별로 없다. 비록 나라의 도읍마다 우두머리가 있지만
마을에 섞여 살면서 마을 사람들을 제어할 힘은 없다. 무릎 꿇고 절하는
예절도 없다.

居處作草屋土室 形如塚 其戶在上 舉家共在中 無長幼男女之別

거처작초옥토실 형가총 기호재상 거가공재중 무장유남녀지별

흙으로 방을 만들고 풀로 지붕을 덮어 만든 집에서 사는데 무덤같이 생겼다. 집의 문은 위에 있다. 가족이 모두 함께 한집에서 사는데 어른과 어린이, 남자나 여자의 구별이 따로 없다.

其葬有棺無槨 不知乘牛馬 牛馬盡於送死

기장유관무곽 부지승우마 우마진어송사

장례를 치르는데 곽(겉널)은 없고 관(속널)만 사용한다. 말이나 소를 탈 줄 모르며 말과 소는 죽은 사람을 보낼 때만 쓴다.

以瓔珠爲財寶 或以綴衣爲飾 或以縣頸垂耳 不以金銀錦繡爲珍

이영주위재보 혹이철의위식 혹이현경수이 불이금은금수위진

옥돌과 진주를 보물이나 재물로 여겨 혹은 옷에 꿰매 장식하고 혹은 귀에 걸거나 목걸이로 매단다. 금은이나 금수(놓은 비단) 등은 보배로 여기지 않는다.

其人性強勇 魁頭露紒 如炅兵 衣布袍 足履革蹻蹋

기인성강용 괴두로계 여경병 의포포 족리혁교답

그 사람들의 기질은 강하고 용감하다. 머리는 풀어진 채거나 갓이나 두건을 쓰지 않은 상투 머리를 그대로 드러내는데 마치 빛나는 병기처럼 보인다. 옷은 베로 도포를 지어 입는다. 가죽으로 만든 신발을 신고 다닌다.

其國中有所爲及官家使築城郭 諸年少勇健者 皆鑿脊皮 以大繩貫之
기국중유소위급관가사축성곽 제연소용건자 개착척피 이대승관지
나라에 일이 있거나 관가에서 성곽을 쌓게 되면, 여러 젊고 용감하며 건강한 이들은 모두 등가죽에 구멍을 뚫고 큰 밧줄을 이어 맨다.

又以丈許木鍤之 通日讙呼作力 不以爲痛 既以勸作 且以爲健
우이장허목삽지 통일훤호작력 불이위통 기이권작 차이위건
그리고 한 장약 2.5m쯤 되는 나무 삽을 갖고 종일 소리 지르며 힘껏 일하면서도 아프다고 하지 않는다. 이전부터 이렇게 일하도록 권했으며 이렇게 하는 것을 건강한 것이라고 여긴다.

常以五月下種訖 祭鬼神 群聚歌舞飮酒晝夜無休
상이오월하종흘 제귀신 군취가무음주주야무휴
매년 5월 씨 뿌리기가 끝나면 귀신에게 제사를 올린다. 무리 지어 밤낮없이 쉬지 않고 노래하고 춤추며 먹고 마신다.

其舞 數十人俱起相隨 踏地低昂 手足相應 節奏有似鐸舞
기무 수십인구기상수 답지저앙 수족상응 절주유사탁무
그 춤은 수십 명이 서로 뒤따르며 발로 땅을 밟아가며 머리를 숙였다가 높이 들었다 하면서 손과 발을 서로 맞춘다. 음의 장단을 맞추며 반복하는 것이 탁무방울을 흔들며 추는 중국 춤의 하나를 추는 것과 비슷하다.

十月農功畢 亦復如之 信鬼神 國邑各立一人主祭天神 名之天君

시월농공필 역복여지 신귀신 국읍각립일인주제천신 명지천군

10월에 농사가 끝나도 또 이렇게 하는데 귀신을 믿기 때문이다. (마한 50여 개) 나라의 도읍지마다 각각 하늘에 제사 올리는 주관자가 한 명씩 있는데 천군이라고 한다.

又諸國各有別邑 名之爲蘇塗 立大木 縣鈴鼓 事鬼神

우제국각유별읍 명지위소도 입대목 현령고 사귀신

또 모든 나라에는 각각 특별한 마을이 있는데 그 마을을 소도라고 한다. 소도에는 큰 나무를 세워 방울과 북을 달고 귀신을 섬긴다.

諸亡逃至其中 皆不還之 好作賊

제망도지기중 개불환지 호작적

어떤 도망자라도 그 안에 들어가면 아무도 돌려보내지 않으니 도둑 만들기에 좋다.

其立蘇塗之義 有似浮屠 而所行善惡有異

기입소도지의 유사부도 이소행선악유이

소도를 세운 뜻은 불교에서 절을 세운 뜻과 비슷하지만, 그 일의 결과를 보면 불교는 선하고 소도는 나쁘게 되었다는 것이 다르다.

其北方近郡諸國差曉禮俗 其遠處直如囚徒奴婢相聚

기북방근군제국차효예속 기원처직여수도노비상취

북쪽의 군한나라의 군에 가까운 여러 한국은 예절과 풍속을 조금 이해하지만, 먼 곳에 있는 한국은 마치 죄수의 무리나 노비들이 모여 사는 것과 같다.

無他珍寶 禽獸草木略與中國同 出大栗大如梨
무타진보 금수초목약여중국동 출대율대여리
(중국에 없는) 색다른 보배나 보물은 없고 날짐승이나 길짐승, 풀이나 나무 등도 대개 중국과 같다. 배만큼이나 큰 밤이 난다.

又出細尾雞 其尾皆長五尺餘 其男子時時有文身
우출세미계 기미개장오척여 기남자시시유문신
또 꼬리가 가는 닭이 나는데 그 꼬리 길이가 5척약 1.2m이 넘는다. 그곳 남자들 중에는 문신한 사람도 있다.

又有州胡 在馬韓之西海中大島上
우유주호 재마한지서해중대도상
또 주호현재 학계에선 제주도로 추정하고 있다가 마한 서쪽 바다 한가운데 있는 큰 섬에 있다.

其人差短小 言語不與韓同 皆髡頭如鮮卑 但衣韋
기인차단소 언어불여한동 개곤두여선비 단의위
그 주호 사람들은 한국과 달리 키가 더 작고 몸집도 작으며 언어도 한국과 같지 않다. 모두 머리카락을 깎아 삭발한 것이 선비족과 같고, 옷은 오직 가죽만 입는다.

好養牛及豬 其衣有上無下 略如裸勢 乘船往來 市買韓中
호 양 우 급 저　기 의 유 상 무 하　약 여 나 세　승 선 왕 래　시 매 한 중
소와 돼지를 잘 기른다. 옷은 위만 있고 아래는 없어서 대체로 벗은 것
같다. 배를 타고 왕래하며 한국 시장에서 물건을 사고판다.

辰韓在馬韓之東 其耆老傳世自言
진 한 재 마 한 지 동　기 기 로 전 세 자 언
진한은 마한의 동쪽에 있다. 그 나라 기로들이 대대로 전하는 말에 따르면,

古之亡人避秦役來適韓國 馬韓割其東界地與之 有城柵
고 지 망 인 피 진 역 래 적 한 국　마 한 할 기 동 계 지 여 지　유 성 책
그들은 옛적에 진秦 서기전 221~서기전 206나라가 시키는 노역을 피해 한국으로
망명한 사람들인데, 마한이 동쪽 변방을 나누어 주었다고 한다. 성책성과
성을 둘러싼 벽. 울타리이 있다.

其言語不與馬韓同 名國爲邦 弓爲弧 賊爲寇 行酒爲行觴 相呼皆爲徒
기 언 어 불 여 마 한 동　명 국 위 방　궁 위 호　적 위 구　행 주 위 행 상　상 호 개 위 도
진한의 말은 마한과 같지 않다. 나라를 뜻하는 국을 방이라고 한다. (진
나라 때는 나라를 방이라 했는데 한나라 때 고조 유방의 이름 '방'을 피하여 나라를
국으로 바꿔 사용하였다) 활을 뜻하는 궁을 호라고 한다. 도적을 뜻하는 적
은 구라고 한다. 술을 돌려 마시는 행주를 잔 돌린다는 뜻으로 행상이라

고 한다. 서로 부를 때 자기들끼리 동류라는 뜻의 도라고 하는 것이

有似秦人 非但燕齊之名物也

유사진인 비단연제지명물야

진나라 사람과 비슷하다. (진한의 말에는) 비단 연나라나 제나라에서 사용
하는 명칭뿐만이 아니라 진나라 말도 있다.

名樂浪人爲阿殘 東方人名我爲阿 謂樂浪人本其殘餘人

명낙랑인위아잔 동방인명아위아 위낙랑인본기잔여인

(진한에서는) 낙랑 사람을 '아잔'이라고 한다. 동쪽 사람들은 나(또는 우리)
를 뜻하는 '아我'를 '아阿'라고 하는데, 낙랑 사람을 아잔阿아=我 나, 우리, 殘잔
남다, 모자라다이라고 하는 것은 낙랑 사람은 원래 자기들 무리 중의 나머지
라는 뜻으로 그렇게 부르는 것이다.

今有名之爲秦韓者 始有六國 稍分爲十二國

금유명지위진한자 시유육국 초분위십이국

지금도 진한辰韓을 진한秦韓이라고 하는 사람이 있다. 진한은 처음에 여섯
개의 나라였는데 점점 나뉘어 열두 개의 나라가 되었다.

弁辰亦十二國 又有諸小別邑 各有渠帥

변진역십이국 우유제소별읍 각유거수

변진변한이라고도 한다에도 열두 개의 나라가 있다. 또 모두 작으나 별도의 도
읍이 있고 각각 통솔자가 있다.

大者名臣智 其次有險側 次有樊濊 次有殺奚 次有邑借

대자명신지 기차유험측 차유번예 차유살해 차유읍차

제일 높은 사람은 신지이다. 그다음은 험측, 그다음은 번예, 그다음은 살해, 그다음은 읍차라고 한다.

有已柢國 不斯國 弁辰彌離彌凍國 弁辰接塗國 勤耆國 難彌離彌凍國

유이저국 불사국 변진미리미동국 변진접도국 근기국 난미리미동국

이저국·불사국·변진미리미동국·변진접도국·근기국·난미리미동국

弁辰古資彌凍國 弁辰古淳是國 冉奚國 弁辰半路國 弁辰樂奴國

변진고자미동국 변진고순시국 염해국 변진반로국 변진낙노국

변진고자미동국·변진고순시국·염해국·변진반로국·변진낙노국

軍彌國(弁辰軍彌國) 弁辰彌烏邪馬國 如湛國 弁辰甘路國 戶路國

군미국(변진군미국) 변진미오야마국 여담국 변진감로국 호로국

군미국(변진군미국)·변진미오야마국·여담국·변진감로국·호로국

州鮮國 馬延國 弁辰狗邪國 弁辰走漕馬國 弁辰安邪國

주선국 마연국 변진구야국 변진주조마국 변진안야국

주선국·마연국·변진구야국·변진주조마국·변진안야국

弁辰瀆盧國 斯盧國 優由國

변진독로국 사로국 우유국

변진독로국·사로국·우유국이 모두 변진 즉 변한에 있는 나라들이다.

弁辰韓合二十四國　大國四五千家　小國六七百家　總四五萬戶
변진한합이십사국　대국사오천가　소국육칠백가　총사오만호
변한과 진한을 합하면 24개의 나라가 된다. 큰 나라는 4~5천 가구나 되
고, 작은 나라는 6~7백 가구가 된다. 모두 합하면 4~5만 가구이다.

其十二國屬辰王　辰王常用馬韓人作之世世相繼　辰王不得自立爲王
기십이국속진왕　진왕상용마한인작지세세상계　진왕부득자립위왕
그중에 12개 나라는 진왕에게 속해 있다. 진왕은 항상 마한 사람이 대대
로 계승한다. 진한 왕은 스스로 왕이 될 수 없다.

魏略曰　明其爲流移之人　故爲馬韓所制
위략왈　명기위유이지인　고위마한소제
『위략』에 따르면, 그 사람들은 타지에서 흘러들어 온 이주민이 분명하
다. 때문에 (토착민인) 마한의 통제를 받는 것이라고 한다.

土地肥美宜種五穀及稻　曉蠶桑　作縑布　乘駕牛馬　嫁娶禮俗男女有別
토지비미의종오곡급도　효잠상　작겸포　승가우마　가취예속남녀유별
토지는 비옥하여 오곡과 벼가 잘 자라며 뽕나무를 키우고 누에 치는 것
을 알아 겸포두 가지 이상의 명주실로 짠 천를 짓는다. 말과 소로 수레를 끌거나 탄
다. 시집가고 장가가는데 남자와 여자의 예절과 풍속이 달랐다.

以大鳥羽送死 其意欲使死者飛揚

이대조우송사 기의욕사사자비양

죽은 사람을 보낼 때는 큰 새의 날개를 쓰는데, 그것은 죽은 자가 잘 날아 갈 수 있게 하려는 뜻이다. (죽은 사람의 영혼이 하늘로 잘 오르도록 하는 것이다)

魏略曰 其國作屋 橫累木爲之 有似牢獄也

위략왈 기국작옥 횡루목위지 유사뇌옥야

『위략』에 따르면, 그 나라는 집을 지을 때 나무를 가로로 쌓아 올려 짓는데 감옥과 비슷하다고 한다.

國出鐵 韓 濊 倭皆從取之 諸市買皆用鐵 如中國用錢 又以供給二郡

국출철 한 예 왜개종취지 제시매개용철 여중국용전 우이공급이군

나라에서 철이 생산된다. 한韓・예濊・왜倭국이 모두 변진에서 철을 가져 간다. 시장의 모든 거래에 철을 사용하는데, 중국에서 돈을 사용하는 것과 같은 것이다. 또 두 군, 낙랑군과 대방군에도 철을 공급한다.

俗喜歌舞飮酒 有瑟 其形似筑 彈之亦有音曲

속희가무음주 유슬 개형사축 탄지역유음곡

풍속에 노래하고 춤추며 술 마시고 먹는 것을 즐긴다. 거문고가 있는데 그 모양이 축중국 악기의 하나과 비슷하다. 연주하면 역시 높고 낮은 가락이 있다.

兒生 便以石厭其頭 欲其褊 今辰韓人皆褊頭

아생 편이석압기두 욕기편 금진한인개편두

아이가 태어나면 머리를 돌로 누르는데 머리를 납작하게 만들려는 것이다. 지금 진한 사람 머리는 모두 납작하다.

男女近倭 亦文身 便步戰 兵仗與馬韓同 其俗 行者相逢 皆住讓路

남녀근왜 여문신 편보전 병장여마한동 기속 행자상봉 개주양로

왜국과 가까이 사는 남자와 여자는 문신도 하였다. 걸으면서 싸우는 것을 잘하고 무기는 마한과 같다. 그 풍속에 지나가다가 서로 만나면 서로 길을 양보한다.

弁辰與辰韓雜居 亦有城郭 衣服居處與辰韓同 言語法俗相似

변진여진한잡거 여유성곽 의복거처여진한동 언어법속상사

변진 사람이나 진한 사람이나 섞여 살며, 역시 성곽이 있다. 옷 입는 것과 사는 곳은 진한 사람과 같다. 언어와 법질서와 풍속도 서로 비슷하다.

祠祭鬼神有異 施竈皆在戶西

사제귀신유이 시조개재호서

귀신을 모시는 데는 차이점이 있는데, 부엌신부엌을 관장하는 신. 조왕신竈王神을 모시는 곳은 모두 문의 서쪽에 있다.

其瀆盧國與倭接界 十二國亦有王 其人形皆大 衣服絜清 長髮

기독로국여왜접계 십이국역유왕 기인형개대 의복결청 장발

변진독로국은 왜국과 경계를 접하고 있다. 12개의 나라에도 역시 왕이
있다. 그 사람들은 모두 크고 옷을 깨끗이 입으며 머리는 길게 기른다.

亦作廣幅細布　法俗特嚴峻

역작광폭세포　법속특엄준

또 폭은 넓고 촘촘하고 가는 고운 베를 짠다. 법과 풍속은 매우 엄격하다.

■ 倭
　　왜

倭人在帶方東南大海之中　依山島爲國邑

왜인재대방동남대해지중　의산도위국읍

왜의 사람들은 대방군에서 동남쪽으로 큰 바다 가운데에 있다. 산과 섬
을 의지하여 나라와 도읍을 세웠다.

舊百餘國漢時有朝見者　今使譯所通三十國

구백여국한시유조견자　금사역소통삼십국

옛날 한漢나라서기전 202~220 때는 100여 나라에서 조정에 천자를 뵈러 왔
는데, 지금魏나라 사신과 역관이 통하는 나라는 30개이다.

從郡至倭　循海岸水行　曆韓國　乍南乍東　到其北岸狗邪韓國　七千餘里

종군지왜　순해안수행　력한국　사남사동　도기북안구야한국　칠천여리

대방군에서 왜에 도달하려면, 해안을 따라 물길로 한국(韓國)을 지나서 남쪽으로 가다가 동쪽으로 가서 그 북쪽 기슭의 구야한국까지 약 7000여 리약 2800km쯤 간다.

始度一海千餘里　至對馬國　其大官曰卑狗　副曰卑奴母離　所居絶島
시도일해천여리　지대마국　기대관왈비구　부왈비노모리　소거절도

여기서 바다를 건너기 시작하여 1000여 리약 400km를 가면 대마국에 이른다. 그곳에서 제일 지위가 높은 관리는 비구라고 부른다. 그다음은 비노모리라고 부른다. 그들이 사는 섬들은 드문드문 떨어져 있다.

方可四百餘里　土地山險多深林　道路如禽鹿徑　有千餘戶
방가사백여리　토지산험다심림　도로여금녹경　유천여호

사방이 400여 리약 160km이며, 땅은 산이 험하고 깊은 숲이 많으며 길은 새나 사슴 같은 짐승이 다니는 길과 다름없다. 1000여 가구가 산다.

無良田　食海物自活　乖船南北市糴　又南渡一海　千餘里　名曰瀚海
무량전　식해물자활　괴선남북시적　우남도일해　천여리　명왈한해

좋은 밭이 없어 해산물을 먹으며 배를 타고 남북으로 다니며 쌀을 산다. 또 남쪽으로 바다를 건너 1000여 리에 한해드넓은 바다가 있다.

至一大國　官亦曰卑狗　副曰卑奴母離　方可三百里
지일대국　관역왈비구　부왈비노모리　방가삼백리

그곳에 일대국이키국. 대마도와 후쿠오카 사이에 있는 섬이 있는데, 역시 대표 관리는

비구라고 하고 그다음 관리는 비노모리라고 부른다. 그 나라 영토는 사방 300리약 120km이다.

多竹木叢林 有三千許家 差有田地 耕田猶不足食 亦南北市糴
다죽목총림 유삼천허가 차유전지 경전유부족식 여남북시적

대나무와 나무 등 여러 나무가 우거진 나무숲이 많으며 3000여 가구 정도가 산다. 논밭이 있는 것은 (앞에서 설명한 대마국과) 다르지만 밭을 갈아도 먹기에는 곡식이 부족해서 이곳 사람들 또한 (대마국 사람처럼) 남북으로 시장을 다니며 쌀을 구한다.

又渡一海千餘里至末盧國 有四千餘戶 濱山海居 草木茂盛行不見前人
우도일해천여리지말로국 유사천여호 빈산해거 초목무성행불견전인

또 바다를 건너 1000여 리약 400km를 가면 말로국큐슈 나가사키현이 있는데, 4000여 가구가 산과 바다 근처에 살고 있다. 나무와 풀이 무성하여 앞에 걷고 있는 사람이 안 보인다.

好捕魚鰒 水無深淺 皆沈沒取之 東南陸行五百里 到伊都國
호포어복 수무심천 개침몰취지 동남육행오백리 도이도국

물고기와 전복을 잘 잡는데, 물이 깊거나 얕거나 상관없이 모두 물속에 들어가 해산물을 잘 잡는다. 동남쪽 방향 육로로 500리약 200km를 가면 이도국큐슈 후쿠오카현에 이른다.

官曰爾支 副曰泄謨觚 柄渠觚 有千餘戶 世有王

관왈이지 부왈설모고 병거고 유천여호 세유왕

가장 높은 지위의 관리는 이지라고 하고 그다음으로 설모고와 병거고가
있다. 1000여 가구가 있고 대를 이어 세습하는 왕이 있다.

皆統屬女王國 郡使往來常所駐

개통속여왕국 군사왕래상소주

(이들은) 모두 여왕이 다스리는 나라에 속한다. 대방군의 사신이 오가면
서 항상 머무는 곳이 있다.

東南至奴國百里 官曰兕馬觚 副曰卑奴母離 有二萬餘戶

동남지노국백리 관왈시마고 부왈비노모리 유이만여호

동남쪽으로 100리약 40km를 가면 노국이 있는데 그곳 관리를 시마고라고
하고 그다음 관리는 비노모리라고 한다. 2만여 가구가 있다.

東行至不彌國百里 官曰多模 副曰卑奴母離 有千餘家

동행지불미국백리 관왈다모 부왈비노모리 유천여가

동쪽으로 100리약 40km에 불미국이 있다. 그곳 관리는 다모라고 하고, 그
다음 관리는 비노모리라고 한다. 1000여 가구가 있다.

南至投馬國 水行二十日 官曰彌彌 副曰彌彌那利 可五萬餘戶

남지투마국 수행이십일 관왈미미 부왈미미나리 가오만여호

남쪽으로 가면 투마국이 있는데 물길로 20일이 걸린다. 그곳 관리는 미

미라고 한다. 그다음 관리는 미미나리라고 한다. 5만여 가구가 있다.

南至邪馬壹國　女王之所都　水行十日　陸行一月
남지야마일국　여왕지소도　수행십일　육행일월
남쪽으로 야마일국邪馬壹國=邪馬臺國=야마타이국이 있는데 여왕의 도읍이 있는 곳이다. 물길로는 10일, 육로로는 한 달이 걸린다.

官有伊支馬　次曰彌馬升　次曰彌馬獲支　次曰奴佳鞮　可七萬餘戶
관유이지마　차왈미마승　차왈미마획지　차왈노가제　가칠만여호
최고 관리는 이지마라고 부른다. 그다음은 미마승, 그다음은 미마획지, 그다음은 노가제라고 부른다. 7만여 가구가 있다.

自女王國以北　其戶數道里　可得略載　其餘旁國遠絕　不可得詳
자여왕국이북　기호수도리　가득약재　기여방국원절　불가득상
여왕국으로부터 북쪽에 있는 나라들의 가구 수나 가는 길에 대한 것은 얻을 수 있어 기록하였다. 그 이외의 나라들은 멀고 끊어져서 자세한 내용을 얻을 수 없었다.

次有斯馬國　次有已百支國　次有伊邪國　次有都支國　次有彌奴國
차유사마국　차유이백지국　차유이야국　차유도지국　차유미노국
이어서 다음의 나라들이 있다. 사마국·이백지국·이야국·도지국·미노국

次有好古都國　次有不呼國　次有姐奴國
차유호고도국　차유불호국　차유저노국
호고도국・불호국・저노국

次有對蘇國　次有蘇奴國　次有呼邑國　次有華奴蘇奴國
차유대소국　차유소노국　차유호읍국　차유화노소노국
대소국・소노국・호읍국・화노소노국

次有鬼國　次有爲吾國　次有鬼奴國　次有邪馬國　次有躬臣國
차유귀국　차유위오국　차유귀노국　차유야마국　차유궁신국
귀국・위오국・귀노국・야마국・궁신국

次有巴厘國　次有支惟國　次有烏奴國　次有奴國　此女王境界所盡
차유파리국　차유지유국　차유오노국　차유노국　차여왕경계소진
파리국・지유국・오노국・노국이 있는데 여기서 여왕국의 경계가 끝
난다.

其南有狗奴國　男子爲王　其官有狗古智卑狗　不屬女王
기남유구노국　남자위왕　기관유구고지비구　불속여왕
그 남쪽에 구노국이 있는데 남자가 왕이고 관리는 구고지비구이며 여왕
이 다스리는 나라에 속하지 않는다.

自郡 至女王國 萬二千餘里

자군 지여왕국 만이천여리

대방군으로부터 여왕국까지는 1만 2천여 리약 4800㎞이다.

男子無大小皆黥面文身 自古以來 其使詣中國 皆自稱大夫

남자무대소개경면문신 자고이래 기사예중국 개자칭대부

남자들은 아이 어른 없이 모두 얼굴에 문신을 새기는데, 옛날부터 전해
오는 것이다. 그곳 사신들은 중국에 오면 자신들을 모두 대부고위 벼슬아치라
고 말한다.

夏后少康之子封於會稽 斷發文身以避蛟龍之害

하후소강지자봉어회계 단발문신이피교룡지해

하후사마천의 『사기』에서 하나라(서기전 2070~서기전 1600) 왕을 하나라의 후, 하후라고 함 소강의 아
들을 회계지역 이름에 봉하니, 그는 머리를 깎고 문신을 하여 교룡의 해를
피했다고 한다.

今倭水人好沈沒捕魚蛤 文身亦以厭大魚水禽 後稍以爲飾

금왜수인호침몰포어합 문신역이염대어수금 후초이위식

지금 왜의 어부들이 물속으로 자맥질하여 물고기나 조개류 잡는 것을
좋아하는데, 몸에 문신을 새겨 큰 물고기나 물속 짐승들이 싫어하게 하
는 것이다. (물속 짐승을 위협하며 해를 피하려던 이유로 문신하던 것이) 후에는
점점 치장하는 것으로 변하였다.

諸國文身各異 或左或右 或大或小 尊卑有差
제국문신각이 혹좌혹우 혹대혹소 존비유차

여러 나라의 문신이 각각 다르다. 혹은 왼쪽에 혹은 오른쪽에 하고, 혹은 크고 혹은 작게 하여 귀함과 천함의 차이를 나타낸다.

計其道里 當在會稽 東冶之東 其風俗不淫 男子皆露紒 以木綿招頭
계기도리 당재회계 동야지동 기풍속불음 남자개노계 이목면초두

그곳까지 (중국에서 왜국으로 가는 길을) 헤아리자면 회계에서 동야(현재 중국 푸저우)의 동쪽으로 간다. 그 나라 풍속은 음란하지 않다. 남자들 머리는 상투를 튼 채 드러내놓고 목면을 머리에 묶는다.

其衣橫幅 但結束相連 略無縫
기의횡폭 단결속상련 약무봉

옷은 가로로 넓은 천을 묶어서 연결할 뿐, 바느질은 생략하여 꿰매지 않는다.

婦人被髮屈紒 作衣如單被 穿其中央 貫頭衣之
부인피발굴계 작의여단피 천기중앙 관두의지

결혼한 여자들은 머리를 길게 편 다음 말아 올려 묶는다. 옷은 홑겹 이불 같은 것을 쓰는데, 가운데 구멍을 내서 머리를 넣어 입는다.

種禾稻 紵麻 蠶桑 緝績 出細紵 縑綿 其地無牛馬虎豹羊鵲
종화도 저마 잠상 집적 출세저 겸면 기지무우마호표양작

벼를 심으며 모시풀, 삼나무, 뽕나무가 있고 누에를 치며 실을 짠다. 가늘고 고운 모시와 생사로 짠 비단과 면을 생산한다. 그 땅에는 소·말·호랑이·표범·양·까치가 없다.

兵用矛楯木弓 木弓短下長上 竹箭或鐵鏃或骨鏃 所有無與儋耳硃崖同
병 용 모 순 목 궁　목 궁 단 하 장 상　죽 전 혹 철 촉 혹 골 촉　소 유 무 여 담 이 주 애 동

무기로는 창과 방패와 나무로 만든 활이 있다. 나무로 만든 활은 아래는 짧고 위는 길다. (활을 쏘기 위해 잡았을 때 손 아랫부분은 짧고 손 윗부분은 길다) 화살은 대나무로 만들고 화살촉은 쇠나 뼈로 만든다. 왜국에 있거나 없는 것은 (중국의) 담이군이나 주애군과 같다.

倭地溫暖 冬夏食生菜 皆徒跣 有屋室 父母兄弟臥息異處
왜 지 온 난　동 하 식 생 채　개 도 선　유 옥 실　부 모 형 제 와 식 이 처

왜 땅은 따뜻해서 겨울이나 여름이나 싱싱한 나물을 먹는다. 모두 맨발로 다닌다. 집이 있는데 부모 형제가 자는 곳과 쉬는 곳이 다르다. (각자의 공간이 따로 있다)

以硃丹塗其身體 如中國用粉也 食飮用籩豆 手食
이 주 단 도 기 신 체　여 중 국 용 분 야　식 음 용 변 두　수 식

주사와 단사 같은 붉은 가루를 몸에 바르는데 중국에서 분가루를 사용하는 것과 같은 것이다. 먹고 마시는데 변籩 조릿대를 가늘게 잘라 엮어 만든 그릇과 두豆 제사용으로 주로 쓰이는 굽이 있는 그릇를 사용하면서 손으로 먹는다. (음식은 그릇에 담아서 손으로 먹는다)

其死 有棺無槨 封土作塚 始死停喪十餘日 當時不食肉

기사 유관무곽 봉토작총 시사정상십여일 당시불식육

사람이 죽으면 관(시신을 넣는 궤. 속널이라고도 한다)은 쓰지만 곽(관을 넣는 궤. 겉널 또는 외관이
라고도 한다)은 없다. 흙을 쌓아 올려 무덤을 만든다. 상례는 10여 일 걸린다.
이 기간에는 고기를 먹지 않는다.

喪主哭泣 他人就歌舞飮酒 已葬 擧家詣水中澡浴 以如練沐

상주곡읍 타인취가무음주 이장 거가예수중조욕 이여련목

상주는 곡읍(소리 내어 슬피 우는 것)을 하고, 다른 사람들은 먹고 마시며 춤추고
노래한다. 장례를 다 치르면 모든 가족이 물에 들어가 씻는데, 목욕하는
것과 마찬가지이다.

其行來渡海詣中國 恆使一人 不梳頭 不去蟣虱 衣服垢汙 不食肉

기행래도해예중국 항사일인 불소두 불거기슬 의복구오 불식육

바다 건너 중국에 갈 때면 늘 한 사람을 정해 머리를 감지 못하게 하고,
이나 서캐도 잡지 못하게 하며, 의복도 빨거나 갈아입지 못하게 하고 고
기도 못 먹게 하면서,

不近婦人 如喪人 名之爲持衰

불근부인 여상인 명지위지쇠

부인도 가까이하지 못하게 하여 마치 상 당한 사람처럼 있게 한다. 이름
하여 '지쇠'라고 한다.

若行者吉善共顧其生口財物 若有疾病遭暴害 便欲殺之 謂其持衰不謹
약행자길선공고기생구재물 약유질병조폭해 변욕살지 위기지쇠불근

만약 길 떠난 사람에게 좋은 일이 생기면 그 생구노예, 즉 지쇠에게 재물을 주어 보답하며, 만약 가는 길에 질병을 얻거나 나쁜 일을 당하면 곧 죽이려고 하는데 지쇠가 몸가짐을 조심스럽게 하지 않았다고 여기기 때문이다.

出真珠青玉 其山有丹 其木有枏 杼 豫樟 櫟櫪 投橿 烏號 楓香
출진주청옥 기산유단 기목유남 서 예장 유력 투강 오호 풍향

진주와 푸른 옥이 난다. 산에 단단사, 수은으로 이루어진 황화광물이 있다. 나무 종류로는 녹나무枏·상수리나무杼·예장녹나무과·유력상수리 나무의 일종·투강감탕나무 혹은 박달나무·오호꾸지뽕나무·풍향낙엽성의 작은 나무 혹은 단풍나무이 있다.

其竹筱簳桃支 有薑 橘 椒 蘘荷 不知以爲滋味 有獼猴黑雉
기죽소간도지 유강 귤 초 양하 부지이위자미 유선후흑치

그곳 대나무는 소줄기가 가는 대나무. 조릿대·간대나무의 한 종류. 화살대·도지대나무의 한 종류가 있다. 생강·귤·산초나무椒·양하생강. 산과 들에서 자생가 있는데 맛을 더해주는 풀인 줄 모른다. 원숭이와 검은 꿩이 있다.

其俗擧事行來 有所云爲 輒灼骨而卜 以占吉凶
기속거사행래 유소운위 첩작골이복 이점길흉

그 나라 풍속에 어떤 큰일을 하게 되거나 어딘가를 멀리 다녀와야 할 때는 그 일이 어떠할지 얘기하면서, 뼈를 태워 나오는 점괘로 그 일을 하

는 것이 좋을지 나쁠지 점을 친다.

先告所卜　其辭如令龜法　視火坼占兆
선고소복　기사여령귀법　시화탁점조

먼저 점칠 내용을 알리고, 거북점을 보는 방식처럼 불에 타서 갈라진 뼈의 모습을 보고 길흉을 판단한다.

其會同坐起　父子男女無別　人性嗜酒
기회동좌기　부자남녀무별　인성기주

회동좌기會同坐起 나랏일을 처리하기 위한 관리들의 모임에는 아버지와 아들, 남자와 여자의 구별이 없다. (일본은 대대로 한 가문이 성주의 신분으로 일정 지역을 다스렸기에 가족이 모여 의논하며 정사를 결정하는 일이 흔했다) 그 사람들은 술을 좋아한다.

魏略曰　其俗不知正歲四節　但計春耕秋收爲年紀
위략왈　기속부지정세사절　단계춘경추수위년기

『위략』에 따르면, 그 나라 사람들은 1월의 시작이나 사계절의 시기를 모른다. 단지 봄에 경작하여 가을에 수확하는 것을 한 해로 한다.

見大人所敬　但搏手以當跪拜　其人壽考　或百年　或八九十年
견대인소경　단박수이당궤배　기인수고　혹백년　혹팔구십년

대인大人을 만나 공경을 표할 때는 두 손을 모으고 무릎을 꿇어 절한다. 그 사람들은 오래 사는데 혹은 100세 혹은 8~90세까지 산다.

其俗 國大人皆四五婦 下戶或二三婦 婦人不淫不妒忌 不盜竊 少諍訟

기속 국대인개사오부 하호혹이삼부 부인불음불투기 부도절 소쟁송

풍속에 나라의 대인은 모두 4~5명의 부인을 둔다. 하호들도 간혹 2~3명의 부인을 두기도 한다. 부인들은 음란하지 않으며 투기하지도 않는다. 남의 재물을 훔치는 일이 없어 소송이 적다.

其犯法 輕者沒其妻子 重者滅其門戶及宗族 尊卑各有差序 足相臣服

기범법 경자몰기처자 중자멸기문호급종족 존비각유차서 족상신복

법을 어겼을 때 죄가 가벼운 자는 그 부인과 자녀을 죽이고, 죄가 무거운 자는 그 문호일가 친척와 종족성씨와 혈통이 같은 한 집안사람을 모두 죽인다. 지위와 신분에 따라 귀하고 천함이 있어 신하가 된 자는 복종한다.

收租賦 有邸閣國 國有市 交易有無 使大倭監之

수조부 유저각국 국유시 교역유무 사대왜감지

세금과 부역국가의 명령으로 하는 노동을 걷으며 세를 거두어 보관하는 창고가 있다. 나라에 시장이 있어 교역이 이루어지며 대왜大倭가 이를 감독한다.

自女王國以北 特置一大率 檢察諸國 諸國畏憚之

자여왕국이북 특치일대솔 검찰제국 제국외탄지

여왕국 북쪽에 특별히 대솔大率 벼슬 이름 1명을 두어 여러 나라를 살피고 단속하니 모든 나라가 이를 두려워하여 (법칙에 어긋난 행동을) 삼간다.

常治伊都國 於國中有如刺史 王遣使詣京都帶方郡諸韓國及郡使倭國
상 치 이 도 국 어 국 중 유 여 자 사 왕 견 사 예 경 도 대 방 군 제 한 국 급 군 사 왜 국

(대솔은) 항상 이도국에서 다스리는데, 나라 안에 있는 (중국의) 자사중국 각
군과 국을 감독하던 감찰관와 같은 것이다. 왕이 경도수도, 당시 중국의 도읍 낙양, 대방군,
여러 한국에 사신을 보낼 때와 대방군에서 왜국에 사신을 보낼 때,

皆臨津搜露 傳送文書賜遺之物詣女王 不得差錯
개 임 진 수 로 전 송 문 서 사 유 지 물 예 여 왕 부 득 차 착

모든 나루터(바다 한가운데 있는 수백 개의 섬으로 구성된 왜국의 특징으로 이때
의 나루터는 국경이 바뀌는 곳, 또는 다른 나라에 들어가는 입구이다)와 길에서
수색하여 문서나 하사품 등의 물건을 여왕에게 전달하는 데 착오나 어
긋남이 없게 한다.

下戶與大人相逢道路 逡巡入草
하 호 여 대 인 상 봉 도 로 준 순 입 초

하호들이 대인을 길에서 만나면 뒷걸음치며 물러나 풀 속으로 들어간다.
(당시 길 가장자리는 풀숲이다. 대인이 먼저 가도록 길옆으로 물러난 것이다)

傳辭說事 或蹲或跪 兩手據地 爲之恭敬 對應聲曰噫 比如然諾
전 사 설 사 혹 준 혹 궤 양 수 거 지 위 지 공 경 대 응 성 왈 희 비 여 연 낙

(대인을 만나) 말을 전하거나 어떤 일에 대하여 설명할 때는 몸을 웅크리
고 엎드리거나 무릎을 꿇고 양손으로 땅을 짚어 공경함을 나타낸다. 대
답할 때는 '희'라고 하는데, 승낙한다, 알았다는 말과 같은 것이다.

其國本亦以男子爲王 住七八十年 倭國亂 相攻伐歷年

기국본역이남자위왕 주칠팔십년 왜국란 상공벌역년

그 나라도 원래는 남자가 왕이었다. 7~80년 그렇게 지내다가 왜국에 난리가 나서 서로 공격하여 정벌하면서 몇 년이 지났다.

乃共立一女子爲王 名曰卑彌呼 事鬼道 能惑衆 年已長大 無夫婿

내공립일여자위왕 명왈비미호 사귀도 능혹중 연이장대 무부서

그래서 다 함께 공동으로 한 여인을 왕으로 모셨다. 여왕 비미호히미코이다. 비미호는 귀신을 섬기며 백성을 미혹시키는 능력이 있었다. 성년이 되어서도 남편이 없었다.

有男弟佐治國 自爲王以來 少有見者

유남제좌치국 자위왕이래 소유견자

여왕의 남동생이 나라 다스리는 것을 보좌하였다. 비미호가 왕이 된 이래로 여왕을 본 자는 적다.

以婢千人自侍 唯有男子一人給飲食 傳辭出入

이비천인자시 유유남자일인급음식 전사출입

여왕을 모시는 여자 종들이 1000명이나 되는데도 오직 남자 한 명이 음식을 공급하며 드나들면서 말을 전했다.

居處宮室樓觀 城柵嚴設 常有人持兵守衛

거처궁실누관 성책엄설 상유인지병수위

(여왕이) 거처하는 궁실, 누관문과 벽 없이 높이 지은 집, 성책의 시설은 병사들이 항상 빈틈없이 지켰다.

女王國東渡海千餘里 復有國 皆倭種
여왕국동도해천여리 복유국 개왜종

여왕의 나라에서 동쪽으로 바다 건너 1000여 리약 400km를 가면 또 나라가 있는데 모두 왜 종족이다.

又有侏儒國在其南 人長三四尺 去女王四千餘里
우유주유국재기남 인장삼사척 거여왕사천여리

또 주유국이 그 남쪽에 있는데 그 사람들의 키는 3~4척100cm 내외이다. 여왕의 나라에서 4000여 리약 1600km 거리에 있다.

又有裸國 黑齒國復在其東南 船行一年可至
우유나국 흑치국복재기동남 선행일년가지

또 나국과 흑치국이 그 동남쪽에 있는데, 배로 1년을 가야 닿는다.

叄問倭地 絶在海中洲島之上 或絶或連 周旋可五千餘里
참문왜지 절재해중주도지상 혹절혹운 주선가오천여리

왜국의 땅에 대하여 살펴보니, 땅과 끊어져 바다 가운데 있는 섬인데 혹은 서로 떨어지고 혹은 서로 연결되어 그 둘레가 가히 5000여 리약 2000km 정도이다.

景初二年六月 倭女王遣大夫難升米等詣郡 求詣天子朝獻

경초이년유월 왜여왕견대부난승미등예군 구예천자조헌

경초 2년, 237년 6월 왜 여왕이 보낸 대부 난승미 등이 대방군에 와서 조정조조의 위나라 정부에 나아가 천자를 알현하고 헌상품을 바치게 해 달라고 하였다.

太守劉夏遣吏將送詣京都 其年十二月 詔書報 倭女王曰

태수유하견리장송예경도 기년십이월 조서보 왜여왕왈

대방 태수 유하가 관리와 장수를 파견하여 (난승미 등을) 수도까지 전송하였다. 왕은 그 해, 237년 12월 왜국 여왕 비미호에게 조서왕이 신하에게 내리는 교지로 회답했다.

制詔 親魏倭王 卑彌呼

제조 친위왜왕 비미호

"친위왜왕 비미호(위나라의 혈족처럼 가까운 왜왕 비미호)에게 알리는 글

帶方太守劉夏 遣使送汝 大夫難升米 次使都市牛利

대방태수유하 견사송여 대부난승미 차사도시우리

대방 태수 유하가 그대가 보낸 대부 난승미와 도시우리를 전송하여,

奉汝所獻 男生口四人 女生口六人 班布二匹二丈 以到

봉여소헌 남생구사인 여생구육인 반포이필이장 이도

그대가 바친 남자 생구왕의 시중을 들도록 보낸 사람. 포로나 노예를 뜻함 4명, 여자 생구

6명과 반포얼룩 무늬의 베 2필1필은 어른 한 사람 옷을 만드는 분량 2장1장은 대략 2.5m 길이도 잘 받았소.

汝所在逾遠 乃遣使貢獻 是汝之忠孝 我甚哀汝 今以汝爲親魏倭王
여소재유원 내견사공헌 시여지충효 아심애여 금이여위친위왜왕
그대가 있는 곳이 매우 먼데 사신을 보내 이러한 것을 바치니 그대의 충성과 효도의 갸륵함을 느껴 내 마음이 매우 애틋하오. 이제 그대를 친위왜왕으로 삼는 바요.

假金印紫綬 裝封付帶方太守假授汝 其綏撫種人 勉爲孝順
가금인자수 장봉부대방태수가수여 기수무종인 면위효순
이에 금 도장에 자줏빛 끈을 달아 대방 태수를 통하여 그대에게 전하는 바이니, 그대는 그대의 백성들이 편안하도록 잘 다스리고 효에 힘쓰며 (당시 개념으로 왕을 모시는 것을 효 또는 충이라고 하였다) 내게 잘 순종하기 바라오.

汝來使難升米 牛利涉遠 道路勤勞 今以難升米 爲率善中郎將
여래사난승미 우리섭원 도로근로 금이난승미 위솔선중랑장
그대가 보낸 난승미와 도시우리는 고생하며 먼 길을 왔으니 이를 치하하여 난승미를 솔선중랑장으로

牛利 爲率善校尉 假銀印靑綬 引見勞賜遣還 今以絳地交龍錦五匹
우리 위솔선교위 가은인청수 인견노사견환 금이강지교룡금오필

도시우리는 솔선교위로 임명하고 그들에게 청색 술을 장식한 은 도장을
특별히 하사하여 노고를 위로하여 돌려 보내는 바요. 이제 강지교룡금_강

지에서 생산한 비단의 한 종류 5필_{1필은 시대와 지역에 따라 다르지만 대체로 성인 한 명의 옷을 짓는 양}과,

絳地縐粟罽十張　蒨絳五十匹　紺青五十匹　答汝所獻貢直
강지추속계십장　천강오십필　감청오십필　답여소헌공직

강지추속계_{강지에서 생산한 융단의 한 종류} 10장_{張, 종이 · 유리 · 천 등을 세는 단위}, 천강_{비단 종류}
50필, 감청_{비단 종류} 50필을 그대가 바친 공물에 답하여 보내오.

又特賜汝紺地句文錦三匹　細班華罽五張　白絹五十匹　金八兩
우특사여감지구문금삼필　세반화계오장　백견오십필　금팔냥

또 그대에게 특별히 감지구문금_{비단 종류} 3필 · 세반화계_{융단 종류} 5장 · 백견_비

_{단 종류} 50필 · 금 8냥_{금 1냥은 현재 37.5g},

五尺刀二口　銅鏡百枚　真珠　鉛丹各五十斤　皆裝封付難升米
오척도이구　동경백매　진주　연단각오십근　개장봉부난승미

5척_{1척은 1자와 같고 25cm 정도. 현재 1자는 30cm로 시대변화와 함께 길이 기준도 변함} 칼 2개 · 청
동거울 100개 · 진주 · 연단_{붉게 칠한 납} 각각 50근_{1근은 현재 600g}을 모두 포장하
여 난승미와

牛利還到錄受　悉可以示汝國中人　使知國家哀汝　故鄭重賜汝好物也
우리환도록수　실가이시여국중인　사지국가애여　고정중사여호물야

도시우리에게 주어 보내니 도착하면 이것들을 잘 받아 모두 빠짐없이

그대의 백성들에게 보여주어 우리가 그대를 얼마나 아끼는지 알리도록
하시오. 이것이 내가 좋은 물건을 많이 주는 이유요."

正始元年 太守弓遵 遣建中校尉梯俊等 奉詔書印綬詣倭國
정시원년 태수궁준 견건중교위제준등 봉조서인수예왜국
정시 원년, 240년에 태수 궁준이 건중교위 제준 등을 왜국에 파견하니
그들이 (위왕이 내린) 조서와 인수나라나 관청의 지위와 권위를 상징하는 끈 달린 도장를 받
들고 왜국에 이르렀다.

拜假倭王 並齎詔賜金帛錦罽刀鏡采物 倭王因使上表答謝恩詔
배가왜왕 병제조사금백금계도경채물 왜왕인사상표답사은조
위나라 왕을 대신하여 왜왕에게 관작위나라 황제가 내리는 벼슬과 작위, 즉 왜왕 칭호을
전하는 의례를 통해서 가져온 조서와 금·각종 비단·융단·칼·거울
등의 채물예물을 하사하였다. 왜왕이 이에 표문임금에게 올리는 글을 올려 답하
며 은조임금의 은혜로운 조서에 사례하였다.

其四年 倭王復遣使大夫伊聲者 掖邪狗等八人
기사년 왜왕부견사대부이성기 액사구등팔인
정시 4년, 243년, 왜왕이 또다시 대부 이성기와 액사구 등 8명을 보냈다.

上獻 生口 倭錦 絳青縑 綿衣 帛 布 丹木 拊 短弓矢
상헌 생구 왜금 강청겸 면의 백 포 단목 부 단궁시
생구노예와 왜금비단의 한 종류, 강청겸비단 종류, 면의무명으로 지은 옷, 또는 솜을 넣어 만든 옷,

비단, 베, 단목나무 이름. 물감·약재 등의 재료로 쓰인다, 부악기, 단궁시짧은 활과 화살 등을
바쳤다.

拕邪狗等壹拜 率善中郎將印綬 其六年 詔賜倭難升米黃幢 付郡假授
액사구등일배 솔선중랑장인수 기육년 조사왜난승미황당 부군가수

(위나라에서) 액사구 등에게도 마찬가지로 솔선중랑장의 버슬과 인수끈을 장
식한 도장. 관작을 내리는 상징를 주었다. 정시 6년, 245년에 조서를 내려 왜국의
난승미에게 황당黃幢 황색 깃발로 대장 등의 위세를 나타내는 상징적인 의장기을 하사하였는
데, 군郡. 대방군으로 보내 군에서 왜국에 전해 주도록 하였다.

其八年 太守王頎到官 倭女王卑彌呼與狗奴國男王卑彌弓呼素不和
기팔년 태수왕기도관 왜여왕비미호여구노국남왕비미궁호소불화

정시 8년, 247년에 태수 왕기가 관청官 공무를 집행하는 곳에 도착하였다. (대방
군에 부임했다) 왜국의 여왕 비미호와 구노국의 남자왕 비미궁호히미코코는
평소 사이가 좋지 않았다.

遣倭載斯 烏越等 詣郡 說相攻擊狀
견왜재사 오월등 예군 설상공격상

왜국에서 재사와 오월 등을 파견했다. 재사와 오월은 대방군에 도착하여
비미호와 비미궁호가 서로 공격하며 싸우는 상황을 설명하였다.

遣塞曹掾史張政等因齎詔書 黃幢 拜假難升米爲檄告喻之
견새조연사장정등인제조서 황당 배가난승미위격고유지

(군에서) 새조연사 장정 등을 파견하여 가져간 조서와 황당黃幢 의장기의 하나로 황색 깃발. 지위나 권위를 나타낸다을 전하며 난승미에게 관작관직과 작위을 내렸다. 이것을 격문으로 보내며 알아듣게 하였다. (당시 위나라가 대국의 위세로 왜국와 구노국을 중재한 것이다)

卑彌呼以死 大作塚 徑百餘步 徇葬者奴婢百餘人
비미호이사 대작총 경백여보 순장자노비백여인

(여왕) 비미호가 죽자 큰 무덤을 만들었는데 둘레가 100여 걸음 정도 되고 순장한 노비가 100여 명이었다.

更立男王 國中不服 更相誅殺 當時殺千餘人
갱립남왕 국중불복 갱상주살 당시살천여인

(여왕이 죽은 후) 다시 남자 왕을 세웠는데 나라 사람들이 복종하지 않고, 다시 서로 죽이기를 일삼으니 당시 죽은 사람들이 1000여 명이나 되었다.

復立卑彌呼宗女壹與 年十三爲王 國中遂定 政等以檄告喩壹與
부립비미호종녀일여 년십삼위왕 국중수정 정등이격고유일여

다시 비미호 집안의 여자 일여이요를 세우니, 일여 나이 13살에 왕이 되었다. 나라 안이 마침내 안정되고 장정 등이 격문으로 일여가 왕이 된 것을 널리 알렸다.

壹與遣倭大夫率善中郎將掖邪狗等二十人 送政等還
일여견왜대부솔선중랑장액사구등이십인 송정등환

일여는 왜의 대부 솔선중랑장 액사구 등 20명을 보내 장정 등이 중국으로 돌아가는 길을 전송했다.

因詣台 獻上男女生口三十人

인예대 헌상남여생구삼십인

(그들은) 대지명에 도착하여 임금에게 남녀 생구 30명을 바치고,

貢白珠五千 孔青大句珠二枚 異文雜錦二十匹

공백주오천 공청대구주이매 이문잡금이십필

흰 구슬 5000개, 공청대구주몸통에 구멍을 뚫고 곡선으로 모양을 낸 옥구슬 2매, 특별한 무늬가 섞인 비단 20필의 공물도 바쳤다.

■ 評
평

評曰 史漢著朝鮮兩越 東京撰錄西羌

평왈 사한저조선양월 동경찬록서강

평하여 말한다. (오환·선비·동이전을 통틀어『삼국지』저자 진수가 평하는 말이다. 본 글에서는 앞부분의 오환·선비 부분을 빼고 동이전만 소개하였다)『사기』서기전 1세기에 지은 책나『한서』1세기에 지은 책에서 조선과 양월중국 남쪽 남월과 동월 두 개의 월나라에 대하여 기록했고,『동경』3세기에 지은 책. 동쪽의 수도라는 뜻으로 동한, 즉 후한의 수도 낙양이다. 여기서는 후한을 다룬 역사책을 말한다에서는 서강西羌 중국 서쪽의 강 종족, 서쪽 오랑캐에 대하여 기록하였다.

魏世匈奴遂衰 更有烏丸鮮卑 爰及東夷

위세흉노수쇠 경유오환선비 원급동이

위220~264나라 시대에 오랑캐 흉노가 마침내 쇠약해졌는데, 대신 오환과
선비가 일어났고 이어 동이도 성장하였다. (흉노의 공격이 사라지니 오환, 선
비, 동이가 그 자리를 대신하였다)

使譯時通 記述隨事 豈常也哉

사역시통 기술수사 기상야재

사신과 역관이 시시때때로 통하며 일에 따라 기록하였으나 어찌 그것이
항상 잘 이어졌겠는가!

4

後漢書에서 동이열전

後漢書 東夷列傳 卷 八十五

후한서 동이열전 권 85

■ 東夷
동이

王制云 東方曰夷 夷者柢也 言仁而好生 萬物柢地而出

왕제운 동방왈이 이자저야 언인이호생 만물저지이출

「왕제」유학 경전 『예기』에서 군주 정치의 각종 법규를 열거한 장章에 동방은 '이夷'이며, 이夷란 근본이라고 하였다. 이夷=동방東方는 어질고 생명을 좋아해서 만물을 땅에서 태어나게 하는 바탕이다.

故天性柔順 易以道御 至有君子不死之國焉

고천성유순 이이도어 지유군자불사지국언

그러므로 타고난 본성이 부드럽고 순하여 도리로 다스리기 쉬운 까닭에
이夷=동방東方는 군자가 사는 나라, 불사의 나라라는 말이 있다.

夷有九種曰 畎夷 于夷 方夷 黃夷 白夷 赤夷 玄夷 風夷 陽夷
이유구종왈 견이 우이 방이 황이 백이 적이 현이 풍이 양이
이夷는 9개의 종족이 있어 견이·우이·방이·황이·백이·적이·현이·
풍이·양이로 이들을 9이九夷라고 한다.

故孔子欲居九夷也 昔堯命羲仲宅嵎夷 曰暘谷 蓋日之所出也
고 공자욕거구이야 석요명희중택우이 왈양곡 개일지소출야
옛적에 공자서기전 551~서기전 479, 춘추전국시대 노나라 학자는 9이의 나라에서 살고
싶다고 하였다. 옛날 요임금중국의 태평성대를 이루었다는 전설적인 임금. 당요이 희중희 씨의
둘째 아들. 요임금의 명령으로 해·달·별의 운행을 살폈다에게 우이에서 살도록 명령하고 그
곳을 양곡이라고 불렀는데, 양곡은 해가 떠오르는 곳이라는 의미이다.

夏后氏太康失德夷人始畔 自少康已後世服王化 遂賓於王門 獻其樂舞
하 후 씨태강실덕이인시반 자소강이후세복왕화 수빈어왕문 헌기악 무
하후 씨하나라. 서기전 2070~서기전 1600 (우가 하나라를 세운 후 성을 하로 바꾸고 자신
을 후后라고 하였다. 그래서 우임금을 하후라고도 하며, 하후 씨는 하나라 임금, 또
는 하 왕조를 말한다) 태강하나라 제3대 왕이 덕을 잃자 동방의 이인夷人들이 중
국을 배반하기 시작하였다. 소강하나라 제6대 임금 이후에 다시 임금이 덕의
정치를 펼치자 감동한 동방 이夷들이 마침내 하후 씨 왕조에 음악과 춤
을 바치며 복종하였다.

桀爲暴虐 諸夷內侵 殷湯革命 伐而定之
걸위포학 제이내침 은탕혁명 벌이정지

걸왕하왕조 마지막 왕은 사납고 잔인하였다. 여러 이동방의 이민족들이 중원을 침입하였다. 은나라서기전 1600~서기전 1046 탕왕의 혁명으로 이夷를 정벌하고 걸왕을 내쫓아 중원을 안정시켰다.

至于仲丁 藍夷作寇 自是或服或畔 三百餘年
지우중정 람이작구 자시혹복혹반 삼백여년

중정은나라 임금 때 람이藍夷 동방 이민족의 하나가 떼를 지어 도적질하더니, 이때부터 동이東夷들이 혹은 복종하고 혹은 배반하는 세월이 300여 년간 계속되었다.

武乙衰敝 東夷寖盛 遂分遷淮岱 漸居中土
무을쇠폐 동이침성 수분천회대 점거중토

무을은나라 임금 때 은나라는 쇠약해지고 동이는 강해지면서 침략이 많아지더니 마침내 회수淮水와 대산岱山으로 옮겨 차츰차츰 중국 땅을 점거하며 살게 되었다.

及武王滅紂 肅愼來獻石砮楛矢
급무왕멸주 숙신래헌석노호시

주나라서기전 1046~서기전 771 무왕재위 서기전 1046~서기전 1043. 주나라 건국자이 은나라 주왕紂王 은왕조의 마지막 왕을 멸망시켰다. (주나라가 은나라 대신 중원의 주인이 되었다) 숙신종족 이름이 와서 석노돌로 만든 화살촉와 호시호라는 싸리나무과의 나무로 만든 화살를 바쳤다.

管蔡畔周　乃招誘夷狄　周公征之　遂定東夷　康王之時　肅愼復至
관채반주　내초유이적　주공정지　수정동이　강왕지시　숙신부지

관숙주나라를 세운 무왕의 동생과 채숙주나라를 세운 무왕의 동생이 주나라를 배반무왕이 주나라를 세운 후 얼마 안 가 죽고 어린 아들 성왕이 즉위하자 성왕의 숙부인 관숙과 채숙이 반란을 일으켰다하고 오랑캐 동이와 북적을 동원하여 반기를 들었는데 주공주나라를 세운 무왕의 동생. 무왕과 관숙과 채숙과 주공은 모두 형제이다. 조카인 성왕을 보좌하여 형제인 관숙과 채숙의 반란을 진압하였다이이들을 정벌하고 마침내 동이도 평정하였다. 강왕성왕의 아들, 주나라 3대 왕 때에 숙신이 다시 복종하였다.

後徐夷僭號　乃率九夷以伐宗周　西至河上
후서이참호　내솔구이이벌종주　서지하상

그 후에 서이徐夷가 감히 왕을 칭하며 9이九夷를 거느리고, 큰 나라로 여기며 따르던 주나라를 공격하여 서쪽으로 황하의 상류까지 차지하였다.

穆王畏其方熾　乃分東方諸侯　命徐偃王主之　偃王處潢池東地方五百里
목왕외기방치　내분동방제후　명서언왕주지　언왕처황지동지방오백리

목왕주나라 제5대 왕은 서이의 세력이 커지자 두려움을 느끼고 동쪽 지역의 땅을 나누어 주며 서徐의 언왕偃王에게 그곳 제후들을 다스리도록 명하였다. 서언왕은 황지 동쪽에 살았는데 그 영토가 사방 500리200km였다.

行仁義　陸地而朝者三十有六國
행인의　육지이조자삼십유육국

서언왕이 어질고 의롭게 일을 처리하니 육로로 찾아오는 나라가 36국이

나 되었다.

穆王後得驥騄之乘 乃使造父御以告楚 令伐徐 一日而至
목왕후득기녹지승 내사조부어이고초 령벌서 일일이지

목왕은 후에 적기말 이름와 녹이말 이름라는 명마를 얻어서 즐겨 타고 다녔는데, 조부신하 이름에게 그 명마들을 내주며 초나라 왕에게 서언왕을 정벌하라는 명을 전하게 하였다. 명마 덕분에 조부는 하루 만에 도착하였다.

於是楚文王大擧兵而滅之 偃王仁而無權 不忍鬪其人 故致於敗
어시초문왕대거병이멸지 언왕인이무권 불인투기인 고치어패

이에 초나라 문왕이 군사를 크게 일으켜 서언왕을 멸망시킬 수 있었다. 언왕은 어진 사람으로 권세를 부리지 않았고, 백성을 (전쟁터에서) 싸우게 하는 것이 싫어 결국 패하였다.

乃北走彭城武原縣東山下 百姓隨之者以萬數 因名其山爲徐山
내북주팽성무원현동산하 백성수지자이만수 인명기산위서산

서언왕은 북쪽 팽성 무원마을 동쪽 산 아래로 도망갔다. (서언왕은 지배자를 위해 백성들을 전쟁터에서 죽게 하는 것은 차마 못 할 일이라며 자신만 없으면 백성들은 살던 곳에서 그대로 평화롭게 살 수 있을 것으로 여기고 땅과 백성을 남긴 채 그곳을 떠났다고 한다) 이때 그를 따라간 백성이 수만이나 되었다. 이런 이유로 그 동쪽 산은 서산서언왕의 산, 서산이 되었다.

厲王無道 淮夷入寇 王命虢仲征之 不克 宣王復命召公伐而平之

려왕무도 회이입구 왕명괵중정지 불극 선왕부명소공벌이평지

려왕주나라 왕이 도(道 왕이 지녀야 하는 어질고 의롭고 덕이 있는 행동)가 없자 회이淮夷가 도적질을 하며 주나라에 침입하였다. 왕이 괵중을 시켜 정벌 하도록 하였으나 물리치지 못하였다. 선왕려왕의 아들로 려왕의 뒤를 이어 왕위에 올랐다 때 다시 소공에게 정벌토록 하자 비로소 평정되었다.

及幽王淫亂 四夷交侵 至齊桓修覇 攘而卻焉

급유왕음란 사이교침 지제환수패 양이각언

(주나라) 유왕의 난잡한 정치에 4이가 번갈아 침입하였다. 이때 제나라 환공이 패권을 잡고 이들을 물리쳐 내쫓았다.

及楚靈會申 亦來豫盟 後越遷琅邪 與共征戰 遂陵暴諸夏 侵滅小邦

급초영회신 역래예맹 후월천낭야 여공정전 수능폭제하 침멸소방

초나라 영왕서기전 6세기경이 패권을 잡고 제후들을 모아 신지역 이름에서 맹세 를 할 때, (주나라가 쇠약해지자 주왕실을 떠받들던 제후들이 저마다 왕이 되어 패 권을 다투며 전쟁을 벌였다. 서기전 770년경부터 서기전 221년까지 이 시기를 춘추 전국시대라고 부른다) 4이 역시 참석하였다. 후에 월나라가 도읍을 낭야지역 이름로 옮기고 4이와 함께 정복 전쟁을 벌이며 중원의 여러 나라를 업신 여겨 욕보이고 난폭하게 대하니 결국 작은 나라들은 침략당하여 멸망하 였다.

秦幷六國 其淮泗夷皆散爲民戶 陳涉起兵 天下崩潰

진병육국 기회사이개산위호민 진섭기병 천하붕궤

(전국시대 칠웅이 다투더니 마침내) 진서기전 221~서기전 206나라가 다른 여섯 나라제齊·초楚·연燕·위魏·한韓·조趙를 병합하고, 회수淮水 중국 하남성에서 안휘성, 강소성을 거쳐 황하로 흐르는 강와 사수泗水 중국 산동성 동부에서 남서쪽 곡부현을 지나 제녕으로 흐르는 강의 오랑캐 무리도 흩어지게 하여 중국 백성이 되게 하였다. 진섭진승. 진秦나라 2세 황제 때 농민. 부역을 차출 받아 일하러 가다가 폭정에 대항하는 난을 일으켜 스스로 왕이 되었다이 병사를 일으키자 (진나라가 통일한) 천하가 무너졌다.

燕人衛滿避地朝鮮 因王其國 百有餘歲 武帝滅之 於是東夷始通上京

연인위만피지조선 인왕기국 백유여세 무제멸지 어시동이시통상경

연나라 사람 위만이 (중원의) 난리를 피하여 조선 땅으로 피난하더니 조선의 왕이 되었다. 100여 년쯤 지나 무제전한 7대 황제. 재위 서기전 141~서기전 87가 (조선을) 멸망시키니 이때부터 동이가 (한나라) 수도와 통하기 시작하였다. (중국과 서로 오갔다)

王莽篡位 貊人寇邊 建武之初 復來朝貢

왕망찬위 맥인구변 건무지초 부래조공

왕망은 한나라의 제위帝位를 찬탈하였다. (한나라의 외척이었던 왕망은 나이 어린 한나라 왕으로부터 선양의 형식을 취하여 황제 자리를 빼앗고 황제에 즉위하여 나라 이름을 신이라고 하였다. 신나라는 8년부터 23년까지 15년간 지속하다가 왕망이 신하에게 살해당하고 나라도 사라졌다) 맥중국 동쪽 지역의 민족 이름나라 사람들이 변경에서 노략질하였다. 건무후한 연호. 25~55 초기에 (유수가 황제가 되

어 한나라를 계승한다며 나라 이름을 다시 한이라고 하였다. 왕망 이전을 전한, 이후를 후한이라 부른다) 동이가 다시 조공하였다.

時遼東太守祭肜威讋北方 聲行海表

시 요 동 태 수 제 융 위 섭 북 방 성 행 해 표

이때 요동 태수 제융의 위세가 중국 북방지역을 떨게 하면서 그 명성이 바다 건너까지 이르렀다. (중국에서 바다 건너면 동이 지역이다)

於是濊貊倭韓萬里朝獻 故章和已後 使聘流通

어 시 예 맥 왜 한 만 리 조 헌 고 장 화 이 후 사 빙 유 통

예·맥·왜·한의 여러 나라가 멀리서 와 조공을 바쳤다. 그리하여 장제章帝 후한 3대 황제 재위 75~88와 화제和帝 후한 4대 황제 재위 88~105 이후 사절이 오가며 서로 통하였다.

逮永初多難 始入寇鈔 桓靈失政 漸滋曼焉

체 영 초 다 난 시 입 구 초 환 영 실 정 점 자 만 언

뒤이은 영초후한 안제 시기 연호 중 하나 107~113 시기에는 난리가 많아졌고 도적들의 침입과 노략질이 시작되었다. 환제후한 황제. 재위 146~167와 영제후한 황제. 재위 168~189. 황건적의 난을 맞아 위·촉·오 삼국시대의 발단이 되었다의 실정으로 점점 이런 일이 많아졌다.

自中興之後 四夷來賓 雖時有乖畔 而使驛不絶 故國俗風土 可得略記

자 중 흥 지 후 사 이 래 빈 수 시 유 괴 반 이 사 역 부 절 고 국 속 풍 토 가 득 약 기

한나라의 중흥 이후 (후한 시대를 말한다) 4이가 귀빈으로 왔다. 비록 때로는 배반하여 변경을 무너뜨리기도 하였으나 사신과 역관이 끊어지지 않아 그 나라들의 풍습과 기후, 토양 등을 대략 기록할 수 있었다.

東夷率皆土著 憙飮酒歌舞 或冠弁衣錦 器用俎豆
동이솔개토착 희음주가무 혹관변의금 기용조두

동이는 대체로 모두 정착 생활을 하고, 노래하고 춤추며 술 마시기를 즐긴다. 머리에 갓이나 고깔을 쓰고 비단옷을 입으며 그릇은 조組 납작하고 넓은 그릇. 주로 떡과 같은 마른 음식을 담는다와 두豆 액체를 담을 수 있고 굽이 있는 그릇. 조두라고 하여 제사용 그릇을 지칭하기도 한다를 사용하니,

所謂中國失禮 求之四夷者也
소위중국실례 구지사이자야

이른바 중국이 예법을 잃어버리면 4이에서 예법을 구할 수 있다고 하였다.

凡蠻夷戎狄總名四夷者 猶公侯伯子男皆號諸侯云
범만이융적총명사이자 유공후백자남개호제후운

보통 남쪽 오랑캐를 만蠻, 동쪽 오랑캐를 이夷, 서쪽 오랑캐를 융戎, 북쪽 오랑캐를 적狄이라 하면서 오랑캐를 총칭하여 사이四夷라고 하는 것은 마치 다섯 등급의 작위인 공작·후작·백작·자작·남작을 모두 제후라고 부르는 것과 같은 것이다.

■ 夫餘
부여

夫餘國在玄菟北千里　南與高句驪　東與挹婁　西與鮮卑接　北有弱水
부여국재현도북천리　남여고구려　동여읍루　서여선비접　북유약수

부여는 현도에서 북쪽으로 1000리약 400km 거리에 있다. 남쪽에 고구려,
동쪽은 읍루, 서쪽은 선비와 국경을 접하고 있으며 북쪽으로는 약수가
흐르고 있다.

地方二千里　本濊地也
지방이천리　본예지야

영토는 사방 2000리약 800km이고 원래 예의 땅이었다.

初　北夷索離國王出行　其侍兒於後[孕]身　王還　欲殺之
초　북이색리국왕출행　기시아어후임신　왕환　욕살지

먼저, 북이北夷 색리국 왕이 궁을 나갔다 왔는데, 그 사이에 왕의 시녀가
임신하였다. 왕이 돌아와서 그 사실을 알고 시녀를 죽이려 하였다.

侍兒曰　前見天上有氣大如雞子　來降我　因以有身　王囚之　後遂生男
시아왈　전견천상유기대여계자　래강아　인이유신　왕수지　후수생남

그러자 시녀가 말하였다. "지난번 하늘에 달걀 같은 큰 기운이 보이더니
그것이 제 몸에 내려와 임신한 것입니다." 왕이 시녀를 가두었고 이후
해산달이 되자 사내아이를 낳았다.

王令置於豕牢 豕以口氣嘘之 不死 復徙於馬蘭 馬亦如之

왕령치어시뢰 시이구기허지 불사 부사어마란 마역여지

왕의 명령으로 그 아이를 돼지우리에 버렸는데, 돼지들이 입김을 불어주어 죽지 않았다. 다시 마구간에 버리게 하였더니 말들도 역시 같은 행동을 하였다.

王以爲神 乃聽母收養 名曰東明 東明長而善射 王忌其猛 復欲殺之

왕이위신 내청모수양 명왈동명 동명장이선사 왕기기맹 부욕살지

왕이 이를 신령스럽게 여기고 아이 어미의 요청대로 자식을 거두어 키울 수 있게 해 주고 이름을 동명이라고 하였다. 동명이 자라서 활을 잘 쏘자 왕이 그의 용맹함을 꺼리어 다시 죽이려고 하였다.

東明奔走 南至掩㴲水 以弓擊水 魚鼈皆聚浮水上

동명분주 남지엄사수 이궁격수 어별개취부수상

동명이 도망갔다. 남쪽 엄사수 강에 이르러 활로 강물을 내려치니 물고기와 자라 무리가 모두 모여 물 위에 떴다.

東明乘之得度 因至夫餘而王之焉 於東夷之域 最爲平敞 土宜五穀

동명승지득도 인지부여이왕지언 어동이지역 최위평창 토의오곡

동명이 그 위를 타고 강을 건넜다. 이렇게 부여에 와서 왕이 되었다. 부여는 동이 지역 중에서 가장 넓고 평평하며 오곡이 잘 자라는 땅이다.

出名馬赤玉貂豽 大珠如酸棗 以員柵爲城 有宮室倉庫牢獄

출명마적옥초낟 대주여산조 이원책위성 유궁실창고뇌옥

명마와 붉은 옥과 담비족제비과 동물. 모피를 귀하게 여긴다와 낟원숭이의 한 종류이 난다. 멧대추만 한 커다란 진주도 난다. 목책을 둥글게 하여 성을 쌓는다. 궁실과 창고와 감옥이 있다.

其人麤大彊勇而謹厚 不爲寇鈔 以弓矢刀矛爲兵

기인추대강용이근후 불위구초 이궁시도모위병

그 나라 사람들은 거칠고 몸집은 크다. 용감하고 조심성도 있고 중후하다. 노략질하지 않으며 도둑도 없다. 무기로는 활, 화살, 칼, 창이 있다.

以六畜名官 有馬加牛加狗加 其邑落皆主屬諸加 食飮用俎豆

이육축명관 유마가우가구가 기읍락개주속제가 식음용조두

육축가축으로 관직 이름을 만들어 마가말·우가소·구가개라고 한다. 마을은 모두 가加에게 속해 다스려진다. (가는 제가와 같은 말로 후를 제후라고 하는 것과 같은 것이다) 먹고 마시는데 그릇 조편편하고 납작한 그릇와 두굽이 있는 그릇를 사용한다.

會同拜爵洗爵 揖讓升降 以臘月祭天 大會連日 飮食歌舞 名曰迎鼓

회동배작세작 읍양승강 이납월제천 대회연일 음식가무 명왈영고

회동같은 목적을 가진 사람들이 한 곳에 모이는 일에서 술을 마실 때는 배작술잔을 권할 때 절하면서 권함과 세작술잔을 씻음의 예가 있다. 오고 가며 만나면 서로 읍양잠시 서서 두 손을 모으고 고개 숙여 인사하는 모습의 예를 갖춘다. 납월음력 12월에 모두 모여 하늘

에 제사 지내는 성대한 행사가 있는데, 연일 음식을 먹으며 노래와 춤이 끊이지 않는다. 이 행사를 영고라고 한다.

是時斷刑獄 解囚徒 有軍事亦祭天 殺牛 以蹄占其吉凶
시시단형옥 해수도 유군사역제천 살우 이제점기길흉

이때는 형벌로 감옥에 보내는 일을 멈추고 갇혀 있는 죄수들도 풀어준다. 군사를 일으킬 때도 마찬가지로 하늘에 먼저 제사를 올린다. 소를 죽여서 그 발굽 모양으로 좋고 나쁨을 점친다.

行人無晝夜 好歌吟 音聲不絶
행인무주야 호가음 음성부절

사람들은 밤낮을 가리지 않고 아무 때나 다닌다. 노래 부르는 것을 좋아해서 흥얼거리는 소리가 끊이지 않는다.

其俗用刑嚴急 被誅者皆沒其家人爲奴婢 盜一責十二
기속용형엄급 피주자개몰기가인위노비 도일책십이

그 풍속에 형벌은 엄하고 신속하게 처리한다. 사형당한 사람은 그 가족을 다 잡아서 노비로 만든다. 물건을 훔치면 훔친 물건의 12배로 갚게 한다.

男女淫皆殺之 尤治惡妒婦 旣殺 復尸於山上
남녀음개살지 우치오투부 기살 부시어산상

남자든 여자든 간음을 하면 모두 죽인다. 투기하는 부인은 더욱 미워하여 죽인 후 그 시체는 산 위에 그냥 버린다.

兄死妻嫂 死則有槨無棺 殺人殉葬 多者以百數

형사처수 사칙유곽무관 살인순장 다자이백수

형이 죽으면 형의 아내를 부인으로 삼는다. 죽으면 곽은 있지만, 관은 없다. 사람을 죽여 순장하는데 많을 때는 100명이나 된다.

其王葬用玉匣 漢朝常豫以玉匣付玄菟郡 王死則迎取以葬焉

기왕장용옥갑 한조상예이옥갑부현도군 왕사즉영취이장언

왕의 장례에는 옥으로 만든 갑상자라는 뜻도 있으며 고대 왕들의 장례용 물품을 갑이라고 하였다을 사용한다. 한나라漢 서기전 202~220 조정에서 항상 옥갑을 현도군에 미리 준비해 두어 왕이 죽으면 곧 장례에 쓸 수 있게 하였다.

建武中 東夷諸國皆來獻見

건무중 동이제국개래헌견

건무25~55 중(후한 시대)에는 동이 여러 나라가 모두 와 알현하면서 조공을 바쳤다.

二十五年 夫餘王遣使奉貢 光武厚荅報之 於是使命歲通

이십오년 부여왕견사봉공 광무후답보지 어시사명세통

건무 25년, 49년에 부여 왕이 사신을 보내 공물을 바쳤다. 이에 광무제후한을 건국한 황제. 재위 25~57가 후하게 보답하니 이로써 사신이 해마다 통하게 되었다.

至安帝永初五年　夫餘王始將步騎七八千人寇鈔樂浪殺傷吏民後復歸附

지안제영초오년　부여왕시장보기칠팔천인구초낙랑상상리민후복귀부

안제 영초 5년, 111년에 부여 왕이 처음으로 보병과 기병 7~8천 명을
이끌고 낙랑을 침략하여 노략질하고, 관리와 백성을 죽이거나 다치게 하
였으나 이후에는 다시 스스로 복종하였다.

永寧元年　乃遣嗣子尉仇台印闕貢獻　天子賜尉仇台印綬金綵

영녕원년　내견사자위구태인궐공헌　천자사위구태인수금채

영녕 원년, 120년에 사자嗣子 왕위 계승자 위구태를 보내 공물을 바치며 알현
하였다. 천자가 위구태에게 인수, 즉 술실을 꼬아 만든 끈로 장식한 도장직위를 나
타낸다과 금과 비단을 하사하였다.

順帝永和元年　其王來朝京師　帝作黃門鼓吹角抵戲以遣之

순제영화원년　기왕래조경사　제작황문고취각저희이견지

순제 영화 원년, 136년에 (부여) 왕이 친히 한나라 수도에 와서 조회하므
로 황제가 황문고취黃門鼓吹 잔치나 외국사절을 위한 연회로 북치고 피리 불며 연주함로 맞이하
고 각저희씨름 같은 놀이를 펼쳐 보이며 환대한 후 부여로 돌아가게 하였다.

桓帝延熹四年　遣使朝賀貢獻

환제연희사년　견사조하공헌

환제 연희 4년, 161년에 사신을 보내 공물을 바치며 조하조정에 나아가 왕에게
인사함하였다.

永康元年 王夫台將二萬餘人寇玄菟 玄菟太守公孫域擊破之斬首千餘級

영강원년 왕부태장이만여인구현도 현도태수공손역격파지참수천여급

영강 원년, 167년에 (부여) 왕 부태가 2만여 명을 거느리고 현도를 노략질하자, 현도 태수 공손역이 그들을 격파하여 1000여 명의 머리를 베었다.

至靈帝熹平三年 復奉章貢獻 夫餘本屬玄菟 獻帝時 其王求屬遼東云

지영제희평삼년 부봉장공헌 부여본속현도 헌제시 기왕구속요동운

영제 희평 3년, 174년에 다시 글을 올리며 공물을 바쳤다. 부여는 원래 현도를 따르며 복종하였는데 헌제後漢 마지막 황제. 재위 189~220 때 (부여) 왕이 요동에 복속되기를 요청했다고 한다.

■ 挹婁
읍루

挹婁古肅愼之國也 在夫餘東北千餘里 東濱大海 南與北沃沮接

읍루고숙신지국야 재부여동북천여리 동빈대해 남여북옥저접

읍루는 예전 숙신의 나라이다. 부여에서 동북쪽 1000여 리약 400km에 있다. 동쪽 끝은 큰 바다이고 남쪽은 북옥저와 접해 있다.

不知其北所極 土地多山險 人形似夫餘 而言語各異

부지기북소극 토지다산험 인형사부여 이언어각이

읍루의 북쪽 끝은 어디인지 모른다. 토지는 험한 산이 많다. 사람들의

생김새는 부여 사람들과 비슷하지만, 언어는 서로 다르다.

有五穀麻布 出赤玉好貂 無君長 其邑落各有大人
유 오 곡 마 포　 출 적 옥 호 초　 무 군 장　 기 읍 락 각 유 대 인
오곡과 삼베가 있다. 붉은 옥과 좋은 담비(담비의 털과 가죽으로 옷이나 붓을
만든다)가 난다. 군장은 없는데 마을마다 각각 대인이 있다.

處於山林之間 土氣極寒 常爲穴居 以深爲貴 大家至接九梯
처 어 산 림 지 간　 토 기 극 한　 상 위 혈 거　 이 심 위 귀　 대 가 지 접 구 제
산과 숲 사이에 산다. 기후는 매우 춥다. 항상 땅을 파서 움집을 짓고 산
다. 깊이 팔수록 귀하게 여긴다. 큰 집은 사다리 칸 9개 정도의 깊이로
내려가야 바닥에 닿을 수 있다.

好養豕 食其肉 衣其皮 冬以豕膏塗身 厚數分 以禦風寒
호 양 시　 식 기 육　 의 기 피　 동 이 시 고 도 신　 후 수 분　 이 어 풍 한
돼지 기르기를 좋아하여 고기는 먹고 가죽은 옷을 해 입는다. 겨울에는
돼지기름을 몸에 여러 차례 두껍게 발라 찬 바람을 막는다.

夏則裸袒 以尺布蔽其前後 其人臭穢不絜 作廁於中 圜之而居
하 즉 라 단　 이 척 포 폐 기 전 후　 기 인 취 예 불 결　 작 측 어 중　 환 지 이 거
여름에는 웃옷을 벗고 베 한 자25cm 정도 정도로 앞뒤를 가릴 뿐이다. 그
사람들은 깨끗하지 않아 나쁜 냄새가 나고 더럽다. 화장실을 집 중앙에
만들고 그 주위에 빙 둘러 산다.

自漢興已後 臣屬夫餘 種衆雖少 而多勇力 處山險

자한흥이후 신속부여 종중수소 이다용력 처산험

한나라가 일어선 이래로 읍루는 부여의 신하였다. 그 종족의 무리는 비록 적지만 매우 용감하고 힘이 있으며 험한 산지에 거처한다.

又善射 發能入人目 弓長四尺 力如弩 矢用楛 長一尺八寸

우선사 발능입인목 궁장사척 력여노 시용호 장일척팔촌

또 활을 잘 쏘아 능히 사람 눈을 적중시킨다. 활은 4자100cm 정도이고 활의 힘은 쇠로 만든 것처럼 세다. 화살은 싸리나무를 쓰는데 길이는 1자 8치45cm 정도이다.

靑石爲鏃 鏃皆施毒 中人卽死

청석위촉 촉개시독 중인즉사

화살촉은 청색 돌을 사용하며 화살촉에 모두 독을 발라서 맞는 사람은 즉시 죽는다.

便乘船 好寇盜 鄰國畏患 而卒不能服

편승선 호구도 인국외환 이졸불능복

배를 타고 다니며 노략질을 잘하여 근처 나라들이 근심하며 두려워하였는데, 끝까지 그들을 굴복시키지는 못했다.

東夷夫餘飮食類皆用俎豆 唯挹婁獨無法 俗最無綱紀者也

동이부여음식류개용조두 유읍루독무법 속최무강기자야

동이와 부여는 먹고 마시는 데 모두 그릇 조와 두를 사용하는데, 오직 읍루만 혼자 그러한 법도가 없고 (동이 중에서) 풍습에 기강이 가장 없다.

■ **高句驪**
  고구려

高句麗在遼東之東千里 南與朝鮮濊貊 東與沃沮 北與夫餘接

고구려재요동지동천리 남여조선예맥 동여옥저 북여부여접

고구려는 요동 동쪽으로 1000리약 400km 거리에 있다. 남쪽에 조선·예·맥, 동쪽에 옥저가 있고, 북으로 부여와 닿아있다.

地方二千里 多大山深谷 人隨而爲居 少田業力作不足以自資

지방이천리 다대산심곡 인수이위거 소전업역작부족이자자

영토는 사방 2000리약 800km이다. 큰 산과 깊은 계곡이 많으며 산과 계곡을 따라 산다. 밭이 적어 농사를 열심히 지어도 자급자족이 안 된다.

故其俗節於飮食 而好修宮室

고기속절어음식 이호수궁실

그래서 음식을 절약하는 풍습이 있으며 한편 궁궐이나 집 짓는 것은 좋아한다.

東夷相傳以爲夫餘別種 故言語法則多同 而跪拜曳一脚 行步皆走

동이상전이위부여별종 고언어법칙다동 이궤배예일각 행보개주

동이들이 서로 전하는 바에 따르면 고구려는 부여의 별종이라고 한다. 그래서인지 언어와 법칙이 부여와 같은 것이 많은데, 절할 때 한쪽 발만 무릎을 꿇고 한쪽 무릎을 세우는 것은 다르다. 걷는 것이 모두 달리는 듯 빠르다.

凡有五族 有消奴部 絶奴部 順奴部 灌奴部 桂婁部

범유오족 유소노부 절노부 순노부 관노부 계루부

모두 다섯 부족으로 소노부·절노부·순노부·관노부·계루부가 있다.

本消奴部爲王 稍微弱 後桂婁部代之

본소노부위왕 초미약 후계루부대지

원래 소노부가 왕이었는데, 점차 약해진 후로는 계루부가 왕위를 잇고 있다.

其置官 有相加 對盧 沛者 古鄒大加 主簿 優台 使者 帛衣先人

기치관 유상가 대로 패자 고추대가 주부 우태 사자 백의선인

그곳 관직은 상가·대로·패자·고추대가·주부·우태·사자·백의선인이 있다.

武帝滅朝鮮 以高句驪爲縣 使屬玄菟 賜鼓吹伎人

무제멸조선 이고구려위현 사속현도 사고취기인

무제한나라 제7대 황제. 재위 서기전 141~서기전 87가 조선을 멸하고 고구려를 현으로
만들어서 현도군에 속하게 하였다. 북과 관악기입으로 부는 피리나 통소 등와 기인
재주 부리는 광대나 배우 또는 악기를 다룰 줄 아는 악공을 하사하였다.

其俗淫 皆絜淨自憙 暮夜輒男女羣聚爲倡樂
기 속 음 개 혈 정 자 희   모 야 첩 남 녀 군 취 위 창 락

그 풍속은 음란하다. 모두 깨끗하고 단정한 것을 좋아한다. 밤이면 늘
남녀가 무리 지어 춤추고 노래 부르며 즐긴다.

好祠鬼神社稷零星 以十月祭天大會 名曰東盟
호 사 귀 신 사 직 영 성   이 시 월 제 천 대 회   명 왈 동 맹

귀신재앙이나 복을 부른다는 신령과 사직토지의 신과 곡식의 신 그리고 영성신령한 힘이 깃들어 있다
고 믿는 별을 모시며 제사 지내기를 좋아한다. 10월이면 하늘에 제사 지내
는 큰 행사가 있는데 동맹이라고 한다.

其國東有大穴 號襚神 亦以十月迎而祭之
기 국 동 유 대 혈   호 수 신   여 이 시 월 영 이 제 지

나라 동쪽에 커다란 동굴이 있는데 그 동굴을 수신이라고 부르며, 또한
10월에 수신을 맞이하는 제사를 지낸다.

其公會衣服皆錦繡 金銀以自飾
기 공 회 의 복 개 금 수   금 은 이 자 식

공식적인 모임에는 모두 수를 놓은 화려한 비단옷을 입고 금은으로 치장한다.

大加 主簿皆著幘 如冠幘而無後 其小加著折風 形如弁

대가 주부개착책 여관책이무후 기소가착절풍 형여변

대가와 주부는 모두 책머리에 쓰는 모자을 착용하는데, 중국의 관책관리가 쓰는 모자과 같으나 뒤가 없다. (중국 모자는 모자 뒷부분에 목까지 늘어뜨리는 천이 붙어있다) 소가는 절풍을 쓰는데 그 모양이 고깔 같다.

無牢獄 有罪 諸加評議便殺之 沒入妻子爲奴婢

무뇌옥 유죄 제가평의변살지 몰입처자위노비

감옥이 없다. 죄인은 제가들이 모여 의논한 후 곧 죽이고 죄인의 재산은 몰수하고 그 처자는 노비로 만든다.

其昏姻皆就婦家 生子長大 然後將還

기 혼인개취부가 생자장대 연후장환

혼인할 때는 누구나 남편이 신부의 집으로 가서 살다가 자식을 낳고 그 자식이 다 큰 후에 남편의 집으로 돌아온다.

便稍營送終之具 金銀財幣盡於厚葬 積石爲封 亦種松柏

편초영송종지구 금은재폐진어후장 적석위봉 여종송백

편할 때마다 조금씩 장례에 쓸 물건들을 준비한다. 금은 등의 귀한 재물과 폐물을 모두 아낌없이 쓰며 장례를 후하게 치른다. 돌을 쌓아 무덤을 만들고 주위에는 소나무와 잣나무를 심는다.

其人性凶急 有氣力 習戰鬪 好寇鈔 沃沮東濊皆屬焉

기인성흉급 유기력 습전투 호구초 옥저동예개속언

사람들은 성격이 급하고 거칠며 기운이 세다. 전투에 숙달되어서 노략질과 도적질을 잘한다. 옥저와 동예를 모두 복속시켰다.

句驪一名貊有別種 依小水爲居 因名曰小水貊 出好弓 所謂貊弓是也

구려일명맥유별종 의소수위거 인명왈소수맥 출호궁 소위맥궁시야

고구려에는 일명 맥이라고 하는 별종이 있다. 맥은 소수강 이름 또는 작은 강에 의지하여 살아서 소수맥이라고 한다. 좋은 활이 나는데 이른바 유명한 맥궁이 그것이다.

王莽初 發句驪兵以伐匈奴 其人不欲行 彊迫遣之 皆亡出塞爲寇盜

왕망초 발구려병이벌흉노 기인불욕행 강박견지 개망출새위구도

왕망신나라 황제. 재위 8~23 초에 고구려 군사를 일으켜 흉노를 정벌하려 했는데, 그들이 싸우려 하지 않았다. 강제로 군사를 모아 파견했더니 모두 도망쳐서 요새를 나가 (오히려 중국 마을을) 노략질하였다.

遼西大尹田譚追擊 戰死 莽令其將嚴尤擊之 誘句驪侯騊入塞斬之

요서대윤전담추격 전사 망령기장엄우격지 유구려후추입새참지

요서 대윤관직 이름 전담사람 이름이 (노략질하는 고구려군을) 추격하다가 전사하였다. 왕망이 장수 엄우에게 공격을 명령하였다. 엄우는 고구려 후 추 (『삼국지』「위서」에는 도)를 속여 요새로 들어오게 한 후 머리를 베어 죽였다.

傳首長安 莽大說 更名高句驪王爲下句驪侯 於是貉人寇邊愈甚

전 수 장 안 망 대 열 경 명 고 구 려 왕 위 하 구 려 후 어 시 맥 인 구 변 유 심

그 머리를 장안신나라의 수도으로 보내니 왕망이 크게 기뻐하였다. 그리고 고
구려 왕을 하구려 후라고 바꾸었다. 그러나 맥인의 변경지역 약탈은 더
욱 심해졌다.

建武八年 高句驪遣使朝貢 光武復其王號

건 무 팔 년 고 구 려 견 사 조 공 광 무 복 기 왕 초

건무후한 연호 8년왕망의 신이 망하고 후한이 세워진 지 8년째, 32년에 고구려가 사신을 보
내 조공하였다. 광무제후한을 건국한 임금. 유수. 재위 25~57는 고구려 왕의 칭호를
회복시켰다.

二十三年冬 句驪蠶支落大加戴升等萬餘口 詣樂浪內屬

이 십 삼 년 동 구 려 잠 지 락 대 가 대 승 등 만 여 구 예 낙 랑 내 속

건무 23년, 47년 겨울에 고구려 잠지마을의 대가고구려 각 부部의 부족장을 大加라
한다 대승을 비롯한 만여 명의 사람들이 낙랑으로 들어와 살면서 복속하
였다.

二十五年春 句驪寇右北平漁陽上谷太原

이 십 오 년 춘 구 려 구 우 북 평 어 양 상 곡 태 원

건무 25년, 49년 봄에 고구려가 우북평·어양·상곡·태원을 침략하여
노략질하였다.

而遼東太守祭肜 以恩信招之 皆復款塞

이 요 동 태 수 제 융 이 은 신 초 지 개 복 관 새

그러자 요동 태수 제융이 은혜를 베풀어 믿음을 주며 달래어 불러들였다. (노략질하던 고구려인들이) 모두 요새로 돌아왔다.

後句驪王宮生 而開目能視 國人懷之 及長勇壯 數犯邊境

후 구 려 왕 궁 생 이 개 목 능 시 국 인 회 지 급 장 용 장 수 범 변 경

후에 고구려 왕 궁제6대 태조왕 47~165년. 재위 53~146이 태어났는데, 태어나자마자 눈을 뜨고 사람을 쳐다보았다. (현대는 태어나자마자 눈을 뜨는 사례가 많으나 예전에는 거의 없던 일이었다) 나라 사람들이 그것을 기이하게 여겨 마음에 담고 있었는데 장성하여 날쌔고 씩씩하며 과감하여 변경을 수차례 침범하였다.

和帝元興元年春 復入遼東 寇略六縣 太守耿夔擊破之 斬其渠帥

화 제 원 흥 원 년 춘 부 입 요 동 구 략 육 현 태 수 경 기 격 파 지 참 기 거 수

화제후한 제4대 황제 원흥 원년, 105년 봄에 고구려군이 다시 요동에 들어와서 여섯 개의 현을 노략질하였다. 태수 경기가 고구려군을 격파하고 그 거수우두머리를 베었다.

安帝永初五年 宮遣使貢獻 求屬玄菟

안 제 영 초 오 년 궁 견 사 공 헌 구 속 현 도

안제후한 제6대 황제 영초 5년, 111년에 궁태조왕 47~165년. 재위 53~146이 사신을 보내 공물을 바치며 현도군에 속하기를 청하였다.

元初五年 復與濊貊寇玄菟 攻華麗城

원초 오 년 복 여예맥구현도 공화려성

안제 원초 5년, 118년에 다시 예·맥과 함께 현도를 노략질하고 화려성을 공격하였다.

建光元年春 幽州刺史馮煥玄菟太守姚光遼東太守蔡諷等將兵出塞擊之

건광원년춘 유주자사풍환현도태수요광요동태수채풍등장병출새격지

안제 건광 원년, 121년 봄에 유주 자사 풍환·현도 태수 요광·요동 태수 채풍 등이 병사를 일으켜 요새를 나와 (고구려를) 공격하였다.

捕斬濊貊渠帥 獲兵馬財物

포참예맥거수 획병마재물

예·맥의 우두머리를 베어 죽이거나 포로로 잡고 병기와 말 등의 재물을 빼앗았다.

宮乃遣嗣子遂成將二千餘人逆光等 遣使詐降 光等信之

궁내견사자수성장이천여인역광등 견사사항 광등신지

궁태조왕 재위 53~146이 곧 사자嗣子 계승자, 후계자란 뜻이니 당시의 고구려 태자 수성에게 병사 2000여 명을 내주며 요광 등에 맞서 싸우게 하였다. (수성이) 사신을 보내 거짓으로 항복하니 요광 등이 믿었다.

遂成因據險阨以遮大軍 而潛遣三千人攻玄菟遼東焚城郭殺傷二千餘人

수성인거험애이차대군 이잠견삼천인공현도요동분성곽살상이천여인

수성이 이때를 틈타 좁고 험한 곳에 진을 치고 (요광 등의) 대군을 막았다. 그리고 몰래 3000명을 파견하여 현도와 요동을 공격하여 성곽을 불태우니, 2000여 명이 죽거나 다쳤다.

於是發廣陽漁陽右北平涿郡屬國三千餘騎同救之 而貊人已去

어시발광양어양우북평탁군속국삼천여기동구지 이맥인이거

이에 (후한은) 광양·어양·우북평·탁군 등 속국의 3000여 기병과 함께 (수성이 공격한 현도와 요동을) 구하러 갔는데, 맥인은 이미 떠난 뒤였다.

夏復與遼東鮮卑八千餘人攻遼隊 殺略吏人 蔡諷等追擊 於新昌戰歿

하부여요동선비팔천여인공요대 살략리인 채풍등추격 어신창전몰

(건광 원년, 121년) 여름에 다시 요동 선비족 8000여 명과 함께 요대^{지역 이름}를 공격하여 관리와 민간인을 죽이고 약탈하였다. 채풍 등이 공격하며 따라갔는데 신창에서 싸우다가 죽었다.

攻曹耿耗 兵曹掾龍端 兵馬掾公孫酺以身扞諷 俱沒於陳 死者百餘人

공조경모 병조연용단 병마연공손포이신한풍 구몰어진 사자백여인

공조 경모, 병조연 용단, 병마연 공손포 등이 몸으로 채풍을 막으며 지켰으나 전쟁터에서 모두 다 죽었다. 이때 죽은 자가 100여 명이 넘었다.

秋 宮遂率馬韓濊貊數千騎圍玄菟

추 궁수솔마한예맥수천기위현도

(건광 원년, 121년) 가을에 궁은 마한과 예·맥 기병 수천을 거느리고 현도

를 포위하였다.

夫餘王遣子尉仇台 將二萬餘人 與州郡幷力討破之 斬首五百餘級

부여왕견자위구태 장이만여인 여주군병력토파지 참수오백여급

부여 왕이 아들 위구태와 군사 2만여 명을 보내 유주와 현도군의 군대와 함께 고구려군을 토벌하며 500여 명의 머리를 베었다.

是歲宮死 子遂成立 姚光上言欲因其喪發兵擊之 議者皆以爲可許

시세궁사 자수성립 요광상언욕인기상발병격지 의자개이위가허

(건광 원년, 121년) 그해 궁이 죽자 (『삼국사기』를 따르면 태조왕 궁은 165년에 사망하였다. 『후한서』는 태조왕 궁이 121년 사망한 것으로 되어 있다) 아들 수성제7대 차대왕. 출생 71년. 재위 146~165. 『삼국사기』에 의하면 태조왕의 동생이다이 대를 이어 왕이 되었다. 요광이 글을 올려 말하기를, 궁의 상을 당한 이때 군사를 일으켜 (고구려를) 공격하자고 하였다. 내용을 의논한 신하들이 모두 옳게 여겨 왕에게 윤허를 청하였다.

尙書陳忠曰 宮前桀黠 光不能討 死而擊之 非義也

상서진충왈 궁전걸힐 광불능토 사이격지 비의야

이때 상서문서를 다루던 관직 진충이 말하기를, 궁이 전에 영리하고 뛰어나 요광이 토벌하지 못하였지만, 이제 죽었다고 공격하는 것은 의롭지 못한 일이라고 하였다.

宜遣弔問 因責讓前罪 赦不加誅 取其後善 安帝從之

의 견 조 문 인 책 양 전 죄 사 불 가 주 취 기 후 선 안 제 종 지

(그러니) 마땅히 조문죽음을 슬퍼하는 뜻을 보내 위로하는 일을 보내되, 예전 전쟁의 죄에 대한 책임을 물어 꾸짖고, 그 죄를 용서하여 이후 착하게 행동하도록 하는 것이 좋겠다고 하였다. 안제재위 106~125가 진충의 말을 따랐다.

明年 遂成還漢生口 詣玄菟降

명 년 수 성 환 한 생 구 예 현 도 항

다음 해, 122년 수성이 한나라의 생구포로들을 되돌려 보내고 현도군에 항복하였다.

詔曰 遂成等桀逆無狀 當斬斷葅醢 以示百姓 幸會赦令乞罪請降

조 왈 수 성 등 걸 역 무 상 당 참 단 저 해 이 시 백 성 행 회 사 령 걸 죄 청 항

이에 조서를 내려 말하였다. "수성 등이 교활하여 함부로 굴며 배반하였으니 마땅히 머리를 베고 (그 시신으로) 젓갈을 담가 만백성에게 보여야 하나, 다행히 항복을 청하고 죄지은 것을 비니, 이에 용서하고 죄를 사면한다.

鮮卑濊貊 連年寇鈔驅略小民動以千數 而裁送數十百人 非向化之心也

선 비 예 맥 연 년 구 초 구 략 소 민 동 이 천 수 이 재 송 수 십 백 인 비 향 화 지 심 야

선비(족)와 예·맥이 해마다 침략하여 노략질하며 협박하고 재물 빼앗기를 일삼으며 어린 백성들을 수천이나 잡아가더니, 이제 겨우 수십, 수백 명을 돌려보내는구나. 이것은 우리에게 귀화하여 복종하려는 마음이 아니다.

自今已後 不與縣官戰鬪 而自以親附 送生口者 皆與贖直

자금이후 불여현관전투 이자이친부 송생구자 개여속치

지금 이후로부터 (한나라) 현의 관리들과 싸우지 말고 스스로 찾아와 포로를 돌려보낸다면, 그에 대하여 모두 속전값을 치름을 낼 것이다.

縑人四十匹 小口半之

겸인사십필 소구반지

어른은 1명당 비단 40필을 주고, 아이는 그 반을 속전으로 한다.”

遂成死 子伯固立 其後濊貊率服 東垂少事

수성사 자백고립 기후예맥솔복 동수소사

수성이 죽고 아들 백고고구려 제8대 신대왕. 출생 89년. 재위 165~179. 『삼국사기』에 의하면 태조왕의 동생이며 동시에 수성의 동생이다가 왕이 되었다. 그 후 예·맥이 복종했으며, 동쪽에서 전쟁이 줄어들었다.

順帝陽嘉元年 置玄菟郡屯田六部

순제양가원년 치현도군둔전육부

순제 양가 원년, 132년 현도군에 둔전주둔하는 군대의 곡식 마련을 위한 밭으로 평시에 농사 짓고 전시에 군사 일을 담당 여섯 부행정 기구를 설치하였다.

質桓之閒 復犯遼東西安平 殺帶方令 掠得樂浪太守妻子

질환지간 부범요동서안평 살대방령 약득낙랑태수처자

(고구려가) 질제재위 145~146와 환제재위 146~167 시기에 다시 요동의 서안평

을 공격하여 대방의 우두머리를 죽이고, 낙랑 태수의 처자를 잡아갔다.

建寧二年 玄菟太守耿臨討之 斬首數百級 伯固降服 乞屬玄菟云
건녕이년 현도태수경림토지 참수수백급 백고항복 걸속현도운
건녕 2년, 169년에 현도 태수 경림이 (고구려를) 토벌하여 수백 명의 머리를 베니, 백고가 항복하고 현도군에 복속하겠다고 빌었다고 한다.

■ 沃沮
옥저

東沃沮在高句驪蓋馬大山之東 東濱大海 北與挹婁夫餘 南與濊貊接
동옥저재고구려개마대산지동 동빈대해 북여읍루부여 남여예맥접
동옥저는 고구려 개마대산 동쪽에 있다. 동쪽 끝은 큰 바다이고 북쪽에는 읍루와 부여가 있으며 남쪽으로는 예·맥과 닿아있다.

其地東西夾 南北長可折 方千里 土肥美 背山向海 宜五穀 善田種
기지동서협 남북장가절 방천리 토비미 배산향해 의오곡 선전종
그 땅은 동서는 좁고 남북으로 길게 구불구불하며 사방 1000리약 400km이다. 토지는 비옥하고 좋으며 산을 등지고 바다를 향했다. 오곡이 잘 자라서 농사가 잘된다.

有邑落長帥 人性質直彊勇 便持矛步戰 言語食飮居處衣服有似句驪

유읍락장수 인성질직강용 편지모보전 언어식음거처의복유사구려

읍락마을. 촌락마다 인솔하는 우두머리가 있다. 사람들의 성격은 순박하고 정직하며 굳세고 용감하다. 창을 들고 걸으면서 싸우는 보전步戰을 잘한다. 언어와 먹고 마시는 것과 사는 곳, 옷 입는 것은 고구려와 비슷하다.

其葬 作大木椁 長十餘丈 開一頭爲戶

기장 작대목곽 장십여장 개일두위호

장례에는 나무 덧널을 크게 만든다. 길이가 10여 장이 넘는데, 맨 위는 열 수 있게 문을 만든다.

新死者先假埋之 令皮肉盡 乃取骨置椁中 家人皆共一椁

신사자선가매지 령피육진 내취골치곽중 가인개공일곽

새로 사람이 죽으면 우선 임시로 묻고 살과 가죽이 다 썩어 없어지면 뼈만 취하여 덧널 속에 넣는다. 집안사람들이 모두 함께 한 개의 덧널을 사용한다.

刻木如生 隨死者爲數焉

각목여생 수사자위수언

살았을 때의 모습을 나무로 깎는데 나무 인형은 죽은 사람의 수와 같게 한다.

武帝滅朝鮮 以沃沮地爲玄菟郡

무제멸조선 이옥저지위현도군

무제한나라 제7대 황제가 조선을 멸망시키고 옥저 땅을 현도군으로 만들었다.

後爲夷貊所侵 徙郡於高句驪西北 更以沃沮爲縣 屬樂浪東部都尉

후위이맥소침 사군어고구려서북 갱이옥저위현 속낙랑동부도위

후에 오랑캐 맥앞에 맥을 고구려의 별종이라고 하였다이 침략하여 (현도)군을 고구려의
서북쪽으로 옮기고 다시 옥저는 현으로 하여 낙랑 동부도위에 귀속시켰다.

至光武罷都尉官 後皆以封其渠帥 爲沃沮侯

지광무파도위관 후개이봉기거수 위옥저후

광무제후한 황제, 재위 25~57 때에 도위지역 관청의 직위 이름를 모두 없앤 후 (행정제도
를 개편한 것이다) 그곳 우두머리는 모두 옥저 侯후라고 하였다.

其土迫小 介於大國之閒 遂臣屬句驪 句驪復置其中大人爲使者

기토박소 개어대국지간 수신속구려 구려부치기중대인위사자

그 나라는 작고 몹시 가난하여 살기 어려운데 큰 나라들 사이에 끼어 있
더니 결국 고구려에 복속되어 신하가 되었다. 고구려는 다시 그들 중의
대인우두머리나 공경받는 어른을 고구려의 사자로 만들었다.

以相監領責其租稅 貂布魚鹽 海中食物 發美女爲婢妾焉

이상감령책기조세 초포어염 해중식물 발미녀위비첩언

이 사자를 통하여 옥저 땅을 감독하면서 조세를 책임지게 하여 담비와

베와 물고기와 소금 등의 해산물을 거두어갔으며 미녀를 보내게 하여 노비나 첩으로 삼았다.

又有北沃沮一名置溝婁 去南沃沮八百餘里 其俗皆與南同 界南接挹婁
우유북옥저일명치구루 거남옥저팔백여리 기속개여남동 계남접읍루

그리고 북옥저가 있는데 일명 치구루라고 한다. 남옥저에서 800여 리약 320km 거리에 있다. 그 풍습은 모두 남옥저와 같다. 남쪽으로 읍루와 닿아 있다.

挹婁人憙乘船寇抄 北沃沮畏之 每夏輒臧於巖穴
읍루인희승선구초 북옥저외지 매하첩장어암혈

읍루 사람들은 배 타고 다니며 노략질을 잘해서 북옥저 사람들이 이를 무서워하여 해마다 여름이면 언제나 바위굴에 숨어 지낸다.

至冬船道不通 乃下居邑落
지동선도불통 내하거읍락

겨울에 배가 다니지 못하면 그때 비로소 마을에 내려와 산다.

其耆老言 嘗於海中得一布衣 其形如中人衣 而兩袖長三丈
기기로언 상어해중득일포의 기형여중인의 이양수장삼장

그 나라 기로들의 말이다. "이전에 바다 한가운데서 베옷 한 벌을 주웠는데 그 모양은 중국 옷 같았고 두 소매의 길이가 3장7.5m 정도이었다."

又於岸際見一人乘破船 頂中復有面 與語不通 不食而死
우어안제견일인승파선 정중부유면 여어불통 불식이사

"또 해안가 언덕 근처에서 난파된 배를 타고 있던 사람을 한 명 발견했는데 이마 중앙에 얼굴이 또 하나 있었다. 말이 통하지 않았고 먹지 못하더니 죽었다."

又說海中有女國 無男人 或傳其國有神井 闚之輒生子云
우설해중유여국 무남인 혹전기국유신정 규지첩생자운

또 말하기를, "바다 한가운데 남자 없이 여자들만 사는 나라가 있는데, 어떤 이의 말을 따르면 그 나라에는 신기한 우물이 있어서 그 우물을 쳐다보면 쉽게 자식이 생긴다"라고 한다.

■ 濊
　예

濊北與高句驪沃沮 南與辰韓接 東窮大海 西至樂浪
예북여고구려옥저 남여진한접 동궁대해 서지낙랑

예 북쪽에 고구려와 옥저가 있고 남쪽으로 진한과 닿아있으며 동쪽 끝에 큰 바다, 서쪽에는 낙랑이 있다.

濊及沃沮句驪 本皆朝鮮之地也
예급옥저구려 본개조선지지야

예와 옥저, 고구려는 본래 모두 조선의 영토였다.

昔武王封箕子於朝鮮 箕子敎以禮義田蠶

서 무 왕 봉 기 자 어 조 선 기 자 교 이 예 의 전 잠

옛날에 무왕주나라 무왕. 재위 서기전 1046~서기전 1043이 기자를 조선에 봉하자 기자
가 (조선에서) 예절과 사람의 도리, 농사와 누에 치는 것을 가르쳤다.

又制八條之敎 其人終不相盜 無門戶之閉 婦人貞信 飮食以籩豆

우 제 팔 조 지 교 기 인 종 불 상 도 무 문 호 지 페 부 인 정 신 음 식 이 변 두

그리고 8가지 조항의 법규를 만들어 가르치니 그곳 사람들이 마침내 서
로 도둑질을 하지 않아 문을 닫지 않고 살았다. 부인들은 정숙하고 신의
가 있으며 먹고 마실 때는 변대오리를 엮어 만든 그릇과 두를 사용한다.

其後四十餘世 至朝鮮侯準 自稱王

기 후 사 십 여 세 지 조 선 후 준 자 칭 왕

그 후 (기자 이후) 40여 대를 지나 조선 후侯 준이 스스로 왕이라고 하였다.

漢初大亂 燕齊趙人往避地者數萬口

한 초 대 란 연 제 조 인 왕 피 지 자 수 만 구

한나라 초 큰 난리에 연·제·조나라 사람들 수만 명이 그 땅을 떠났다.

而燕人衛滿 擊破準 而自王朝鮮 傳國至孫右渠

이 연 인 위 만 격 파 준 이 자 왕 조 선 전 국 지 손 우 거

연나라 사람 위만이 (조선왕) 준을 공격하여 파괴하고 스스로 조선왕이 된 후 나라를 손자 우거에게까지 전했다.

元朔元年 滅君南閭等 畔右渠 率二十八萬口詣遼東內屬

원삭원년 예군남여등 반우거 솔이십팔만구예요동내속

원삭 원년, 서기전 128년에 예의 군장우두머리 남여 등은 조선왕 우거를 배반하고 28만 명을 거느리고 한나라 요동군으로 복속하였다.

武帝以其地爲蒼海郡 數年乃罷

무제이기지위창해군 수년내파

무제재위 서기전 141~서기전 87가 그 지역(남여가 항복하며 넘긴 땅)을 창해군이라고 했다가 수년 후에 (창해군을) 없앴다.

至元封三年 滅朝鮮 分置樂浪臨屯玄菟眞番四郡

지원봉삼년 멸조선 분치낙랑임둔현도진번사군

원봉 3년, 서기전 108년에 조선을 멸망시키고, 그 지역(조선 땅)을 4개의 군으로 쪼개어 낙랑군·임둔군·현도군·진번군을 설치하였다.

至昭帝始元五年 罷臨屯眞番 以幷樂浪玄菟 玄菟復徙居句驪

지소제시원오년 파임둔진번 이병낙랑현도 현도부사거구려

소제 시원 5년, 서기전 82년에 임둔군과 진번군을 없애 낙랑군과 현도군에 병합시켰다. 현도군은 다시 다른 곳으로 옮겨지고 그 땅은 고구려 땅이 되었다.

自單單大領已東 沃沮濊貊悉屬樂浪

자단단대령이동 옥저예맥실속낙랑

단단대령으로부터 동쪽의 옥저와 예·맥은 모두 다 낙랑에 속하였다.

後以境土廣遠 復分領東七縣 置樂浪東部都尉

후이경토광원 부분령동칠현 치낙랑동부도위

후에 이 국경 지역이 (한나라에서) 너무 멀고 넓다고 하여, 다시 나누어 (단단대)령 동쪽의 7개 현을 낙랑군의 동부도위로 만들었다.

自內屬已後 風俗稍薄 法禁亦浸多 至有六十餘條

지내속이후 풍속초박 법금여침다 지유육십여조

(예가 이렇게 한나라에) 복속된 이후로 풍습이 점점 야박해져서 법으로 금하는 것 역시 많아지더니 법령이 60여 개에 이르렀다.

建武六年 省都尉官 遂棄領東地悉封其渠帥爲縣侯 皆歲時朝賀

건무육년 생도위관 수기령동지실봉기거수위현후 개세시조하

건무 6년, 서기전 30년에 도위 관직을 줄이고 결국 단단대령 동쪽 땅을 포기하고 그곳 우두머리들을 현縣 행정제도상의 마을 단위侯侯로 봉하니 모두 새해마다 와서 조하임금에게 인사하는 것하였다.

無大君長 其官有侯邑君三老 耆舊自謂與句驪同種 言語法俗大抵相類

무대군장 기관유후읍군삼로 기구자위여구려동종 언어법속대저상류

대군장은 없고 관리로 후·읍군·삼로가 있다. 기로들이 자신들은 예로

부터 고구려와 같은 종족이라고 하는데 언어와 법률과 풍습이 대체로 고구려와 서로 비슷하다.

其人性愚慤 少嗜欲 不請匃 男女皆衣曲領
기인성우각 소기욕 불청개 남녀개의곡령

사람들의 성격은 우직하고 성실하며 욕심이 적고 부탁하거나 구걸하는 일이 없다. 남녀가 모두 곡령옷깃을 둥글게 재단한 옷을 입는다.

其俗重山川 山川各有部界 不得妄相干涉
기속중산천 산천각유부계 부득망상간섭

그 나라 풍습에 산천을 귀중하게 여긴다. 산천으로 각각 부족의 경계를 구분하고 서로 함부로 남의 지역에 들어가거나 그곳 일에 참견하지 않는다.

同姓不昏 多所忌諱 疾病死亡 輒捐棄舊宅 更造新居
동성불혼 다소기휘 질병사망 첩연기구택 갱조신거

같은 성씨끼리는 혼인하지 않으며 꺼리고 피하는 것이 많아 병에 걸리거나 죽으면 언제나 살던 집을 버리고 다시 새로 집을 지어 산다.

知種麻 養蠶 作緜布 曉候星宿 豫知年歲豐約
지종마 양잠 작면포 효후성숙 예지연세풍약

삼한해살이 풀로 섬유의 원료. 흔히 삼베라 한다을 심고 누에를 키울 줄 알아 명주와 베를 짠다. 새벽에 별이 어디에 떠 있는지 보고 그 해 풍년인지 흉년인지를 미리 안다.

常用十月祭天 晝夜飮酒歌舞 名之爲舞天 又祠虎以爲神

상용시월제천 주야음주가무 명지위무천 우사호이위신

해마다 10월이면 하늘에 제사를 지내며 밤낮으로 먹고 마시고 노래하고 춤추는데 이를 무천이라고 한다. 또 호랑이를 신령스럽게 여겨 제사 지낸다.

邑落有相侵犯者 輒相罰 責生口牛馬 名之爲責禍

읍락유상침범자 첩상벌 책생구우마 명지위책화

마을을 서로 침범하면 언제나 벌을 내려 생구_{전쟁 포로, 노예라는 뜻}나 말이나 소로 배상하여 책임지도록 하는데, 이 벌칙을 책화라고 한다.

殺人者償死 少寇盜 能步戰 作矛長三丈 或數人共持之

살인자상사 소구도 능보전 작모장삼장 혹수인공지지

사람을 죽이면 죽음으로 갚게 한다. 노략질이나 도둑이 적다. 걸으면서 싸우는데 능하고 3장_{7.5m} 정도이나 되는 긴 창을 만들어 여러 사람이 같이 들기도 한다.

樂浪檀弓出其地 又多文豹 有果下馬 海出班魚 使來皆獻之

낙랑단궁출기야 우다문표 유과하마 해출반어 사래개헌지

낙랑 단궁이 나오는 곳이다. 또 무늬 있는 표범이 많고 과하마_{나무 밑을 지나갈 만한 크기의 말}가 있으며 바다에서 반어_{민어과 물고기}가 난다. 사신이 중국에 올 때 그것을 모두 바친다.

■ 韓
한

韓有三種 一曰馬韓 二曰辰韓 三曰弁辰

한유삼종 일왈마한 이왈진한 삼왈변진

한韓은 세 부류로 마한, 진한, 변진이 있다. (변진은 변한이다)

馬韓在西 有五十四國 其北與樂浪 南與倭接

마한재서 유오십사국 기북여낙랑 남여왜접

마한은 서쪽에 있으며 54개의 나라가 있다. 그 북쪽은 낙랑, 남쪽은 왜와 접해 있다.

辰韓在東 十有二國 其北與濊貊接

진한재동 십유이국 기북여예맥접

진한은 동쪽에 있으며 12개의 나라가 있다. 그 북쪽은 예와 맥과 닿아있다.

弁辰在辰韓之南 亦十有二國 其南亦與倭接

변진재진한지남 역십유이국 기남역여왜접

변진은 진한 남쪽이며 모두 12개의 나라가 있다. 또 그 남쪽은 왜와 접해 있다.

凡七十八國 伯濟是其一國焉 大者萬餘戶 小者數千家 各在山海閒

범칠십팔국 백제시기일국언 대자만여호 소자수천가 각재산해간

한韓은 모두 78개의 나라이며 백제도 그중 하나의 나라이다. 큰 나라는 만여 가구가 있고 작은 나라는 수천 가구가 있다. 각각 산과 바다 사이에 있다.

地合方四千餘里 東西以海爲限 皆古之辰國也
지합방사천여리 동서이해위한 개고지진국야
영토를 모두 합치면 사방 4000여 리약 1600km가 되며 동쪽과 서쪽의 경계는 바다이다. 옛날에는 모두 진나라였다.

馬韓最大 共立其種爲辰王 都目支國 盡王三韓之地
마한최대 공립기종위진왕 도목지국 진왕삼한지지
삼한 중에 마한이 제일 크고 다 같이 마한 출신을 진왕辰王으로 세운다. 목지국에 도읍이 있고 진왕辰王이 삼한마한·진한·변진을 모두 맡아 다스린다.

其諸國王先皆是馬韓種人焉
기제국왕선개시마한종인언
그곳 모든 나라의 왕은 이전부터 줄곧 마한 종족이다.

馬韓人知田蠶 作緜布 出大栗如梨 有長尾雞 尾長五尺
마한인지전잠 작면포 출대율여리 유장미계 미장오척
마한 사람은 농사짓는 것과 누에 치는 법을 알고 면포, 즉 옷감을 짠다. 배만 한 크기의 밤이 나오고 꼬리가 긴 닭이 있는데 그 꼬리가 5자나 된다.

邑落雜居 亦無城郭 作土室 形如冢 開戶在上

읍 락 잡 거 여 무 성 곽 작 토 실 형 여 총 개 호 재 상

마을에 섞어 산다. 또 성곽은 없다. 흙으로 집을 짓는데 마치 무덤 같고
여는 문은 위쪽에 있다.

不知跪拜 無長幼男女之別 不貴金寶錦罽 不知騎乘牛馬

부 지 궤 배 무 장 유 남 녀 지 별 불 귀 금 보 금 계 부 지 기 승 우 마

무릎 꿇고 절하는 것을 모른다. 어른과 아이, 남자와 여자의 구별이 없
다. 금·돈·비단·융단 등을 귀하게 여기지 않고, 말이나 소를 탈 줄
모른다.

唯重瓔珠 以綴衣爲飾 及縣頸垂耳 大率皆魁頭露紒 布袍草履

유 중 영 주 이 철 의 위 식 급 현 경 수 이 대 솔 개 괴 두 노 계 포 포 초 리

오직 구슬이나 진주만 귀중하게 여겨 옷에 꿰매어 꾸미거나 귀에 걸거
나 목에 건다. 그들의 머리는 대체로 다들 괴두그냥 풀어 놓은 머리거나 노계상투
만 튼 채 갓이나 모자 등을 쓰지 않은 머리이다. 베로 지은 도포를 입고 초리풀로 만든 신.
짚신를 신는다.

其人壯勇 少年有築室作力者 輒以繩貫脊皮 縋以大木 讙呼爲健

기 인 장 용 소 년 유 축 실 작 력 자 첩 이 승 관 척 피 추 이 대 목 훤 호 위 건

사람들은 씩씩하고 용감하다. 젊은이들이 성을 쌓거나 집 짓는 힘든 일
을 할 때는 늘 등가죽을 뚫어 밧줄을 꿰어 넣은 후 그 줄에 큰 나무를
매달고 소리 지르며 일하는데 (아마도 여러 명이 줄지어 모여 건축에 쓰이는

큰 나무를 밧줄로 묶어 몸에 감고 옮기면서 기합으로 박자를 맞추며 일하는 모습이 아닐까 한다) 그것을 튼튼하다고 한다.

常以五月田竟祭鬼神 畫夜酒會 羣聚歌舞 舞輒數十人相隨蹋地爲節
상이오월전경제귀신 주야주회 군취가무 무첩수십인상수답지위절
항상 5월에 밭에 씨뿌리는 일을 끝내면 신에게 제사를 올리며 밤낮으로 모여서 술 마시고 무리 지어 노래하고 춤춘다. 춤출 때는 언제나 수십 명이 서로 줄지어 뒤따라가며 장단에 맞춰 땅을 밟는다.

十月農功畢 亦復如之
시월농공필 역부여지
10월에 농사가 끝나도 역시 마찬가지로 또 한다.

諸國邑各以一人主祭天神 號爲天君 又立蘇塗建大木以縣鈴鼓 事鬼神
제국읍각이일인주제천신 호위천군 우립소도건대목이현영고 사귀신
모든 나라의 읍에는 천신에게 제사 지내는 사람이 1명씩 있는데, 이들을 천군이라고 한다. 또 소도를 만들어 큰 나무를 세워 방울과 북을 매달고 귀신을 섬긴다.

其南界近倭 亦有文身者
기남계근왜 역유문신자
그 남쪽 경계인 왜와 가까운 곳에는 문신을 한 사람들도 있다.

辰韓耆老自言 秦之亡人避苦役 適韓國 馬韓割東界地與之

진한기로자언 진지망인피고역 적한국 마한할동계지여지

진한辰韓의 기로들이 말한 것에 따르면, 자기들은 진秦 서기전 221~서기전 206나라에서 힘들고 괴로운 일을 피하여 망명한 사람들이라며, 한국韓國으로 피난 왔을 때 마한馬韓이 동쪽 변방의 땅을 나누어주면서 함께 살게 해주었다고 한다.

其名國爲邦 弓爲弧 賊爲寇 行酒爲行觴 相呼爲徒 有似秦語

기명국위방 궁위호 적위구 행주위행상 상호위도 유사진어

그곳에서는 나라를 말할 때 국 대신 방이라 하고, (중국은 한나라 유방이 황제가 된 후 황제의 이름 글자인 '방'을 피하여 나라를 국이라고 하였다) 활을 말할 때 궁 대신 호, 도둑은 적 대신 구라고 한다. 술 돌린다는 말을 술잔을 돌린다고 말하며 서로를 도라고 부르는 것이 진나라 말과 비슷하다.

故或名之爲秦韓 有城柵屋室 諸小別邑 各有渠帥

고혹명지위진한 유성책옥실 제소별읍 각유거수

그래서 간혹 진한辰韓을 진한秦韓이라고도 한다. 진한에는 성책과 집이 있으며 여러 마을은 모두 작은 규모이고, 분리되어 있으며 마을마다 따로 우두머리가 있다.

大者名臣智 次有儉側 次有樊秖 次有殺奚 次有邑借

대자명신지 차유검측 차유번지 차유살해 차유읍차

세력이 제일 큰 우두머리는 신지, 그다음은 검측, 그다음은 번지, 그다음은 살해, 그다음은 읍차라고 한다.

土地肥美 宜五穀 知蠶桑 作縑布 乘駕牛馬 嫁娶以禮 行者讓路
토지비미 의오곡 지잠상 작겸포 승가우마 가취이례 행자양로
땅이 비옥하고 좋아서 오곡이 잘 자란다. 뽕나무를 키우고 누에를 칠 줄
알며 겸포두 가지 이상의 명주실로 짠 천를 짠다. 소나 말을 타기도 하고 소나 말에
수레를 달아 끌기도 한다. 시집가고 장가가는 혼인의 예법이 있으며 다
닐 때는 길을 양보한다.

國出鐵 濊倭馬韓並從市之 凡諸貿易皆以鐵爲貨 俗憙歌舞飮酒鼓瑟
국 출 철 예왜마한병종 시 지 범제무역개이철위화 속 희가무음주고슬
나라에서 철이 나는데 예·왜·마한 모두 와서 사 간다. 무릇 여러 교역
에 모두 철을 화폐로 쓴다. 풍속에 노래하고 춤추고, 술 마시며 거문고
타고 북 치는 것을 즐긴다.

兒生欲令其頭扁 皆押之以石
아생욕령기두편 개압지이석
아이가 태어나면 그 머리를 납작하게 하려고 모두 돌로 누른다.

弁辰與辰韓雜居 城郭衣服皆同 言語風俗有異
변진여진한잡거 성곽의복개동 언어풍속유이
변진은 진한과 섞여 살며 성곽과 의복은 모두 같은데 언어와 풍속에 차
이가 있다.

其人形皆長大 美髮 衣服絜清 而刑法嚴峻

기인형개장대 미발 의복결청 이형법엄준

그 사람들은 모두 몸집이 장대하고 머릿결이 아름답다. 의복은 깨끗하게 입고 형법범죄를 저지른 데 대한 벌을 규정한 법은 엄하고 중하다.

其國近倭 故頗有文身者

기국근왜 고파유문신자

그 나라는 왜와 가까이 있는데 그래서인지 문신한 사람들이 자못 많다.

初 朝鮮王準爲衛滿所破 乃將其餘衆數千人走入海

초 조선왕준위위만소파 내장기여중 수천인주입해

애초에 조선왕 준이 위만에게 패배하여 자기 무리 수천 명을 이끌고 도망하여 바다로 들어갔다.

攻馬韓破之 自立爲韓王 準後滅絶 馬韓人復自立爲辰王

공마한파지 자립위한왕 준후멸절 마한인복자립위진왕

마한을 공격하여 멸하고 스스로 한韓왕이 되었다. 준왕의 후손이 끊기자 마한 사람들이 다시 자립하여 진왕辰王이 되었다.

建武二十年 韓人廉斯人蘇馬諟等詣樂浪貢獻

건무이십년 한인염사인소마시등예낙랑공헌

건무 20년, 44년에 한국韓國 염사 지역의 소마시 등이 낙랑에 와서 공물을 바쳤다.

光武封蘇馬諟爲漢廉斯邑君 使屬樂浪郡 四時朝謁

광무봉소마시위한염사읍군 사속낙랑군 사시조알

광무제후한 제1대 황제. 재위 25~57가 (한국韓國 땅이었던 염사를 한漢에 귀속시켜 염사읍이라 하고) 소마시를 염사읍의 읍군邑의 우두머리으로 봉하였다. 염사읍을 낙랑군에 복속시키고 봄·여름·가을·겨울 계절이 바뀔 때마다 조알일에 관한 보고와 함께 윗사람에게 인사하는 일하게 하였다.

靈帝末 韓濊並盛 郡縣不能制 百姓苦亂 多流亡入韓者

영제말 한예병성 군현불능제 백성고난 다유망입한자

영제후한 황제. 재위 167~189 말기(황권이 약해지고 군웅들의 전쟁으로 마침내 한나라는 멸망하고 위·촉·오 삼국으로 분열된 시기)에 한韓과 예濊가 모두 성장하여 부강해졌다. 한나라에서 군과 현에 대한 통치를 제대로 못하자 백성들이 고난을 겪었다. 전란을 피해 도망 다니던 많은 유민들이 한韓으로 들어갔다.

馬韓之西海 島上有州胡國 其人短小 髡頭 衣韋衣 有上無下

마한지서해 도상유주호국 기인단소 곤두 의위의 유상무하

마한 서쪽 바다 섬에 주호국제주도로 추정이 있는데 그 사람들은 몸이 작고 왜소하며 머리를 짧게 깎았다. 옷은 가죽옷을 입는데 웃옷만 입고 아래옷은 안 입는다.

好養牛豕 乘船往來貨市韓中

호양우시 승선왕래화시한중

돼지와 소를 잘 기르며 배를 타고 오가면서 한국韓國 시장에 와서 재물을 거래한다.

■ 倭
왜

倭在韓東南大海中　依山島爲居　凡百餘國
왜재한동남대해중　의산도위거　범백여국

왜는 한韓 동남쪽의 큰 바다 가운데 있다. 산과 섬에 의지하여 살며 모두 100여 나라가 있다.

自武帝滅朝鮮　使驛通於漢者三十許國　國皆稱王　世世傳統
자무제멸조선　사역통어한자삼십허국　국개칭왕　세세전통

무제漢 제7대 황제. 재위 서기전 141~서기전 87가 조선을 멸망시킨 이후 한漢나라와 사신과 역관이 통하는 나라가 30여 개다. 왜국은 모두 왕을 칭하며 대대 손손 세습하였다.

其大倭王居邪馬臺國　樂浪郡徼　去其國萬二千里
기대왜왕거야마대국　낙랑군요　거기국만이천리

그곳 대왜 왕은 야마대국야마타이국에 산다. 낙랑군 변경에서 그 나라까지 는 12000리약 4800km를 간다.

去其西北界　拘邪韓國　七千餘里

거기서북계　구야한국　칠천여리

그 서북쪽 경계에서 구야한국까지는 **7000**여 리약 _{2800km}를 간다.

其地大較在會稽東冶之東　與朱崖儋耳相近　故其法俗多同

기지대교재회계동야지동　여주애담이상근　고기법속다동

그 땅은 대략 회계(군) 동야(현)중국 절강성에 위치의 동쪽에 있고, 주애(군)·담
이(군)와 서로 가깝다. 그래서 그곳의 법이나 풍속과 같은 것이 많다.

土宜禾稻麻紵蠶桑　知織績爲縑布　出白珠靑玉　其山有丹土

토의화도마저잠상　지직적위겸포　출백주청옥　기산유단토

땅은 벼·삼나무·모시풀이 잘 자라고 뽕잎을 따서 누에를 친다. 길쌈을
하여 베를 짜고 겸포두 가지 이상의 명주실로 짠 천를 짠다. 하얀 진주와 푸른 옥이
난다. 그곳 산에는 붉은 흙이 있다.

氣溫腝冬夏生菜茹　無牛馬虎豹羊鵲　其兵有矛楯木弓竹矢或以骨爲鏃

기온부동하생채여　무우마호표양작　기병유모순목궁죽시혹이골위촉

기후는 따뜻하고 땅은 부드러워 여름이나 겨울이나 늘 싱싱한 채소를
먹는다. 소·말·호랑이·표범·양·까치가 없다. 병기로는 창과 방패와
나무로 만든 활과 대나무로 만든 화살이 있는데 간혹 뼈로 만든 화살촉
도 있다.

男子皆黥面文身 以其文左右大小別尊卑之差 其男衣皆横幅結束相連

냠자개경면문신 이기문화우대소별존 비지차 기냠의개횡폭결속 상연

남자들은 모두 얼굴과 몸에 문신을 새긴다. 그 무늬는 오른쪽이나 왼쪽에, 또 크거나 작게 하여 신분이 귀한 사람과 천한 사람을 구별한다. 남자 옷은 모두 가로로 넓은 천을 이어서 묶어 입는다.

女人被髮屈紒 衣如單被 貫頭而著之 並以丹朱坋身 如中國之用粉也

여인피발굴계 의여단피 관두이착지 병이단주분신 여중국지용분야

여성은 머리카락을 길게 풀어놓거나 말아 올려 묶고, 옷은 마치 홑이불 같은 천을 머리서부터 뒤집어쓰듯이 입는다. 붉은 가루를 몸에 칠하는데 중국에서 분을 바르는 것과 같다.

有城柵屋室 父母兄弟異處 唯會同男女無別 飮食以手 而用籩豆

유성책옥실 부모형제이처 유회동냠여무별 음식이수 이용변두

성과 나무 울타리와 집이 있는데 부모 및 형제와 거처하는 공간은 다르다. 다만 회동일. 정무를 목적으로 만남에서는 남녀의 구별이 따로 없다. 그릇 변과 두를 사용하며 손으로 먹고 마신다.

俗皆徒跣 以蹲踞爲恭敬 人性嗜酒 多壽考 至百餘歲者甚衆

속개도선 이준거위공경 인성기주 다수고 지백여세자심중

풍속에 모두 맨발로 다닌다. 몸을 웅크리고 앉는 것으로 공경함을 나타낸다. 사람들은 술을 좋아하고 오래 사는데, 100여 세가 된 사람들도 매우 많다.

國多女子　大人皆有四五妻　其餘或兩或三　女人不淫不妒

국다여자　대인개유사오처　기여혹양혹삼　여인불음불투

나라에 여자가 많다. 대인들은 모두 4명이나 5명의 아내가 있는데 그 밖의 남자들도 간혹 2명이나 3명의 아내를 두기도 한다. 여인들은 간음하거나 질투하지 않는다.

又俗不盜竊　少爭訟　犯法者沒其妻子　重者滅其門族

우속부도절　소쟁송　범법자몰기처자　중자멸기문족

또 풍속에 도둑질이 없어 송사재물 소유의 시시비비를 문서로 다루는 일로 다투는 일이 적다. 법을 어긴 사람은 그 아내와 자식을 몰수하고, 죄가 무거운 자는 그 집안을 모두 없앤다.

其死停喪十餘日　家人哭泣　不進酒食　而等類就歌舞爲樂

기사정상십여일　가인곡읍　부진주식　이등류취가무위락

사람이 죽으면 장례를 10여 일 동안 치른다. 죽은 자의 집안사람들은 소리 내어 서글피 울며 술과 밥을 먹지 않는다. 그 밖의 다른 사람들은 노래하고 춤추며 즐긴다.

灼骨以卜　用決吉凶

작골이복　용결길흉

뼈를 태워 점을 보아 일이 좋을지 나쁠지 판단한다.

行來度海 令一人不櫛沐 不食肉 不近婦人 名曰持衰

행래도해 령일인부즐목 불식육 불근부인 명왈지쇠

바다를 건널 때는 한 사람에게 명령하여 머리 빗질도 못 하게 하고 씻는 것도 금하며 고기도 먹지 못하게 하고 부인도 가까이하지 못하게 하는 데, 이 사람을 지쇠라고 한다.

若在塗吉利 則雇以財物 如病疾遭害 以爲持衰不謹 便共殺之

약재도길리 즉고이재물 여병질조해 이위지쇠불근 변공살지

만약 가는 길에 좋은 일이 생기면 지쇠에게 수고한 대가로 재물을 주지만, 병을 앓거나 피해가 있으면 지쇠가 성실하지 않은 때문이라며 다 함께 그를 죽인다.

建武中元二年 倭奴國奉貢朝賀

건무중원이년 왜노국봉공조하

건무 중원 2년, 57년에 왜의 노국이 공물을 바치며 조하_{임금이 사는 궁궐에 와서 임금에게 인사하는 일}하러 왔다.

使人自稱大夫 倭國之極南界也 光武賜以印綬

사인자칭대부 왜국지극남계야 광무사이인수

왜의 사신들은 자기들을 모두 대부라고 하였다. 노국은 왜국에서 가장 남쪽 끝에 있는 나라이다. 광무제_{후한을 세운 임금. 재위 25~57}가 (노국 사자에게) 인수_{권위와 지위를 상징하며 천자가 신하에게 주는 술 달린 도장}를 하사하였다.

安帝永初元年 倭國王 帥升等獻生口百六十人 願請見

안제영초원년 왜국왕 수승등헌생구백육십인 원청견

안제 영초 원년, 107년에 왜국 왕 수승 등이 생구노예 160명을 바치며 황제 뵙기를 청했다.

桓靈閒 倭國大亂 更相攻伐 歷年無主

환영간 왜국대란 갱상공벌 역년무주

환제재위 146~167와 영제재위 167~189 사이에 왜국에서 큰 난리가 나서 또다시 서로 공격하고 정벌하니 수년 동안 왜에 왕이 없었다.

有一女子 名曰卑彌呼 年長不嫁 事鬼神道 能以妖惑衆 於是共立爲王

유일여자 명왈비미호 연장불가 사귀신도 능이요혹중 어시공립위왕

한 여성이 있어 이름이 비미호히미코라고 하였다. 어른이 되었는데도 시집을 가지 않고 귀신 섬기는 일에 열중하여 괴이한 힘으로 무리를 미혹하니 사람들이 공동으로 그녀를 왕으로 세웠다.

侍婢千人 少有見者 唯有男子一人給飮食 傳辭語

시비천인 소유견자 유유남자일인급음식 전사어

여왕을 시중드는 여종이 1000명이나 되지만 여왕을 본 사람은 적었다. 오직 남자 한 명이 음식을 공급하며 말을 전했다.

居處宮室樓觀城柵 皆持兵守衛 法俗嚴峻

거처궁실누관성책 개지병수위 법속엄준

여왕이 거처하는 궁전의 여러 방과 누관화려하게 지은 집 그리고 성을 둘러싼 목책 주변은 모두 병사들이 지켰다. 법과 풍속은 혹독하고 준엄하다.

自女王國 東度海 千餘里 至拘奴國 雖皆倭種 而不屬女王
자여왕국 동도해 천여리 지구노국 수개왜종 이불속여왕

여왕의 나라에서 동쪽으로 바다를 건너 1000여 리약 400km를 가면 구노국에 이른다. 비록 그들도 모두 같은 왜 종족이지만 여왕의 나라에 속해 있지는 않다.

自女王國 南四千餘里 至朱儒國 人長三四尺
자여왕국 남사천여리 지주유국 인장삼사척

여왕의 나라에서 남쪽으로 4000여 리약 1600km 가면 주유국이 있는데, 그 나라 사람들의 키는 3∼4척이다.

自朱儒東南行船一年 至裸國黑齒國 使驛所傳 極於此矣
자주유동남행선일년 지나국흑치국 사역소전 극어차의

이 주유국에서 동남쪽으로 배를 타고 1년 가면 나국과 흑치국에 이른다. 사신과 역관驛官 현재의 외무부와 비교할 수 있다이 전하는 지역은 여기에서 끝난다.

會稽海外 有東鯷人 分爲二十餘國 又有夷洲及澶洲
회계해외 유동제인 분위이십여국 우유이주급단주

회계에서 바다 건너 바깥에는 동제 사람이 있는데, 이들은 20여 개의 나라로 나뉘어 산다. 또 이주섬 이름 및 단주섬 이름가 있다.

傳言 秦始皇遣方士徐福 將童男女數千人入海 求蓬萊神仙 不得
전언 진시황견방사서복 장동남녀수천인입해 구봉래신선 부득

전하는 말로는 진시황이 방사신선처럼 도술을 부리는 사람 서복에게 (동방에 신선이 산다는 전설을 믿고) 어린 남녀 수천 명을 거느리고 바다를 건너 봉래 신선을 찾아오도록 파견하였는데, 서복은 봉래 신선을 찾지 못했다.

徐福畏誅不敢還 遂止此洲 世世相承 有數萬家
서복외주불감환 수지차주 세세상승 유수만가

서복은 진시황에게 참수당할 것을 두려워하여 감히 돌아가지 못하고 마침내 이주夷洲와 단주澶洲에 머물러 대대손손 대를 이어서 수만 가구가 되었다고 한다.

人民時至會稽市 會稽東冶縣人 有入海行遭風 流移至澶洲者
인민시지회계시 회계동야현인 유입해행조풍 유이지단주자

백성들은 때가 되면 회계 시장에 모여 거래를 한다. 회계 동야현 사람이 바다에 들어갔다가 풍랑을 만나 표류하다 단주에 흘러들어간 사람도 있다.

所在絶遠 不可往來
소재절원 불가왕래

(그러나) 그곳은 멀리 동떨어져 있어서 오가는 것은 불가능하다.

■ 論
논

論曰 昔箕子違衰殷之運 避地朝鮮
논왈 석기자위쇠은지운 피지조선

논한다. 옛날에 기자은나라 마지막 왕 주왕의 작은 아버지가 은나라의 운수가 다하여
쇠약해지고 망하자 조선 땅으로 피하였다.

始其國俗未有聞也 及施八條之約 使人知禁 逐乃邑無淫盜 門不夜扃
시기국속미유문야 급시팔조지약 사인지금 수내읍무음도 문불야경

처음에 그 나라(조선) 풍속은 알려진 게 없었다. 8개 조항의 규약을 실시
하여 사람들에게 하지 말아야 할 것을 알려주자 마침내 마을에 간음과
도둑질이 없어져 밤에도 문에 빗장을 걸지 않게 되었다.

回頑薄之俗 就寬略之法 行數百千年
회완박지속 취관략지법 행수백천년

완고하고 천박한 풍속을 바꾸어 관대하고 간편한 법을 수백 년 동안 실
행했다.

故東夷通以柔謹爲風 異乎三方者也 苟政之所暢 則道義存焉
고동이통이유근위풍 이호삼방자야 구정지소창 칙도의존언

이것이 동이에 통하여 부드럽고 조심할 줄 아는 풍속이 만들어지니, 세
방위서융·남만·북적의 사람들과는 다르게 되었다. 참된 정치로 도리가 통하

면 사람들이 행하는 도덕과 의리는 저절로 생기게 마련인 것이다.

仲尼懷憤 以爲九夷可居 或疑其陋

중니회분 이위구이가거 혹의기루

중니공자, 서기전 551~서기전 479가 괴롭고 분한 생각에 (공자가 추구하고 주장한 도덕 정치를 그가 살았던 춘추시대에 받아들인 군주가 없어 공자는 떠돌아다녔다) 9이의 나라에서 살고 싶다고 하였더니, 어떤 이가 그곳은 누추하여 천한 곳이라며 의아해하였다.

子曰 君子居之 何陋之有 亦徒有以焉爾

자왈 군자거지 하루지유 역도유이언이

공자가 "군자가 사는 곳인데 어떻게 누추한 곳이겠는가" 하고 말한 것도 이와 같은 이유가 아니겠는가!

其後遂通接商賈 漸交上國 而燕人衛滿擾雜其風 於是從而澆異焉

기후수통접상고 점교상국 이연인위만요잡기풍 어시종이요이언

그 후 마침내 장사하는 상인들이 접촉하더니 점차 상국중국과도 교류하였다. 연나라 사람 위만이 그 풍속을 뒤섞어 어지럽히니 그들도 (조선·동이) 따라서 이상하게 경박해졌으니 어찌할까!

老子曰 法令滋章 盜賊多有

노자왈 법령자장 도적다유

노자춘추시대의 대학자로 도가 창시자이며 도덕경의 저자이다. 출생과 사망연대가 알려지지 않았다는 법령

의 조항이 많아질수록 도적이 많은 것이라고 했다.

若箕子之省簡文條 而用信義 其得聖賢作法之原矣

약기자지성간문조 이용신의 기득성현작법지원의

기자가 깨우쳐 준 간단한 법조문처럼 믿음과 바른 도의로 다스리는 것
이야말로 성현이 법으로 덕을 행하는 근본이 아니겠는가!

■ 贊
　 찬

贊曰 宅是嵎夷 曰乃暘谷 巢山潛海 厥區九族

찬왈 택시우이 왈내양곡 소산잠해 궐구구족

찬한다. 우이嵎夷 해가 돋는 곳에 살게 하여 그곳을 양곡暘谷 전설적으로 태양이 떠오른다
는 곳이라고 하였다. 산에 모여 살거나 바닷가에서 자맥질하며 살게 되면
서 9족九族 나를 중심으로 위로 4대, 아래로 4대의 친족, 나아가 매우 많은 종족을 뜻하기도 한다이 일정
한 구역에 나누어 살게 되었다.

嬴末紛亂 燕人違難 雜華澆本

영말분란 연인위난 잡화요본

영정嬴政 秦나라 진시황의 이름. 서기전 259년 출생하여 서기전 210년 사망 말기에 진나라가 어
수선하고 시끄러워지자 연나라 사람(위만)이 난을 피하여 (조선으로 가서)
동이와 중화中國가 섞이더니 (동이) 근본이 경박해졌다.

遂通有漢　眇眇偏譯　或從或畔

수 통 유 한　묘 묘 편 역　혹 종 혹 반

마침내 한漢나라와 통하게 되었는데, 아득하게 먼 곳에 치우쳐 있는 나라와 통역하며 말이 오가니 그들(동이의 여러 나라)이 따르기도 하고 혹은 배반하기도 하였다.

제3부

원문으로 보는
사기·한서·삼국지·후한서,
중국 4대 역사책의
고조선과 동이

1

史記

史記 卷一百一十五

朝鮮列傳

　　朝鮮王滿者 故燕人也 自始全燕時 嘗略屬眞番朝鮮 爲置吏 築鄣塞 秦滅燕 屬遼東外徼 漢興 爲其遠難守 複修遼東故塞 至浿水爲界 屬燕 燕王盧綰反 入匈奴 滿亡命 聚黨千餘人 魋結蠻夷服而東走出塞 渡浿水 居秦故空地上下鄣 稍役屬眞番朝鮮蠻夷 及故燕 齊亡命者王之 都王險 會孝惠高后時天下初定 遼東太守即約滿爲外臣 保塞外蠻夷無使盜邊 諸蠻夷君長欲入見天子 勿得禁止 以聞上許之 以故滿得兵威財物 侵降其旁小邑 眞番臨屯皆來服屬 方數千里 傳子至孫右渠 所誘漢亡人滋多 又未嘗入見 眞番旁衆國欲上書見天子 又擁閼不通 元封二年 漢使涉何譙諭 右渠終不肯奉詔 何去至界上 臨浿水 使馭刺殺送何者 朝鮮裨王長 即渡 馳入塞 遂歸報天子曰

殺朝鮮將 上為其名美 即不詰 拜何為遼東東部都尉 朝鮮怨何 発兵襲攻殺
何 天子募罪人擊朝鮮 其秋 遣樓船將軍楊僕從斉浮渤海 兵五萬人 左將軍
荀彘出遼東 討右渠 右渠発兵距険 左將軍卒正多率遼東兵先縱敗散 多還走
坐法斬 樓船將軍將斉兵七千人 先至王険 右渠城守 窺知樓船軍少 即出城
擊樓船 樓船軍敗散走 將軍楊僕失其衆 遁山中十餘日 稍求収散卒 複聚 左
將軍擊朝鮮浿水西軍 未能破自前 天子為両將未有利 乃使衛山因兵威往諭
右渠 右渠見使者頓首謝 願降 恐両將詐殺臣 今見信節 請服降 遣太子入謝
獻馬五千匹及饋軍糧 人衆萬餘 持兵 方渡浿水 使者及左將軍疑其為変 謂
太子已服降 宜命人毋持兵 太子亦疑 使者左將軍詐殺之 遂不渡浿水 複引
帰 山還報天子 天子誅山 左將軍破浿水上軍 乃前至城下 囲其西北 樓船亦
往會 居城南 右渠遂堅守城 數月未能下 左將軍素侍中幸 將燕代卒悍 乘勝
軍多驕 樓船將斉卒入海 固已多敗亡 其先與右渠戰 因辱亡卒 卒皆恐 將心
慚 其囲右渠 常持和節 左將軍急擊之 朝鮮大臣乃陰閒使人 私約降樓船 往
來言 尚未肯決 左將軍數與樓船期戰 樓船欲急就其約 不會 左將軍亦使人
求閒郤降下朝鮮 朝鮮不肯 心附樓船 以故両將不相能 左將軍心意 樓船前
有失軍罪 今與朝鮮私善而又不降 疑其有反計 未敢発 天子曰 將率不能 前
乃使衛山 諭降右渠 右渠遣太子 山使不能專決 與左將軍計相誤 卒沮約 今
両將囲城 又乖異 以故久不決 使済南太守公孫遂往正之 有便宜得以従事
遂至 左將軍曰 朝鮮當下久矣 不下者有狀言 樓船數期不會 具以素所意告
遂 曰 今如此不取 恐為大害 非獨樓船 又且與朝鮮共滅吾軍 遂亦以為然
而以節召樓船將軍 入左將軍営計事 即命左將軍麾下 執捕樓船將軍 並其軍
以報天子 天子誅遂 左將軍已並両軍 即急擊朝鮮 朝鮮相路人 相韓陰 尼谿
相參 將軍王唊 相與謀曰 始欲降樓船 樓船今執 獨左將軍並將 戰益急恐

不能與戰 王又不肯降 陰 唊 路人皆亡降漢 路人道死 元封三年夏 尼谿相
參 乃使人殺朝鮮王右渠 來降 王險城未下 故右渠之大臣成己又反 複攻吏
左將軍使右渠子長降 相路人之子最 告諭其民 誅成己 以故遂定朝鮮 為四
郡 封參為澅清侯 陰為荻苴侯 唊為平州侯 長降為幾侯 最以父死頗有功 為
溫陽侯 左將軍徵至 坐爭功相嫉 乖計 棄市 樓船將軍亦坐兵至洌口 當待左
將軍 擅先縱 失亡多 當誅 贖為庶人

　　太史公曰 右渠負固 國以絶祀 涉何誣功 為兵発首 樓船將狹 及難離咎
悔失番禺 乃反見疑 荀彘爭勞 與遂皆誅 両軍倶辱 將率莫侯矣

2

漢書

漢書 卷 九十五 西南夷 兩粤 朝鮮傳
第 六十五 朝鮮傳

朝鮮王滿 燕人 自始燕時 嘗略屬眞番朝鮮 爲置吏築障 秦滅燕 屬遼東外 漢興 爲遠難守 復修遼東故塞 至浿水爲界 屬燕 燕王盧綰反 入匈奴 滿亡 命 聚黨千餘人 椎結蠻夷服而東走出塞 度浿水 居秦故空地上下障 稍役屬 眞番朝鮮蠻夷乃故燕齊亡在者王之 都王險 會孝惠高后天下初定 遼東太守 卽約滿爲外臣 保塞外蠻夷 毋使盜邊 蠻夷君長欲入見天子 勿得禁止 以聞 上許之 以故滿得以兵威財物 侵降其旁小邑 眞番臨屯皆來服屬 方數千里 傳子至孫右渠 所誘漢亡人滋多 又未嘗入見 眞番辰國欲上書見天子 又雍閼 弗通 元封二年 漢使涉何 譙諭右渠 終不肯奉詔 何去至界 臨浿水 使馭刺 殺送何者 朝鮮裨王長 卽渡水 馳入塞 遂歸報天子曰 殺朝鮮將 上爲其名美

弗詰 拜何爲遼東東部都尉 朝鮮怨何 發兵攻襲 殺何 天子募罪人擊朝鮮 其
秋 遣樓船將軍楊僕 從齊浮渤海 兵五萬 左將軍荀彘出遼東 誅右渠 右渠發
兵距險 左將軍卒多率遼東士兵先縱 敗散 多還走 坐法斬 樓船將齊兵七千
人 先至王險 右渠城守 窺知樓船軍少 卽出擊樓船 樓船軍敗走 將軍僕失其
衆 遁山中十餘日 稍求收散卒 復聚 左將軍擊朝鮮浿水西軍 未能破 天子爲
兩將未有利 乃使衛山因兵威往諭右渠 右渠見使者 頓首謝 願降 恐將詐殺
臣 今見信節 請服降 遣太子入謝 獻馬五千匹及軍糧 人衆萬餘持兵 方度浿
水 使者及左將軍疑其爲變 謂太子已服降 宜令人毋持兵 太子亦疑使者左將
軍詐之 遂不度浿水 復引歸 山報 天子誅山 左將軍破浿水上軍 乃前至城下
圍其西北 樓船亦往會 居城南 右渠遂堅城守 數月未能下 左將軍素侍中幸
將燕代卒悍乘勝 軍多驕 樓船將齊卒 入海已多敗亡 其先與右渠戰 困辱亡
卒 卒皆恐 將心慙 其圍右渠 常持和節 左將軍急擊之 朝鮮大臣乃陰間使人
私約降樓船 往來言 尚未肯決 左將軍數與樓船期戰 樓船欲就其約 不會 左
將軍亦使人求間隙降下朝鮮 不肯 心附樓船 以故兩將不相得 左將軍心意
樓船前有失軍罪 今與朝鮮和善而又不降 疑其有反計 未敢發 天子曰 將率
不能前 乃使衛山諭降右渠 不能顓決 與左將軍相誤 卒沮約 今兩將圍城又
乖異 以故久不決 使故濟南太守公孫遂往正之 有便宜得以從事 遂至 左將
軍曰 朝鮮當下久矣 不下者 樓船數期不會 具以素所意告遂曰 今如此不取
恐爲大害 非獨樓船 又且與朝鮮共滅吾軍 遂亦以爲然 而以節召樓船將軍
入左將軍軍計事 卽令左將軍戲下執縛樓船將軍 幷其軍 以報 天子誅遂 左
將軍已幷兩軍 卽急擊朝鮮 朝鮮相路人 相韓陶 尼谿相參 將軍王唊 相與謀
曰 始欲降樓船 樓船今執 獨左將軍幷將 戰益急 恐不能與 王又不肯降 陶
路人皆亡降漢 路人道死 元封三年夏 尼谿相參 乃使人殺朝鮮王右渠 來降

王險城未下 故右渠之大臣成已又反 復攻吏 左將軍使右渠子長降 相路人子
最 告諭其民 誅成已 故遂定朝鮮爲眞番臨屯樂浪玄菟 四郡 封參爲澅淸侯
陶爲秋苴侯 唊爲平州侯 長爲幾侯 最以父死頗有功爲沮陽侯 左將軍徵至
坐爭功相嫉乖計 棄市 樓船將軍亦坐兵至列口 當待左將軍 擅先縱 失亡多
當誅 贖爲庶人

　　贊曰 楚粵之先 歷世有土 及周之衰 楚地方五千里 而句踐亦以粵伯 秦滅
諸侯 唯楚尙有滇王 漢誅西南夷獨滇 復寵 及東粵滅國遷眾 繇王居股等 猶
爲萬戶侯 三方之開 皆自好事之臣 故西南夷發於唐蒙司馬相如 兩粵起嚴助
朱買臣 朝鮮由涉何 遭世富盛 動能成功 然已勤矣 追觀太宗塡撫尉佗 豈古
所謂 招攜以禮 懷遠以德者哉

3

三國志 魏書

三國志 魏書 第 三十 烏丸 鮮卑 東夷傳
東夷傳

書稱 東漸於海 西被於流沙 其九服之制 可得而言也 然荒域之外 重譯而
至 非足跡車軌所及 未有知其國俗殊方者也 自虞曁周 西戎有白環之獻 東
夷有肅慎之貢 皆曠世而至 其邈遠也如此 及漢氏遣張騫使西域 窮河源 經
歷諸國 遂置都護以總領之 然後西域之事具存 故史官得詳載焉 魏興 西域
雖不能盡至 其大國 龜茲 于寘 康居 烏孫 疏勒 月氏 鄯善 車師之屬 無歲
不奉朝貢 略如漢氏故事 而公孫淵仍父祖三世有遼東 天子爲其絶域 委以海
外之事 遂隔斷東夷 不得通於諸夏 景初中 大興師旅 誅淵 又潛軍浮海 收
樂浪 帶方之郡 而後海表謐然 東夷屈服 其後高句麗背叛 又遣偏師致討 窮
追極遠 逾烏丸 骨都 過沃沮 踐肅慎之庭 東臨大海 長老說 有異面之人 近

日之所出 遂周觀諸國 采其法俗 小大區別 各有名號 可得詳紀 雖夷狄之邦
而俎豆之象存 中國失禮 求之四夷 猶信 故撰次其國 列其同異 以接前史之
所未備焉

夫餘在長城之北 去玄菟千里 南與高句麗 東與挹婁 西與鮮卑接 北有弱
水 方可二千里 戶八萬 其民土著 有宮室 倉庫 牢獄 多山陵 廣澤 於東夷
之域最平敞 土地宜五穀 不生五果 其人粗大 性强勇謹厚 不寇鈔 國有君王
皆以六畜名官 有馬加 牛加 豬加 狗加 大使 大使者 使者 邑落有豪民 名
下戶皆爲奴僕 諸加別主四出道 大者主數千家 小者數百家 食飲皆用俎豆
會同 拜爵 洗爵 揖讓升降 以殷正月祭天 國中大會 連日飲食歌舞 名曰迎
鼓 於是時斷刑獄 解囚徒 在國衣尚白 白布大袂 袍 袴 履革鞜 出國則尚繒
繡錦罽 大人加狐狸 狖 白黑貂之裘 以金銀飾帽 譯人傳辭 皆跪 手據地竊
語 用刑嚴急 殺人者死 沒其家人爲奴婢 竊盜一責十二 男女淫 婦人妒 皆
殺之 尤憎妒 已殺 屍之國南山上 至腐爛 女家欲得 輸牛馬乃與之 兄死妻
嫂 與匈奴同俗 其國善養牲 出名馬 赤玉 貂狖 美珠 珠大者如酸棗 以弓矢
刀矛爲兵 家家自有鎧仗 國之耆老自說古之亡人 作城柵皆員 有似牢獄 行
道晝夜無老幼皆歌 通日聲不絕 有軍事亦祭天 殺牛觀蹄以占吉凶 蹄解者爲
凶 合者爲吉 有敵 諸加自戰 下戶俱擔糧飲食之 其死夏月 皆用冰 殺人徇
葬 多者百數 厚葬 有槨無棺 魏略曰 其俗停喪五月 以久爲榮 其祭亡者 有
生有熟 喪主不欲速 而他人强之常諍引 以此爲節 其居喪 男女皆純白 婦人
著布 面衣 去環珮 大體與中國相彷彿也 夫餘本屬玄菟 漢末 公孫度雄張海
東 威服外夷 夫餘王尉仇台更屬遼東 時句麗 鮮卑强 度以夫餘在二虜之間
妻以宗女 尉仇台死 簡位居立 無適子 有孽子麻餘 位居死 諸加共立麻餘

牛加兄子名位居 爲大使 輕財善施 國人附之 歲歲遣使詣京都貢獻 正始中
幽州刺史毌丘儉討句麗 遣玄菟太守王頎詣夫餘 位居遣大加郊迎 供軍糧 季
父牛加有二心 位居殺季父父子 籍沒財物 遣使簿斂送官 舊夫餘俗 水旱不
調 五穀不熟 輒歸咎於王 或言當易 或言當殺 麻餘死 其子依慮年六歲 立
以爲王 漢時 夫餘王葬用玉匣 常豫以付玄菟郡 王死則迎取以葬 公孫淵伏
誅 玄菟庫猶有玉匣一具 今夫餘庫有玉璧 珪 瓚數代之物 傳世以爲寶 耆老
言先代之所賜也 魏略曰 其國殷富 自先世以來 未嘗破壞 其印文言 濊王之
印 國有故城名濊城 蓋本濊貊之地 而夫餘王其中 自謂亡人 抑有以也 魏略
曰 舊志又言 昔北方有高離之國者 其王者侍婢有身 王欲殺之 婢云 有氣如
雞子來下 我故有身 後生子 王捐之於溷中 豬以喙噓之 徙至馬閑 馬以氣噓
之 不死 王疑以爲天子也 乃令其母收畜之 名曰東明 常令牧馬 東明善射
王恐奪其國也 欲殺之 東明走 南至施掩水 以弓擊水 魚鱉浮爲橋 東明得度
魚鱉乃解散 追兵不得渡 東明因都王夫餘之地

　　高句麗在遼東之東千里 南與朝鮮濊貊 東與沃沮 北與夫餘 接都於丸都
之下 方可二千里 戶三萬 多大山深谷 無原澤 隨山谷以爲居食澗水 無良田
雖力佃作 不足以實口腹 其俗節食好治宮室 於所居之左右立大屋 祭鬼神
又祀靈星 社稷 其人性凶急 善寇鈔 其國有王 其官有 相加 對盧 沛者 古
雛加 主簿 優台丞 使者 皁衣先人 尊卑各有等級 東夷舊語以爲夫餘別種
言語諸事多與夫餘同 其性氣衣服有異 本有五族 有涓奴部 絶奴部 順奴部
灌奴部 桂婁部 本涓奴部爲王 稍微弱今桂婁部代之 漢時 賜鼓吹技人 常從
玄菟郡受朝服衣幘 高句麗令主其名籍 後稍驕恣 不復詣郡 於東界築小城
置朝服衣幘其中 歲時來取之 今胡猶名此城爲幘溝漊 溝漊者 句麗名城也

其置官有對盧則不置沛者 有沛者則不置對盧 王之宗族 其大加皆稱古雛加
涓奴部本國主 今雖不爲王 適統大人 得稱古雛加 亦得立宗廟 祠靈星社稷
絶奴部世與王婚 加古雛之號 諸大加亦自置使者 皁衣先人 名皆達於王 如
卿大夫之家臣 會同坐起 不得與王家使者 皁衣先人同列 其國中大家不佃作
坐食者萬餘口 下戶遠擔米糧魚鹽供給之 其民喜歌舞 國中邑落 暮夜男女群
聚 相就歌戲 無大倉庫 家家自有小倉 名之爲桴京 其人絜清自喜 喜藏釀
跪拜申一腳與夫餘異 行步皆走 以十月祭天 國中大會 名曰東盟 其公會 衣
服皆錦繡金銀以自飾 大加主簿頭著幘 如幘而無餘 其小加著折風 形如弁
其國東有大穴 名隧穴 十月國中大會 迎隧神還于國東上祭之 置木隧於神坐
無牢獄 有罪諸加評議 便殺之 沒入妻子爲奴婢 其俗作婚姻 言語已定 女家
作小屋於大屋後 名婿屋 婿暮至女家戶外 自名 跪拜乞得就女宿 如是者再
三 女父母乃聽使就小屋中宿 傍頓錢帛 至生子已長大 乃將婦歸家 其俗淫
男女已嫁娶 便稍作送終之衣 厚葬 金銀財幣盡於送死 積石爲封 列種松柏
其馬皆小 便登山 國人有氣力 習戰鬥 沃沮 東濊皆屬焉 又有小水貊 句麗
作國 依大水而居 西安平縣北有小水 南流入海 句麗別種依小水作國 因名
之爲小水貊 出好弓 所謂貊弓是也 王莽初 發高句麗兵以伐胡 不欲行 強迫
遣之 皆亡出塞爲寇盜 遼西大尹田譚追擊之爲所殺 州郡縣歸咎于句麗侯騊
嚴尤奏言 貊人犯法 罪不起於騊 且宜安慰 今猥被之大罪 恐其遂反 莽不聽
詔尤擊之 尤誘期句麗侯騊至而斬之 傳送其首詣長安 莽大悅 佈告天下 更
名高句麗爲下句麗 當此時爲侯國 漢光武帝八年 高句麗王遣使朝貢 始見稱
王 至殤安之間 句麗王宮數寇遼東 更屬玄菟 遼東太守蔡風 玄菟太守姚光
以宮爲二郡害 興師伐之 宮詐降請和 二郡不進 宮密遣軍攻玄菟 焚燒候城
入遼隧 殺吏民 後宮復犯遼東 蔡風輕將吏士追討之 軍敗沒 宮死 子伯固立

順桓之間 復犯遼東 寇新安居鄉 又攻西安平 於道上殺帶方令 略得樂浪太
守妻子 靈帝建寧二年 玄菟太守耿臨討之 斬首虜數百級 伯固降 屬遼東 熹
平中 伯固乞屬玄菟 公孫度之雄海東也 伯固遣大加優居 主簿然人等助度擊
富山賊 破之 伯固死 有二子 長子拔奇 小子伊夷模 拔奇不肖 國人便共立
伊夷模爲王 自伯固時 數寇遼東 又受亡胡五百餘家 建安中 公孫康出軍擊
之 破其國 焚燒邑落 拔奇怨爲兄而不得立 與涓奴加各將下戶三萬餘口 詣
康降 還住沸流水 降胡亦叛伊夷模 伊夷模更作新國 今日所在是也 拔奇遂
往遼東 有子留句麗國 今古雛加駮位居是也 其後復擊玄菟 玄菟與遼東合擊
大破之 伊夷模無子 淫灌奴部 生子名位宮 伊夷模死 立以爲王 今句麗王宮
是也 其曾祖名宮 生能開目視 其國人惡之 及長大 果凶虐 數寇鈔 國見殘
破 今王生墮地 亦能開目視人 句麗呼相似爲位 似其祖 故名之爲位宮 位宮
有力勇 便鞍馬 善獵射 景初二年 太尉司馬王率衆討公孫淵 宮遣主簿大加
將數千人助軍 正始三年 宮寇西安平 其五年 爲幽州刺吏毌丘儉所破 語在
儉傳

　　東沃沮在高句麗蓋馬大山之東 濱大海而居 其地形東北狹 西南長 可千
里 北與挹婁 夫餘 南與濊貊接 戶五千 無大君王 世世邑落 各有長帥 其言
語與句麗大同 時時小異 漢初 燕亡人衛滿王朝鮮 時沃沮皆屬焉 漢武帝元
封二年 伐朝鮮 殺滿孫右渠 分其地爲四郡 以沃沮城爲玄菟郡 後爲夷貊所
侵 徙郡句麗西北 今所謂玄菟故府是也 沃沮還屬樂浪 漢以土地廣遠 在單
單大領之東 分置東部都尉 治不耐城 別主領東七縣 時沃沮亦皆爲縣 漢光
武六年 省邊郡 都尉由此罷 其後皆以其縣中渠帥爲縣侯 不耐 華麗 沃沮諸
縣皆爲侯國 夷狄更相攻伐 唯不耐濊侯至今猶置功曹 主簿諸曹 皆濊民作之

沃沮諸邑落渠帥 皆自稱三老 則故縣國之制也 國小 迫於大國之間 遂臣屬
句麗 句麗復置其中大人爲使者 使相主領 又使大加統責其租稅 貂布 魚 鹽
海中食物 千里擔負致之 又送其美女以爲婢妾 遇之如奴僕 其土地肥美 背
山向海 宜五穀 善田種 人性質直強勇 少牛馬 便持矛步戰 食飮居處 衣服
禮節 有似句麗 魏略曰 其嫁娶之法 女年十歲 已相設許 婿家迎之 長養以
爲婦 至成人 更還女家 女家責錢 錢畢 乃復還婿 其葬作大木槨 長十餘丈
開一頭作戶 新死者皆假埋之 才使覆形 皮肉盡 乃取骨置槨中 舉家皆共一
槨 刻木如生形 隨死者爲數 又有瓦鑪 置米其中 編縣之於槨戶邊 毌丘儉討
句麗 句麗王宮奔沃沮 遂進師擊之 沃沮邑落皆破之 斬獲首虜三千餘級 宮
奔北沃沮

北沃沮一名置溝婁 去南沃沮八百餘里 其俗南北皆同 與挹婁接 挹婁喜
乘船寇鈔 北沃沮畏之 夏月恆在山岩深穴中爲守備 冬月冰凍 船道不通 乃
下居村落 王頎別遣追討宮 盡其東界 問其耆老海東復有人不 耆老言國人嘗
乘船捕魚 遭風見吹數十日 東得一島上有人 言語不相曉 其俗常以七月取童
女瀋海 又言有一國亦在海中 純女無男 又說 得一布衣 從海中浮出 其身如
中人衣 其兩袖長三丈 又得一破船 隨波出在海岸邊 有一人項中復有面 生
得之 與語不相通 不食而死 其域皆在沃沮東大海中

挹婁在夫餘東北千餘里 濱大海 南與北沃沮接 未知其北所極 其土地多
山險 其人形似夫餘 言語不與夫餘 句麗同 有五穀 牛 馬 麻布 人多勇力
無大君長 邑落各有大人 處山林之間 常穴居 大家深九梯 以多爲好 土氣寒
劇於夫餘 其俗好養豬 食其肉 衣其皮 冬以豬膏塗身 厚數分 以禦風寒 夏
則裸袒 以尺布隱其前後 以蔽形體 其人不絜 作溷在中央 人圍其表居 其弓

長四尺 力如弩 矢用楛 長尺八寸 青石爲鏃 古之肅愼氏之國也 善射 射人 皆入目 矢施毒 人中皆死 出赤玉 好貂 今所謂挹婁貂是也 自漢已來 臣屬 夫餘 夫餘責其租賦重 以黃初中叛之 夫餘數伐之 其人衆雖少 所在山險 鄰 國人畏其弓矢 卒不能服也 其國便乘船寇盜 鄰國患之 東夷飮食類皆用俎豆 唯挹婁不 法俗最無綱紀也

　滅南與辰韓 北與高句麗 沃沮接 東窮大海 今朝鮮之東皆其地也 戶二萬 昔箕子旣適朝鮮 作八條之敎以敎之 無門戶之閉而民不爲盜 其後四十餘世 朝鮮侯準僭號稱王 陳勝等起 天下叛秦 燕 齊 趙民避地朝鮮數萬口 燕人衛 滿 魋結夷服 復來王之 漢武帝伐滅朝鮮 分其地爲四郡 自是之後 胡 漢稍 別 無大君長 自漢已來 其官有 侯 邑君 三老 統主下戶 其耆老舊自謂與句 麗同種 其人性願愨 少嗜欲 有廉恥不請匂 言語法俗大抵與句麗同 衣服有 異 男女衣皆著曲領 男子繫銀花廣數寸以爲飾 自單單大山領以西屬樂浪 自 領以東七縣 都尉主之 皆以滅爲民 後省都尉 封其渠帥爲侯 今不耐滅皆其 種也 漢末更屬句麗 其俗重山川 山川各有部分 不得妄相涉入 同姓不婚 多 忌諱 疾病死亡輒損棄舊宅 更作新居 有麻布 蠶桑作綿 曉候星宿 豫知年歲 豐約 不以珠玉爲寶 常用十月節祭天 晝夜飮酒歌舞 名之爲舞天 又祭虎以 爲神 其邑落相侵犯 輒相罰責生口牛馬 名之爲責禍 殺人者償死 少寇盜 作 矛長三丈 或數人共持之 能步戰 樂浪檀弓出其地 其海出班魚皮 土地饒文 豹 又出果下馬 漢桓時獻之 正始六年 樂浪太守劉茂 帶方太守弓遵以領東 滅屬句麗 興師伐之 不耐侯等擧邑降 其八年 詣闕朝貢 詔更拜不耐滅王 居 處雜在民間 四時詣郡朝謁 二郡有軍征賦調 供給役使 遇之如民

韓在帶方之南 東西以海爲限 南與倭接 方可四千里 有三種 一曰馬韓 二曰辰韓 三曰弁韓 辰韓者 古之辰國也

馬韓在西 其民土著 種植 知蠶桑 作綿布 各有長帥 大者自名爲臣智 其次爲邑借 散在山海間 無城郭 有爰襄國 牟水國 桑外國 小石索國 大石索國 優休牟涿國 臣濆沽國 伯濟國 速盧不斯國 日華國 古誕者國 古離國 怒藍國 月支國 咨離牟盧國 素謂乾國 古爰國 莫盧國 卑離國 占離卑國 臣釁國 支侵國 狗盧國 卑彌國 監奚卑離國 古蒲國 致利鞠國 冉路國 兒林國 駟盧國 內卑離國 感奚國 萬盧國 辟卑離國 臼斯烏旦國 一離國 不彌國 支半國 狗素國 捷盧國 牟盧卑離國 臣蘇塗國 莫盧國 古臘國 臨素半國 臣雲新國 如來卑離國 楚山塗卑離國 一難國 狗奚國 不雲國 不斯濆邪國 爰池國 乾馬國 楚離國 凡五十餘國 大國萬餘家 小國數千家 總十餘萬戶 辰王治月支國 臣智或加優呼 臣雲遣支報安邪踧支濆臣離兒不例拘邪秦支廉之號 其官有魏率善 邑君 歸義侯 中郎將 都尉 伯長 侯準既僭號稱王 爲燕亡人衛滿所攻奪 魏略曰 昔箕子之後朝鮮侯 見周衰 燕自尊爲王 欲東略地 朝鮮侯亦自稱爲王 欲興兵逆擊燕以尊周室 其大夫禮諫之乃止 使禮西說燕 燕止之不攻 後子孫稍驕虐 燕乃遣將秦開攻其西方 取地二千餘里 至滿番汗爲界 朝鮮遂弱 及秦並天下 使蒙恬築長城 到遼東 時朝鮮王否立 畏秦襲之 略服屬秦 不肯朝會 否死 其子準立 二十餘年 而陳項起 天下亂 燕 齊 趙民愁苦 稍稍亡往準 準乃置之於西方 及漢以盧綰爲燕王 朝鮮與燕界於浿水 及綰反 入匈奴 燕人衛滿亡命 爲胡服 東度浿水 詣準降 說準求居西界 收中國亡命爲朝鮮藩屏 準信寵之 拜爲博士 賜以圭 封之百里 令守西邊 滿誘亡黨 衆稍多 乃詐遣人告準 言漢兵十道至 求入宿衛 遂還攻準 準與滿戰不敵也 將其左右宮人走入海 居韓地 自號韓王 魏略曰 其子及親留在國者

因冒姓韓氏 準王海中 不與朝鮮相往來 其後絶滅 今韓人猶有奉其祭祀者
漢時屬樂浪郡 四時朝謁 魏略曰 初 右渠未破時 朝鮮相曆谿卿以諫 右渠不
用 東之辰國 時民隨出居者二千餘戶 亦與朝鮮貢蕃不相往來 至王莽地皇時
廉斯鑡爲辰韓右渠帥 聞樂浪土地美 人民饒樂 亡欲來降 出其邑落 見田中
驅雀男子一人 其語非韓人 問之 男子曰 我等漢人 名戶來 我等輩千五百人
伐材木 爲韓所擊得 皆斷髮爲奴 積三年矣 鑡曰 我當降漢樂浪 汝欲去不
戶來曰 可 鑡因將戶來出詣含資縣 縣言郡 郡即以鑡爲譯 從芩中乘大船 入
辰韓 逆取戶來 降伴輩尚得千人 其五百人已死 鑡時曉謂辰韓 汝還五百人
若不者 樂浪當遣萬兵乘船來擊汝 辰韓曰 五百人已死 我當出贖直耳 乃出
辰韓萬五千人 弁韓布萬五千匹 鑡收取直還 郡表鑡功義 賜冠幘 田宅 子孫
數世 至安帝延光四年時 故受復除 桓靈之末 韓濊強盛 郡縣不能制 民多流
入韓國 建安中 公孫康 分屯有縣以南荒地 爲帶方郡 遣公孫模 張敞等 收
集遺民 興兵伐韓濊 舊民稍出 是後倭韓遂屬帶方 景初中 明帝密遣帶方太
守劉昕 樂浪太守鮮于嗣 越海定二郡 諸韓國臣智加賜邑君印綬 其次與邑長
其俗好衣幘 下戶詣郡朝謁 皆假衣幘 自服印綬衣幘千有餘人 部從事吳林
以樂浪本統韓國 分割辰韓八國以與樂浪 吏譯轉有異同 臣智激韓忿 攻帶方
郡崎離營 時太守弓遵 樂浪太守劉茂興兵伐之 遵戰死 二郡遂滅韓 其俗少
綱紀 國邑雖有主帥 邑落雜居 不能善相制禦 無跪拜之禮 居處作草屋土室
形如塚 其戶在上 舉家共在中 無長幼男女之別 其葬有棺無槨 不知乘牛馬
牛馬盡於送死 以瓔珠爲財寶 或以綴衣爲飾 或以縣頸垂耳 不以金銀錦繡爲
珍 其人性強勇 魁頭露紒 如炅兵 衣布袍 足履革蹻蹋 其國中有所爲及官家
使築城郭 諸年少勇健者 皆鑿脊皮 以大繩貫之 又以丈許木鍤之 通日讙呼
作力 不以爲痛 既以勸作 且以爲健 常以五月下種訖 祭鬼神 群聚歌舞 飲

酒晝夜無休 其舞 數十人俱起相隨 踏地低昂 手足相應 節奏有似鐸舞 十月
農功畢 亦復如之 信鬼神 國邑各立一人主祭天神 名之天君 又諸國各有別
邑 名之爲蘇塗 立大木 縣鈴鼓 事鬼神 諸亡逃至其中 皆不還之 好作賊 其
立蘇塗之義 有似浮屠 而所行善惡有異 其北方近郡諸國差曉禮俗 其遠處直
如囚徒奴婢相聚 無他珍寶 禽獸草木略與中國同 出大栗 大如梨 又出細尾
雞 其尾皆長五尺餘 其男子時時有文身 又有州胡在馬韓之西海中大島上 其
人差短小 言語不與韓同 皆髠頭如鮮卑 但衣韋 好養牛及豬 其衣有上無下
略如裸勢 乘船往來 市買韓中 辰韓在馬韓之東 其耆老傳世 自言古之亡人
避秦役來適韓國 馬韓割其東界地與之 有城柵 其言語不與馬韓同 名國爲邦
弓爲弧 賊爲寇 行酒爲行觴 相呼皆爲徒 有似秦人 非但燕齊之名物也 名樂
浪人爲阿殘 東方人名我爲阿 謂樂浪人本其殘餘人 今有名之爲秦韓者 始有
六國 稍分爲十二國

　弁辰亦十二國 又有諸小別邑 各有渠帥 大者名臣智 其次有險側 次有樊
濊 次有殺奚 次有邑借 有已柢國 不斯國 弁辰彌離彌凍國 弁辰接塗國 勤
耆國 難彌離彌凍國 弁辰古資彌凍國 弁辰古淳是國 冉奚國 弁辰半路國 弁
辰樂奴國 軍彌國(弁辰軍彌國) 弁辰彌烏邪馬國 如湛國 弁辰甘路國 戶路國
州鮮國 馬延國 弁辰狗邪國 弁辰走漕馬國 弁辰安邪國 弁辰瀆盧國 斯盧國
優由國 弁辰韓合二十四國 大國四五千家 小國六七百家 總四五萬戶 其十
二國屬辰王 辰王常用馬韓人作之 世世相繼 辰王不得自立爲王 魏略曰 明
其爲流移之人 故爲馬韓所制 土地肥美 宜種五穀及稻 曉蠶桑 作縑布 乘駕
牛馬 嫁娶禮俗 男女有別 以大鳥羽送死 其意欲使死者飛揚 魏略曰 其國作
屋 橫累木爲之 有似牢獄也 國出鐵 韓 濊 倭皆從取之 諸市買皆用鐵 如中
國用錢 又以供給二郡 俗喜歌舞飲酒 有瑟 其形似筑 彈之亦有音曲 兒生

便以石厭其頭 欲其褊 今辰韓人皆褊頭 男女近倭 亦文身 便步戰 兵仗與馬
韓同 其俗 行者相逢 皆住讓路 弁辰與辰韓雜居 亦有城郭 衣服居處與辰韓
同 言語法俗相似 祠祭鬼神有異 施灶皆在戶西 其瀆盧國與倭接界 十二國
亦有王 其人形皆大 衣服絜清 長髮 亦作廣幅細布 法俗特嚴峻

倭人在帶方東南大海之中 依山島爲國邑 舊百餘國 漢時有朝見者 今使
譯所通三十國 從郡至倭 循海岸水行 歷韓國 乍南乍東 到其北岸狗邪韓國
七千餘里 始度一海 千餘里至對馬國 其大官曰卑狗 副曰卑奴母離 所居絶
島 方可四百餘里 土地山險 多深林 道路如禽鹿徑 有千餘戶 無良田 食海
物自活 乖船南北市糴 又南渡一海千餘里 名曰瀚海 至一大國 官亦曰卑狗
副曰卑奴母離 方可三百里 多竹木叢林 有三千許家 差有田地 耕田猶不足
食 亦南北市糴 又渡一海 千餘里至末盧國 有四千餘戶 濱山海居 草木茂盛
行不見前人 好捕魚鰒 水無深淺 皆沈沒取之 東南陸行五百里 到伊都國 官
曰爾支 副曰泄謨觚 柄渠觚 有千餘戶 世有王 皆統屬女王國 郡使往來常所
駐 東南至奴國百里 官曰兕馬觚 副曰卑奴母離 有二萬餘戶 東行至不彌國
百里 官曰多模 副曰卑奴母離 有千餘家 南至投馬國 水行二十日 官曰彌彌
副曰彌彌那利 可五萬餘戶 南至邪馬壹國 女王之所都 水行十日 陸行一月
官有伊支馬 次曰彌馬升 次曰彌馬獲支 次曰奴佳鞮 可七萬餘戶 自女王國
以北 其戶數道里可得略載 其餘旁國遠絶 不可得詳 次有斯馬國 次有已百
支國 次有伊邪國 次有都支國 次有彌奴國 次有好古都國 次有不呼國 次有
姐奴國 次有對蘇國 次有蘇奴國 次有呼邑國 次有華奴蘇奴國 次有鬼國 次
有爲吾國 次有鬼奴國 次有邪馬國 次有躬臣國 次有巴厘國 次有支惟國 次
有烏奴國 次有奴國 此女王境界所盡 其南有狗奴國 男子爲王 其官有狗古

智卑狗 不屬女王 自郡至女王國萬二千餘里 男子無大小皆黥面文身 自古以
來 其使詣中國 皆自稱大夫 夏后少康之子封於會稽 斷髮文身以避蛟龍之害
今倭水人好沈沒捕魚蛤 文身亦以厭大魚水禽 後稍以爲飾 諸國文身各異 或
左或右 或大或小 尊卑有差 計其道里 當在會稽 東冶之東 其風俗不淫 男
子皆露紒 以木綿招頭 其衣橫幅 但結束相連 略無縫 婦人被髮屈紒 作衣如
單被 穿其中央 貫頭衣之 種禾稻 紵麻 蠶桑 緝績 出細紵 縑綿 其地無牛
馬虎豹羊鵲 兵用矛楯木弓 木弓短下長上 竹箭或鐵鏃或骨鏃 所有無與儋耳
硃崖同 倭地溫暖 冬夏食生菜 皆徒跣 有屋室 父母兄弟臥息異處 以硃丹塗
其身體 如中國用粉也 食飲用籩豆 手食 其死 有棺無槨 封土作塚 始死停
喪十餘日 當時不食肉 喪主哭泣 他人就歌舞飲酒 已葬 舉家詣水中澡浴 以
如練沐 其行來渡海詣中國 恆使一人 不梳頭 不去蟣蝨 衣服垢汙 不食肉
不近婦人 如喪人 名之爲持衰 若行者吉善 共顧其生口財物 若有疾病 遭暴
害 便欲殺之 謂其持衰不謹 出真珠 青玉 其山有丹 其木有柟 杼 豫樟 楺
櫪 投橿 烏號 楓香 其竹筱簳桃支 有薑 橘 椒 蘘荷 不知以爲滋味 有獼猴
黑雉 其俗舉事行來 有所云爲 輒灼骨而卜 以占吉凶 先告所卜 其辭如令龜
法 視火坼占兆 其會同坐起 父子男女無別 人性嗜酒 魏略曰 其俗不知正歲
四節 但計春耕秋收爲年紀 見大人所敬 但搏手以當跪拜 其人壽考 或百年
或八九十年 其俗 國大人皆四五婦 下戶或二三婦 婦人不淫 不妒忌 不盜竊
少諍訟 其犯法 輕者沒其妻子 重者滅其門戶及宗族 尊卑各有差序 足相臣
服 收租賦 有邸閣國 國有市 交易有無 使大倭監之 自女王國以北 特置一
大率 檢察諸國 諸國畏憚之 常治伊都國 於國中有如刺史 王遣使詣京都 帶
方郡 諸韓國 及郡使倭國 皆臨津搜露 傳送文書賜遺之物詣女王 不得差錯
下戶與大人相逢道路 逡巡入草 傳辭說事 或蹲或跪 兩手據地 爲之恭敬 對

應聲曰噫 比如然諾 其國本亦以男子爲王 住七八十年 倭國亂 相攻伐歷年
乃共立一女子爲王 名曰卑彌呼 事鬼道 能惑衆 年已長大 無夫婿 有男弟佐
治國 自爲王以來 少有見者 以婢千人自侍 唯有男子一人給飮食 傳辭出入
居處宮室樓觀 城柵嚴設 常有人持兵守衛 女王國東渡海千餘里 復有國 皆
倭種 又有侏儒國在其南 人長三四尺 去女王四千餘里 又有裸國 黑齒國復
在其東南 船行一年可至 叄問倭地 絶在海中洲島之上 或絶或連 周旋可五
千餘里 景初二年六月 倭女王遣大夫難升米等詣郡 求詣天子朝獻 太守劉夏
遣吏將送詣京都 其年十二月 詔書報 倭女王曰 制詔 親魏倭王卑彌呼 帶方
太守劉夏 遣使送汝大夫難升米 次使都市牛利 奉汝所獻 男生口四人 女生
口六人 班布二匹二丈 以到 汝所在逾遠 乃遣使貢獻 是汝之忠孝 我甚哀汝
今以汝爲親魏倭王 假金印紫綬 裝封付帶方太守假授汝 其綬撫種人 勉爲孝
順 汝來使難升米 牛利涉遠 道路勤勞 今以難升米爲率善中郎將 牛利爲率
善校尉 假銀印青綬 引見勞賜遣還 今以絳地交龍錦五匹 絳地縐粟罽十張
蒨絳五十匹 紺青五十匹 答汝所獻貢直 又特賜 汝紺地句文錦三匹 細班華
罽五張 白絹五十匹 金八兩 五尺刀二口 銅鏡百枚 眞珠 鉛丹各五十斤 皆
裝封付難升米 牛利還到錄受 悉可以示汝國中人 使知國家哀汝 故鄭重賜汝
好物也 正始元年 太守弓遵 遣建中校尉梯俊等 奉詔書印綬詣倭國 拜假倭
王 並齎詔賜金帛 錦罽 刀 鏡 采物 倭王因使上表答謝恩詔 其四年 倭王復
遣使大夫伊聲者 掖邪狗等八人 上獻生口 倭錦 絳青縑 綿衣 帛 布 丹木
拊 短弓矢 掖邪狗等壹拜 率善中郎將印綬 其六年 詔賜倭難升米黃幢 付郡
假授 其八年 太守王頎到官 倭女王卑彌呼與狗奴國男王卑彌弓呼素不和 遣
倭載斯 鳥越等 詣郡 說相攻擊狀 遣塞曹掾史張政等因齎詔書 黃幢 拜假難
升米爲檄告喩之 卑彌呼以死 大作塚 徑百餘步 徇葬者奴婢百餘人 更立男

王 國中不服 更相誅殺 當時殺千餘人 復立卑彌呼宗女 壹與 年十三爲王
國中遂定 政等以檄告喩壹與 壹與遣 倭大夫率善中郎將掖邪狗等二十人 送
政等還 因詣台 獻上男女生口三十人 貢白珠五千 孔青大句珠二枚 異文雜
錦二十匹

評曰 史漢著朝鮮兩越 東京撰錄西羌 魏世匈奴遂衰 更有烏丸鮮卑 爰及
東夷 使譯時通 記述隨事 豈常也哉

4

後漢書

後漢書 卷 八十五 東夷列傳

　　王制云 東方曰夷 夷者 柢也 言仁而好生 萬物柢地而出 故天性柔順 易
以道御 至有君子 不死之國焉 夷有九種曰 畎夷 于夷 方夷 黃夷 白夷 赤
夷 玄夷 風夷 陽夷 故孔子欲居九夷也 昔堯命羲仲宅嵎夷 曰暘谷 蓋日之
所出也 夏后氏太康失德 夷人始畔 自少康已後 世服王化 遂賓於王門 獻其
樂舞 桀爲暴虐 諸夷內侵 殷湯革命 伐而定之 至于仲丁 藍夷作寇 自是或
服或畔 三百餘年 武乙衰敝 東夷寖盛 遂分遷淮岱 漸居中土 及武王滅紂
肅慎來獻石砮楛矢 管蔡畔周 乃招誘夷狄 周公征之 遂定東夷 康王之時 肅
慎復至 後徐夷僭號 乃率九夷以伐宗周 西至河上 穆王畏其方熾 乃分東方
諸侯 命徐偃王主之 偃王處潢池東 地方五百里 行仁義 陸地而朝者三十有
六國 穆王後得驥騄之乘 乃使造父御以告楚 令伐徐 一日而至 於是楚文王

大擧兵而滅之 偃王仁而無權 不忍鬪其人 故致於敗 乃北走彭城武原縣東山
下 百姓隨之者以萬數 因名其山爲徐山 屬王無道 淮夷入寇 王命虢仲征之
不克 宣王復命召公伐而平之 及幽王淫亂 四夷交侵 至齊桓修霸 攘而卻焉
及楚靈會申 亦來豫盟 後越遷琅邪 與共征戰 遂陵暴諸夏 侵滅小邦 秦幷六
國 其淮泗夷皆散爲民戶 陳涉起兵 天下崩潰 燕人衛滿避地朝鮮 因王其國
百有餘歲 武帝滅之 於是東夷始通上 王莽簒位 貊人寇邊 建武之初 復來
朝貢 時遼東太守祭肜威讋北方 聲行海表 於是濊貊倭韓萬里朝獻 故章和已
後 使聘流通 逮永初多難 始入寇鈔 桓靈失政 漸滋曼焉 自中興之後 四夷
來賓 雖時有乖畔 而使驛不絶 故國俗風土 可得略記 東夷率皆土著 憙飮酒
歌舞 或冠弁衣錦 器用俎豆 所謂中國失禮 求之四夷者也 凡蠻夷戎狄總名
四夷者 猶公侯伯子男皆號諸侯云

夫餘國在玄菟北千里 南與高句驪 東與挹婁 西與鮮卑接 北有弱水 地方
二千里 本濊地也 初 北夷索離國王出行 其侍兒於後姙身 王還 欲殺之 侍
兒曰 前見天上 有氣大如雞子 來降我 因以有身 王囚之 後遂生男 王令置
於豕牢 豕以口氣噓之 不死 復徙於馬蘭 馬亦如之 王以爲神 乃聽母收養
名曰東明 東明長而善射 王忌其猛 復欲殺之 東明奔走 南至掩淲水 以弓擊
水 魚鱉皆聚浮水上 東明乘之得度 因至夫餘而王之焉 於東夷之域 最爲平
敞 土宜五穀 出名馬赤玉貂豽 大珠如酸棗 以員柵爲城 有宮室倉庫牢獄 其
人麤大彊勇而謹厚 不爲寇鈔 以弓矢刀矛爲兵 以六畜名官 有馬加牛加狗加
其邑落皆主屬諸加 食飮用俎豆 會同拜爵洗爵 揖讓升降 以臘月祭天大會
連日飮食歌舞 名曰迎鼓 是時斷刑獄 解囚徒 有軍事亦祭天 殺牛 以蹄占其
吉凶 行人無晝夜 好歌吟 音聲不絶 其俗用刑嚴急 被誅者皆沒其家人爲奴

婢 盜一責十二 男女淫皆殺之 尤治惡妒婦 旣殺 復尸於山上 兄死妻嫂 死
則有槨無棺 殺人殉葬 多者以百數 其王葬用玉匣 漢朝常豫以玉匣付玄菟郡
王死則迎取以葬焉 建武中 東夷諸國皆來獻見 二十五年 夫餘王遣使奉貢
光武厚答報之 於是使命歲通 至安帝永初五年 夫餘王始將步騎七八千人寇
鈔樂浪 殺傷吏民 後復歸附 永寧元年 乃遣嗣子尉仇台印闕貢獻 天子賜尉
仇台印綬金綵 順帝永和元年 其王來朝京師 帝作黃門鼓吹角抵戲以遣之 桓
帝延熹四年 遣使朝賀貢獻 永康元年 王夫台將二萬餘人寇玄菟 玄菟太守公
孫域擊破之 斬首千餘級 至靈帝熹平三年 復奉章貢獻 夫餘本屬玄菟 獻帝
時 其王求屬遼東云

挹婁 古肅愼之國也 在夫餘東北千餘里 東濱大海 南與北沃沮接 不知其
北所極 土地多山險 人形似夫餘 而言語各異 有五穀麻布 出赤玉好貂 無君
長 其邑落各有大人 處於山林之閒 土氣極寒 常爲穴居 以深爲貴 大家至接
九梯 好養豕 食其肉 衣其皮 冬以豕膏塗身 厚數分 以禦風寒 夏則裸袒 以
尺布蔽其前後 其人臭穢不絜 作廁於中 圜之而居 自漢興已後 臣屬夫餘 種
衆雖少 而多勇力 處山險 又善射 發能入人目 弓長四尺 力如弩 矢用楛 長
一尺八寸 靑石爲鏃 鏃皆施毒 中人卽死 便乘船 好寇盜 鄰國畏患 而卒不
能服 東夷夫餘飮食類皆用俎豆 唯挹婁獨無 法俗最無綱紀者也

高句驪在遼東之東千里 南與朝鮮濊貊 東與沃沮 北與夫餘接 地方二千
里 多大山深谷 人隨而爲居 少田業 力作不足以自資 故其俗節於飮食 而好
修宮室 東夷相傳以爲夫餘別種 故言語法則多同 而跪拜曳一脚 行步皆走
凡有五族 有消奴部 絶奴部 順奴部 灌奴部 桂婁部 本消奴部爲王 稍微弱

後桂婁部代之 其置官 有相加 對盧 沛者 古鄒大加 主簿 優台 使者 帛衣
先人 武帝滅朝鮮 以高句驪爲縣 使屬玄菟 賜鼓吹伎人 其俗淫 皆絜淨自憙
暮夜輒男女羣聚爲倡樂 好祠鬼神社稷零星 以十月祭天大會 名曰東盟 其國
東有大穴 號襚神 亦以十月迎而祭之 其公會衣服皆錦繡 金銀以自飾 大加
主簿皆著幘 如冠幘而無後 其小加著折風 形如弁 無牢獄 有罪 諸加評議便
殺之 沒入妻子爲奴婢 其昏姻皆就婦家 生子長大 然後將還 便稍營送終之
具 金銀財幣盡於厚葬 積石爲封 亦種松柏 其人性凶急 有氣力 習戰鬪 好
寇鈔 沃沮東濊皆屬焉 句驪 一名貊有別種 依小水爲居 因名曰小水貊 出好
弓 所謂貊弓是也 王莽初 發句驪兵以伐匈奴 其人不欲行 彊迫遣之 皆亡出
塞爲寇盜 遼西大尹田譚追擊 戰死 莽令其將嚴尤擊之 誘句驪侯騶入塞 斬
之 傳首長安 莽大說 更名高句驪王爲下句驪侯 於是貊人寇邊愈甚 建武八
年 高句驪遣使朝貢 光武復其王號 二十三年冬 句驪蠶支落大加戴升等 萬
餘口 詣樂浪內屬 二十五年春 句驪寇右北平漁陽上谷太原 而遼東太守祭肜
以恩信招之 皆復款塞 後句驪王宮生 而開目能視 國人懷之 及長勇壯 數犯
邊境 和帝元興元年春 復入遼東 寇略六縣 太守耿夔擊破之 斬其渠帥 安帝
永初五年 宮遣使貢獻 求屬玄菟 元初五年 復與濊貊寇玄菟 攻華麗城 建光
元年春 幽州刺史馮煥 玄菟太守姚光 遼東太守蔡諷等 將兵出塞擊之 捕斬
濊貊渠帥 獲兵馬財物 宮乃遣嗣子遂成將二千餘人逆光等 遣使詐降 光等信
之 遂成因據險阨以遮大軍 而潛遣三千人攻玄菟遼東 焚城郭 殺傷二千餘人
於是發廣陽漁陽右北平涿郡屬國三千餘騎同救之 而貊人已去 夏 復與遼東
鮮卑八千餘人攻遼隊 殺略吏人 蔡諷等追擊於新昌 戰歿 攻曹耿耗 兵曹掾
龍端 兵馬掾公孫酺以身扞諷 俱沒於陳 死者百餘人 秋 宮遂率馬韓濊貊數
千騎圍玄菟 夫餘王遣子尉仇台 將二萬餘人 與州郡幷力討破之 斬首五百餘

級 是歲宮死 子遂成立 姚光上言欲因其喪發兵擊之 議者皆以爲可許 尙書
陳忠曰 宮前桀黠 光不能討 死而擊之 非義也 宜遣弔問 因責讓前罪 赦不
加誅 取其後善 安帝從之 明年 遂成還漢生口 詣玄菟降 詔曰 遂成等桀逆
無狀 當斬斷葅醢 以示百姓 幸會赦令 乞罪請降 鮮卑 濊貊連年寇鈔 驅略
小民 動以千數 而裁送數十百人 非向化之心也 自今已後 不與縣官戰鬪而
自以親附送生口者 皆與贖直 縑人四十匹 小口半之 遂成死 子伯固立 其後
濊貊率服 東垂少事 順帝陽嘉元年 置玄菟郡屯田六部 質桓之間 復犯遼東
西安平 殺帶方令 掠得樂浪太守妻子 建寧二年 玄菟太守耿臨討之 斬首數
百級 伯固降服 乞屬玄菟云

東沃沮在高句驪蓋馬大山之東 東濱大海 北與挹婁夫餘 南與濊貊接 其
地東西夾 南北長 可折 方千里 土肥美 背山向海 宜五穀 善田種 有邑落長
帥 人性質直彊勇 便持矛步戰 言語食飲居處衣服有似句驪 其葬 作大木椁
長十餘丈 開一頭爲戶 新死者先假埋之 令皮肉盡 乃取骨置椁中 家人皆共
一椁 刻木如生 隨死者爲數焉 武帝滅朝鮮 以沃沮地爲玄菟郡 後爲夷貊所
侵 徙郡於高句驪西北 更以沃沮爲縣 屬樂浪東部都尉 至光武罷都尉官 後
皆以封其渠帥 爲沃沮侯 其土迫小 介於大國之間 遂臣屬句驪 句驪復置其
中大人 爲使者 以相監領 責其租稅 貂布魚鹽 海中食物 發美女爲婢妾焉
又有北沃沮 一名置溝婁 去南沃沮八百餘里 其俗皆與南同 界南接挹婁
挹婁人憙乘船寇抄 北沃沮畏之 每夏輒臧於巖穴 至冬船道不通 乃下居邑落
其耆老言 嘗於海中得一布衣 其形如中人衣 而兩袖長三丈 又於岸際見一人
乘破船 頂中復有面 與語不通 不食而死 又說海中有女國 無男人 或傳其國
有神井 闚之輒生子云

濊北與高句驪沃沮 南與辰韓接 東窮大海 西至樂浪 濊及沃沮句驪 本皆
朝鮮之地也 昔武王封箕子於朝鮮 箕子教以禮義田蠶 又制八條之教 其人終
不相盜 無門戶之閉 婦人貞信 飮食以籩豆 其後四十餘世 至朝鮮侯準 自稱
王 漢初大亂 燕齊趙人往避地者 數萬口 而燕人衛滿擊破準 而自王朝鮮 傳
國至孫右渠 元朔元年 濊君南閭等 畔右渠 率二十八萬口詣遼東內屬 武帝
以其地爲蒼海郡 數年乃罷 至元封三年 滅朝鮮 分置樂浪臨屯玄菟眞番四郡
至昭帝始元五年 罷臨屯眞番 以幷樂浪玄菟 玄菟復徙居句驪 自單單大領已
東 沃沮濊貊悉屬樂浪 後以境土廣遠 復分領東七縣 置樂浪東部都尉 自內
屬已後 風俗稍薄 法禁亦浸多 至有六十餘條 建武六年 省都尉官 遂棄領東
地 悉封其渠帥爲縣侯 皆歲時朝賀 無大君長 其官有侯 邑君 三老 耆舊自
謂與句驪同種 言語法俗大抵相類 其人性愚愨 少嗜欲 不請匄 男女皆衣曲
領 其俗重山川 山川各有部界 不得妄相干涉 同姓不昏 多所忌諱 疾病死亡
輒捐棄舊宅 更造新居 知種麻 養蠶 作緜布 曉候星宿 豫知年歲豐約 常用
十月祭天 晝夜飮酒歌舞 名之爲舞天 又祠虎以爲神 邑落有相侵犯者 輒相
罰 責生口牛馬 名之爲責禍 殺人者償死 少寇盜 能步戰 作矛長三丈 或數
人共持之 樂浪檀弓出其地 又多文豹 有果下馬 海出班魚 使來皆獻之

韓有三種 一曰馬韓 二曰辰韓 三曰弁辰 馬韓在西 有五十四國 其北與樂
浪 南與倭接 辰韓在東 十有二國 其北與濊貊接 弁辰在辰韓之南 亦十有二
國 其南亦與倭接 凡七十八國 伯濟是其一國焉 大者萬餘戶 小者數千家 各
在山海閒 地合方四千餘里 東西以海爲限 皆古之辰國也

馬韓最大 共立其種爲辰王 都目支國 盡王三韓之地 其諸國王先皆是馬
韓種人焉 馬韓人知田蠶 作緜布 出大栗如梨 有長尾雞 尾長五尺 邑落雜居

亦無城郭 作土室 形如塚 開戶在上 不知跪拜 無長幼男女之別 不貴金寶錦

罽 不知騎乘牛馬 唯重瓔珠 以綴衣爲飾 及縣頸垂耳 大率皆魁頭露紒 布袍

草履 其人壯勇 少年有築室作力者 輒以繩貫脊皮 縋以大木 嚾呼爲健 常以

五月田竟祭鬼神 晝夜酒會 羣聚歌舞 舞輒數十人相隨蹋地爲節 十月農功畢

亦復如之 諸國邑各以一人主祭天神 號爲天君 又立蘇塗 建大木以縣鈴鼓

事鬼神 其南界近倭 亦有文身者

　辰韓 耆老自言秦之亡人 避苦役 適韓國 馬韓割東界地與之 其名國爲邦

弓爲弧 賊爲寇 行酒爲行觴 相呼爲徒 有似秦語 故或名之爲秦韓 有城柵屋

室 諸小別邑 各有渠帥 大者名臣智 次有儉側 次有樊秪 次有殺奚 次有邑

借 土地肥美 宜五穀 知蠶桑 作縑布 乘駕牛馬 嫁娶以禮 行者讓路 國出鐵

濊倭馬韓並從市之 凡諸貿易皆以鐵爲貨 俗憙歌舞飲酒鼓瑟 兒生欲令其頭

扁 皆押之以石

　弁辰與辰韓雜居 城郭衣服皆同 言語風俗有異 其人形皆長大 美髮 衣服

絜淸 而刑法嚴峻 其國近倭 故頗有文身者 初 朝鮮王準爲衛滿所破 乃將其

餘衆數千人走入海 攻馬韓 破之 自立爲韓王 準後滅絕 馬韓人復自立爲辰

王 建武二十年 韓人廉斯人蘇馬諟等 詣樂浪貢獻 光武封蘇馬諟爲漢廉斯邑

君 使屬樂浪郡 四時朝謁 靈帝末 韓濊並盛 郡縣不能制 百姓苦亂 多流亡

入韓者 馬韓之西 海島上有州胡國 其人短小 髡頭 衣韋衣 有上無下 好養

牛豕 乘船往來貨市韓中

　倭在韓東南大海中 依山島爲居 凡百餘國 自武帝滅朝鮮 使驛通於漢者

三十許國 國皆稱王 世世傳統 其大倭王居邪馬臺國 樂浪郡徼 去其國萬二

千里 去其西北界 拘邪韓國 七千餘里 其地大較在會稽東冶之東 與朱崖儋

耳相近 故其法俗多同 土宜禾稻麻紵蠶桑 知織績爲縑布 出白珠靑玉 其山
有丹土 氣溫腰 冬夏生菜茹 無牛馬虎豹羊鵲 其兵有矛楯木弓 竹矢或以骨
爲鏃 男子皆黥面文身 以其文左右大小別尊卑之差 其男衣皆橫幅結束相連
女人被髮屈紒 衣如單被 貫頭而著之 並以丹朱坋身 如中國之用粉也 有城
柵屋室 父母兄弟異處 唯會同男女無別 飮食以手 而用籩豆 俗皆徒跣 以蹲
踞爲恭敬 人性嗜酒 多壽考 至百餘歲者甚衆 國多女子 大人皆有四五妻 其
餘或兩或三 女人不淫不妒 又俗不盜竊 少爭訟 犯法者沒其妻子 重者滅其
門族 其死停喪十餘日 家人哭泣 不進酒食 而等類就歌舞爲樂 灼骨以卜 用
決吉凶 行來度海 令一人不櫛沐 不食肉 不近婦人 名曰持衰 若在塗吉利
則雇以財物 如病疾遭害 以爲持衰不謹 便共殺之 建武中元二年 倭奴國奉
貢朝賀 使人自稱大夫 倭國之極南界也 光武賜以印綬 安帝永初元年 倭國
王帥升等獻生口百六十人 願請見 桓靈閒 倭國大亂 更相攻伐 歷年無主 有
一女子 名曰卑彌呼 年長不嫁 事鬼神道 能以妖惑衆 於是共立爲王 侍婢千
人 少有見者 唯有男子一人給飮食 傳辭語 居處宮室樓觀城柵 皆持兵守衛
法俗嚴峻 自女王國東度海千餘里至拘奴國 雖皆倭種 而不屬女王 自女王國
南四千餘里至朱儒國 人長三四尺 自朱儒東南行船一年 至裸國黑齒國 使驛
所傳 極於此矣 會稽海外有東鯷人 分爲二十餘國 又有夷洲及澶洲 傳言秦
始皇遣方士徐福 將童男女數千人入海 求蓬萊神仙 不得 徐福畏誅不敢還
遂止此洲 世世相承 有數萬家 人民時至會稽市 會稽東冶縣人有入海行遭風
流移至澶洲者 所在絶遠 不可往來

論曰 昔箕子違衰殷之運 避地朝鮮 始其國俗未有聞也 及施八條之約 使
人知禁 遂乃邑無淫盜 門不夜扃 回頑薄之俗 就寬略之法 行數百千年 故東

夷通以柔謹爲風 異乎三方者也 苟政之所暢 則道義存焉 仲尼懷憤 以爲九夷可居 或疑其陋 子曰君子居之 何陋之有 亦徒有以焉爾 其後遂通接商賈 漸交上國 而燕人衛滿擾雜其風 於是從而澆異焉 老子曰 法令滋章 盜賊多有 若箕子之省簡文條而用信義 其得聖賢作法之原矣

贊曰 宅是嵎夷 曰乃暘谷 巢山潛海 厥區九族 嬴末紛亂 燕人違難 雜華澆本 遂通有漢 眇眇偏譯 或從或畔

　이 책은 시리즈의 성격을 갖고 있다. 사료 부족으로 한국 고대사의 진면목을 밝히는 것이 쉽지 않은 현실에서, 그 흔적의 일부라도 찾아보려고 한국과 중국 사서를 살펴보았다. 그리고 거기에 담겨 있는 한국사 부분을 정리하여 세 권의 책으로 엮었다.

　그 첫 번째 책이 『역사 고전으로 만나는 주몽, 동명왕』이다. 고구려를 건국한 주몽의 발자취를 우리 사료에서 따라가 보았다. 「광개토대왕비문」・『삼국사기』・『동국이상국집』・『삼국유사』・『제왕운기』 등 5권의 사료에서 주몽 관련 기록을 뽑아 해석과 의미를 엮어 책에 담았다.

　두 번째 책은 단군과 고조선에 관한 기록을 찾아보았다. 『삼국유사・제왕운기・삼국사기로 보는 단군과 고조선』이라는 제목에서 보듯 3권의 국내 사료에서 시조 단군과 최초 국가 고조선의 모습과 그 흔적을 정리해 보았다.

　그리고 세 번째가 바로 이 책이다. 고대사회에서 활발하게 교류하였던 옛 중국 여러 나라의 자료를 바탕으로 중국이 본 한국 고대사를 소개하였다. 중국의 4대 역사책 『사기』・『한서』・『삼국지』・『후한서』의 기록을 비교해 볼 수 있도록 한 곳에 종합하고 그에 대한 해석과 설명을 덧붙였다.

　사료 없는 역사 연구는 불가능하다. 장구한 역사를 이어왔음에도 기록의 부족으로 한국 고대의 참모습을 알 수 없다는 것은 안타까운 일이다. 그렇다고 머물러 있을 수는 없다. 그 어딘가에 남아 있을지 모를 시간의 기록을 찾아 주변을 세심하게 살펴야 한다. 국내만이 아니라 주변국도 둘러봐야 한다. 이런 의도에서 시작한 세 권의 책을 통해 조상의 발자취를 찾아 비교·분석해보는 것이 폭넓은 한국사 이해의 기회가 될 수 있을 것으로 본다. 부끄러운 한문 실력과 배경지식에도 용기 내어 또 하나의 책을 세상에 내놓게 되었다. 부족한 부분은 앞으로 많은 분들의 관심과 노력으로 메워주리라 기대하는 바이다.

저자소개

김호숙 ―――――――――――――――――――――――――――――――――

독일 Friedrich-Alexander-Universität Erlangen-Nürnberg
철학박사 수료(역사교육/박물관교육)
중고등학교 역사교사 및 대학 강의교수
저서 : 『한국문화의 멋과 맛』(공저), 『삼국유사 제왕운기·삼국사기로 보는 단군과 고조선』(공저),
　　　 『역사 고전으로 만나는 주몽, 동명왕』(공저)

마석한 ―――――――――――――――――――――――――――――――――

독일 Friedrich-Alexander-Universität Erlangen-Nürnberg
철학박사 (역사학/교육학)
서정대학교 유아교육과 교수
저서 : 『한국문화의 멋과 맛』(공저), 『삼국유사 제왕운기·삼국사기로 보는 단군과 고조선』(공저),
　　　 『역사 고전으로 만나는 주몽, 동명왕』(공저), 『나의 역사인문학』, 『걸어온 역사 나아갈 역사』,
　　　 『생각하고 쓰고 다듬는 글쓰기』, 『어떤 부모가 되어야 하는가』(공저) 『인문학 카페』(공저)

고조선과 동이

– 사기·한서·삼국지·후한서로 읽어 보는 –

초판인쇄 2022년 12월 22일
초판발행 2022년 12월 22일

지은이   김호숙·마석한
펴낸이   채종준
펴낸곳   한국학술정보㈜
주 소   경기도 파주시 회동길 230(문발동)
전 화   031) 908-3181(대표)
팩 스   031) 908-3189
홈페이지 http://ebook.kstudy.com
E-mail 출판사업부 publish@kstudy.com
등 록   제일산-115호(2000. 6. 19)

ISBN   979-11-6983-004-1   93910